北京市专精特新企业发展蓝皮书
（2024）

周雷等　著

群言出版社
QUNYAN PRESS
·北 京·

图书在版编目（CIP）数据

北京市专精特新企业发展蓝皮书. 2024 ／ 周雷等著.
北京 ：群言出版社,2025.1. -- ISBN 978-7-5193
-1052-3

Ⅰ. F279. 271

中国国家版本馆 CIP 数据核字第 202518GH79 号

———————————————————————————

责任编辑：宋盈锡
封面设计：北京卓伟博文印刷设计有限公司

出版发行：群言出版社
地　　址：北京市东城区东厂胡同北巷 1 号 （100006）
网　　址：www.qypublish.com （官网书城）
电子信箱：qunyancbs@126.com
联系电话：010-65267783　65263836
法律顾问：北京法政安邦律师事务所
经　　销：全国新华书店

印　　刷：北京九天万卷文化科技有限公司
版　　次：2025 年 1 月第 1 版
印　　次：2025 年 1 月第 1 次印刷
开　　本：710mm×1000mm　　1/16
印　　张：26. 25
字　　数：416 千字
书　　号：ISBN 978-7-5193-1052-3
定　　价：88. 00 元

编写组成员

组　长：周　雷　肖　雯

副组长：燕　娜　沈晓平

组　员（按姓氏笔画排序）：

丁博达　朱诚岩　李　鑫

吴玉辉　杨　添　杨　萍

张　敏　陈佳宇　范漪萍

秦　潇　徐　刚

目　录

Contents

总报告：北京市专精特新企业发展现状

专题报告一：北京市专精特新企业竞争力分析

专题报告四：我国专精特新企业发展情况

专题报告五：技术视角下各国隐形冠军企业特征研究报告

附　录

总 报 告

北京市专精特新企业发展现状

第一章 专精特新企业来源

——隐形冠军企业

第一节 隐形冠军企业的由来和概念界定

一、隐形冠军企业的由来

德国隐形冠军企业的概念起源于德国著名管理学家赫尔曼·西蒙（Hermann Simon）。他在研究国际经济全球化的过程中，注意到许多不为人知的企业在出口市场中占据了显著的地位，特别是在德国、瑞士、瑞典等出口型发达国家，大量出口产品来自这些国家，并同时注意到，同类的大部分产品只来自个别企业，这些企业虽然不为公众所熟知，但在行业内却扮演着重要角色。赫尔曼·西蒙于 1990 年在《德国工商管理》杂志发表的文章 *Hidden Champions-Speerspitze der deutschen Wivtschaft*（德国经济的矛头）中，首次提出了"隐形冠军"这一术语。1992 年，他在美国《哈佛商业评论》上发表文章，将德国"中型巨人企业"作为"隐形冠军"企业的典范进行了论述。"隐形冠军"企业的概念在 2000 年之后开始兴起，特别是随着全球化进程的加速，"隐形冠军"企业的热度逐渐增加，并在 2004 年成为《商业周刊》的封面。

继赫尔曼·西蒙的研究之后，又有一些研究人员对隐形冠军企业进行了筛选和研究，虽然评价标准随着时代的变化而有所调整，但其核心思想始终不变：在利基市场（狭小产品市场）中，这些企业拥有领先的市场占有率。

二、隐形冠军企业的概念界定

正如上文所述，隐形冠军的研究起源于德国的赫尔曼·西蒙（Hermann Simon），研究的初期目标是德国、瑞士、瑞典等国的中小型出口企业。由于德国长期处于世界出口的领先地位，所以研究样本重点集中在德国企业。

目前，关于隐形冠军企业的界定研究，主要有以下三种观点：

（一）赫尔曼·西蒙（Hermann Simon）关于隐形冠军企业的界定

由于赫尔曼·西蒙在研究中发现许多企业在全球化背景下保持了极高的市场占有率，而且这类企业绝大部分是中小型企业，所以关于隐形冠军企业的原始定义也是基于市场占有率和企业规模这两方面完成的。

赫尔曼·西蒙利用以下 3 个指标来定义隐形冠军企业：

1. 世界前三强公司或者某一大陆名列第一的公司；

2. 营业额低于 30 亿欧元(之后提高到 50 亿欧元)；

3. 知名度不高的。

（二）欧洲经济研究中心（ZEW）关于隐形冠军企业的界定

欧洲经济研究中心（ZEW）根据 2015 年的德国创新调查（Deutsche Innovationserhebung）数据认为，德国约有 1 500 家企业是隐形冠军企业。其筛选标准主要参考赫尔曼·西蒙的标准，并适当进行了扩展，例如，其将中型企业的员工人数定义在 1 000 人以内，市场占有率依据市场规模做出了以下调整：基础值为 10%，但是对于较大规模市场，如超过 10 亿欧元，市场占有率达到 1% 即可；对于 2 亿~5 亿欧元的市场为 7%，5 亿~10 亿欧元为 3%。但是由于该研究强调创新增长，所以其将增长率限制在了 5 年内平均年增长率需达到 10%。

（三）贝恩德·维诺尔（Bernd Venohr）关于隐形冠军企业的界定

贝恩德·维诺尔（Bernd Venohr）关于隐形冠军企业的界定主要通过出

口数据进行筛选获得。2014 年，其辨识了 1 620 家隐形冠军企业，使用的筛选标准是行业内收入排名前三的德国企业。

第二节　隐形冠军企业界定研究综述

一、国外相关界定研究综述

赫尔曼·西蒙关于德国隐形冠军企业的研究在国际上产生了广泛影响。有的学者直接采用了赫尔曼·西蒙的界定标准，来识别所在国家或地区的隐形冠军企业，如 Jungwirth；有的学者结合所在国家或地区的经济发展水平调整了收入限制条件，如 Yu 和 Chen、Lee、韩国中小企业管理局（Small & Medium Business Administration，SMBA）；还有一些学者在赫尔曼·西蒙研究的基础上，增加了隐形冠军的界定条件。例如，德国创新调查（Deutsche Innovationserhebung）根据行业的市场规模和竞争激烈程度，增加了市场份额的限制条件；韩国中小企业管理局、Petraite 和 Dlugoborskyte（2017）强调了隐形冠军企业的国际化导向，增加了出口收入占比作为考量因素；Voudouris 等（2000）、WooJin（2016）为了确保所识别的隐形冠军企业具有持续领先优势，增加了业绩增长条件；为了确保识别的隐形冠军企业为中小企业而不是大型企业，部分学者还限制了员工规模。此外，还有一些研究则从更广义的层面界定了隐形冠军企业，即只强调全球市场的领导者地位，对收入和公众知名度没有设限。Rasche（2003）将隐形冠军企业分为三类，即产品冠军、专业冠军和多领域冠军，并将其强弱因素进行了归纳总结，认为不同类别的冠军应采取不同的指导策略。Yoon（2013）分析了韩国国内的隐形冠军企业与非隐形冠军企业的区别，并在研发、市场等 4 个领域为这些企业设定了指标，最终发现准确的市场定位是隐形冠军企业成功的关键。Hee Woon Cheong（2016）提出了一个针对技术管理教育的模型，旨在研究如何通过培养人才的特定能力来提升中小型企业成为隐形冠军，最终他认为，技术商业化、技术融合的管理及全球化是实现这一目标最为核心的三个方面。Kaudela（2017）着重研究了隐形冠军企业的创新绩效，他认为，为员工创建宽松的创新环境是提升创新绩效的关键因素。David Audretsch（2018）关于隐形冠军企业的研究主要集中于国际化策略，他通过对 2 690 家隐形冠军企业的分析，发现其主要动力来自产品类型和质量策略，而狭窄的市场又赋予了其高度专注的特征。此外，高水平的技术工人也是这些企业成功的关键因素之一。Melitas Rant（2017）提出，隐形冠军企业的绩效与客户亲密度和产品领导力密切相关，并通过回归关系定量分析了这些因素与企业绩效之间的关联关系。不同学者关于隐形冠军企业概念的界定见表 1 – 1。

表 1 – 1   其他研究者关于隐形冠军企业的概念界定

研究者	概念界定
Voudouris 等	必须是希腊民族企业；员工数量为 20 ～ 250 人；以国际市场为导向，要么从希腊境外获得部分收入，要么与希腊境外的公司建立合资企业或进行其他形式的合作；在过去 5 年中，财务业绩指标优异，如平均资本回报率高于行业平均水平
WooJin	全球市场第一（国内市场或海外市场）；与外部融资相比，更依赖自有资金；对债权融资的依赖度较低（低于行业平均水平）；企业增长与债务增加无关；高度关注研发活动（高于行业平均水平）；专注于某一特定的商业领域
Petraite 和 Dlugoborskyte	具有重要知识产权或专业知识的知识密集型中小企业；80% 的收入来自国际市场，在全球市场排名前三或在国内市场排名第一；收入规模保持在中小企业水平；公众知名度较低
韩国中小企业管理局（Small&Medium Business Adminismation，SMBA）	中小型企业；收入不低于 400 亿美元；利润不低于 50 亿美元
Yu 和 Chen	在中国市场甚至世界市场上排名第一，市场地位通过市场份额来衡量；企业为中小型规模且不为一般公众所熟知；销售收入不应超过 1 亿欧元
Lee	在韩国国内市场上占有最大的市场份额，或者在世界市场上占据前三名，并且营业收入低于 1 万亿韩币

研究者	概念界定
韩国证券交易所（Korea Stock Exchange，KSE）	自 2009 年以来，韩国证券交易所开始从 KOSDAQ 上市的企业中评选隐形冠军企业。其标准为：拥有世界级技术和竞争力；在世界市场的市场份额排名前三

二、国内相关界定研究综述

国内的研究起源于对赫尔曼·西蒙的隐形冠军企业的评论和介绍，其主要是总结赫尔曼·西蒙关于隐形冠军企业的辨识结果和特性，并为我国中小企业的发展提供一定的建议。然而，系统性地研究国外隐形冠军企业特征的目前相对较少。重庆工商大学李伟（2006）论述了隐形冠军企业与区域经济发展的联系和贡献，并提出了不同发展阶段的不同关系模式；对外经贸大学汪洋等（2014）分析了隐形冠军企业在活动视角和要素视角的行为，以及这些行为对初创企业的借鉴意义。在辨识方法的研究上，上海图书馆（上海科技情报研究所）徐宏宇、陈超（2015）借鉴赫尔曼·西蒙的辨识方法，提出了一套适用于中国隐形冠军企业的辨识方法，涵盖领导力、管理、战略、发展、全球化 5 个方面的指标。

第三节　隐形冠军企业理论框架

一、隐形冠军企业界定特点

第一，专注某个细分市场是隐形冠军企业概念的核心；第二，不为公众所知是专精特新企业的另一个重要特点；第三，市场份额、企业规模（人员、营收）是筛选评价隐形冠军企业的主要标准；第四，筛选评价指标并不是固定不变的，可根据具体情况和需求进行相应的调整，见图 1-1。

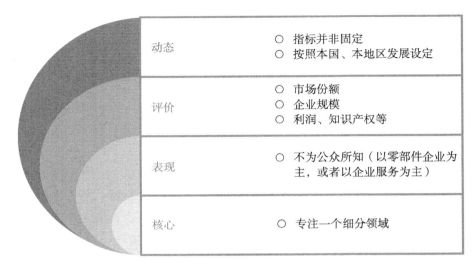

动态	○ 指标并非固定 ○ 按照本国、本地区发展设定
评价	○ 市场份额 ○ 企业规模 ○ 利润、知识产权等
表现	○ 不为公众所知（以零部件企业为主，或者以企业服务为主）
核心	○ 专注一个细分领域

图 1-1　隐形冠军企业界定特点

二、关于隐形冠军企业的研究综述

在国际上，专精特新企业的研究主要针对隐形冠军企业开展，而且从之前的分析可以发现，两者在本质上具有很高的相似性，它们之间的差异主要体现在企业规模和部分经营指标上。

（一）行业从属特征

按照 ZEW 的研究，德国隐形冠军企业中有 86% 属于工业企业，而剩余的 14% 则属于服务机构。在工业企业中，居于首位的是机械企业，占 22.6%；其后依次是电气电子（电子＋电气）（占 15.5%）、金属工业（金属制品＋金属制造）（占 11.1%）、医疗技术（占 6.1%）、化工（占 5.5%）等。即便是在服务机构中，大部分也集中在为工业行业提供专用软件（占 5%）、研发服务（占 4.7%）和工程服务（占 1.8%）的领域，主要体现了技术在市场中的价值。与其类似，贝恩德·维诺尔（Bernd Venohr）的隐形冠军企业也主要来自机械、电气、电子和工业产品等德国传统工业领域，其中机械企业的数量超过 500 家，B2B 企业的占比超过 85%，这表明，德国的出口产品并不直接面向消费者，绝大部分作为零部件为整套设备提供配件。

（二）技术创新特征

高度技术创新性是隐形冠军企业的另一个重要特征，即在特定的市场领域内，通过不断创新来保持在产品质量、可靠性和技术进步方面的领先地位。因此，众多学者基于技术创新视角，从创新能力、创新表现及特征等方面对隐形冠军企业进行了深入的研究。

在创新能力方面，Kinkel 等（2017）认为，在第四次工业革命的背景下，隐形冠军企业创新的关键能力包括网络能力、创造性解决问题的能力、概述能力、整合能力。其中，Petraite 和 Dlugoborskyte（2017）进一步强调了网络在知识开发和商业化过程中的重要作用，即知识可以在研发网络中生成并传输到商业网络，或者内部原始知识通过网络行为在市场中被利用；又或是更传统的方式，如全球市场中研发驱动或市场驱动的创新商业化网络。并据此将隐形冠军企业划分为全球研发密集型网络者、卓越的专有技术驱动的全球价值链探索者、全球研发密集型创新者、全球市场导向的价值创造者四种类型。同时值得注意的是，持续创新是隐形冠军企业持续增长的关键，但持续创新并不是偶然发生的，而是对创新过程进行系统管理的结果，如制订并实施创新战略以及为创新过程的每个阶段设立考核指标或阶段目标。

（三）企业发展特征

1. 国际化视角的研究

许多学者一致认为，国际化能够增强隐形冠军企业的市场地位，全球领先的市场地位有助于隐形冠军企业抵御全球产业整合或经济衰退的影响。一方面，通过在海外设立销售和服务机构来贴近客户，从而更快、更具创造性地满足客户需求；另一方面，通过实施全球利基战略，实现规模经济和范围经济。

此外，还有一些学者对隐形冠军企业的海外市场进入模式进行了研究，他们一致认为，隐形冠军企业开始国际化时更倾向于采用高度控制的低承诺进入模式，如出口、外国销售代理或经销商；在扩大国际化阶段，则广泛参与对外直接投资，如绿地投资、收购。值得注意的是，隐形冠军企业在进行对外直接投资时更倾向于"单独行动"，即建立高度控制的独资公司，避免建立合作伙伴关系，如合资企业或战略联盟。只有当市场准入受限或挑战性较高时才会采用合作伙伴形式，如马来西亚市场。

2. 持续竞争优势视角的研究

持续竞争优势是指，企业在向消费者提供产品或服务的过程中所表现出来的超越其他竞争对手的能力，并且能够在一定时期内获取高于所在行业平均利润水平的属性或能力。隐形冠军企业持续领先的市场地位、显著的全球影响力引发众多学者从这一视角展开研究。赫尔曼·西蒙首次从核心能力、内部能力、外部机会三个层面构建了隐形冠军企业竞争优势模型（以下简称"HC 模型"），指出强有力的领导、远大的目标、依靠自身专长、挑选和激励员工、持续创新、专注利基市场、竞争优势、贴近客户、全球化导向是隐形冠军企业获得竞争优势和市场领导地位的关键因素。

值得注意的是，赫尔曼·西蒙并未阐明 HC 模型在德国以外的国家或地区的适用性。隐形冠军企业与德国中小企业相似特征表明 HC 模型在德国背景具有一定的嵌入性。因此，该模型可能很难转移或直接应用于其他国家或地区。事实上，大量研究也发现 HC 模型的可转移性是有限的。例如，Voudouris 等（2000）认为，希腊隐形冠军企业的持续竞争优势应归纳为高度专业化、致力于为顾客提供优质服务、创新能力、强有力的领导及健康的组织氛围；Merrilees 等（2001）则指出，加拿大隐形冠军企业模型是由顾客、价值主张、战略驱动和全球愿景组成的四元结构。印度制药行业关于隐形冠军企业的研究强调了"五大支柱"，即追求卓越的愿景、明确且专注的战略、全球化、价值导向、系统性的价值提取。另外，Yu 和 Chen（2009）将中国隐形冠军企业的成功归因于目标、创新、企业家、专注、全球化、顾客。Witt（2015）还强调了品牌、愿景和价值观对全球隐形冠军企业持续增长的重要作用。

3. 其他（框架）因素的研究

Schlepphorst 的研究在其 *Determinants of Hidden Champions：Evidence from Germany*（《隐形冠军企业的决定因素：来自德国的证据》）中指出，地区的框架因素也是隐形冠军企业的重要促进因素。具体包括德国双轨制的教育培训系统、公共研发机构参与企业研究的政府补贴等，这些同样是促进企业成为隐形冠军的重要推手。此外，德国中小企业研究所的 Welter 等（2011）认为，国际宏观经济政策和地区企业扶持体系，如部分地区推广企业数字化、信息化，以及各国家、地区对于企业海外扩展的支持、消除政策壁垒的努力也是企业向隐形冠军企业转变的重要力量。

（四）当前研究的不足和本研究的出发点

1. 当前研究的不足

总体而言，专精特新企业相较普通企业，具有独特的竞争优势和战略路径，虽然国内外关于专精特新企业的理论和实证研究也较为丰富，但其研究往往过分集中于企业自身的特质，且主要采用定性的研究方法。同时，对一些地区的产业特点、创新网络机制等也未进行深入考虑。结合相关研究的不足和问题，目前学界认为，未来的专精特新企业研究将主要从以下方向开展。第一，增强社会网络理论分析研究。隐形冠军企业因其贴近客户、开放式创新而受到关注，因此，分析专精特新企业在合作、研发时的网络位置、结构强度具有重要现实意义。第二，提高计量学研究手段占比。由于样本企业的获取存在困难，现有研究多采用定性的方法，道理论述过多。即便采用计量经济学的方法，也多集中于上市企业的绩效研究上，导致研究手段和结果准确性不足。第三，增加对区域环境因素的考量。一方面产业集群的作用越发明显；另一方面对于全球新兴经济体，我国仍属于发展中国家，其资源往往集中于少数城市或城市群中，因此对于特定区域（我国资源往往集聚在一、二线城市及周边城市），研究专精特新企业时，必须考虑区域经济影响和区域产业特点。

2. 本研究的出发点

综合以上各研究方向，不难看出，一个企业成为隐形冠军企业的核心要素（隐形冠军企业的竞争力要素）包括以下 5 个方面：一是较强的技术创新能力（活跃的研发活动）；二是较强的市场辐射能力（国际化市场扩展活动）；三是较高的区域产业协同水平；四是所在地区具有较好的条件保障框架；五是优质的企业家精神，如图 1-2 所示。因此，这些条件就成为评价专精特新企业和区域培育专精特新的重要指标。其中，"优质的企业家精神"涉及企业的价值观、企业愿景、企业家专注程度、企业内部组织等多方面，多为定性讨论，存在较大的主观因素，且从以往研究来看，不同研究的结论存在较大差异，也与本报告以数据分析为主的专精特新评价分析相关性不大，因此这部分本报告不再讨论。

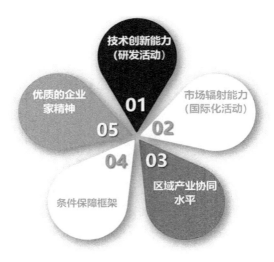

图1-2　成为隐形冠军企业的核心要素（隐形冠军企业的竞争力要素）

　　"条件保障框架"包括财政（补贴、资助）、公共研发（科研项目）、人才（引进、培养）等，这些主要来自政府，是促进企业成为专精特新企业的关键因素，因此，这些将在"专题报告三：各地区支持政策案例研究"中进行讨论。条件保障框架因素如图1-3所示。

图1-3　条件保障框架因素

第二章 北京市专精特新企业发展情况

第一节 我国专精特新企业发展概述

（一）我国专精特新企业发展背景

2013 年，在汉诺威工业博览会上，德国政府正式提出了工业 4.0 概念（Industry 4.0），旨在利用信息化技术推动制造业产业变革，并在全球范围内引发了新一轮的工业转型竞赛。在此背景下，2015 年 5 月，国务院正式印发了《中国制造 2025》，部署并全面推进实施制造强国战略，特别强调了"强化工业基础能力"的重要性，并在所实施的"五大工程"之一的"工业强基工程"中指出，要开展示范应用……支持核心基础零部件（元器件）、先进基础工艺、关键基础材料的首批次或跨领域应用。组织重点突破，针对重大工程和重点装备的关键技术和产品急需，支持优势企业开展政产学研用联合攻关，突破关键基础材料、核心基础零部件的工程化、产业化瓶颈。强化平台支撑，布局和组建一批"四基"研究中心……到 2020 年，40% 的核心基础零部件、关键基础材料实现自主保障，受制于人的局面逐步缓解，航天装备、通信装备、发电与输变电设备、工程机械、轨道交通装备、家用电器等产业急需的核心基础零部件（元器件）和关键基础材料的先进制造工艺得到推广应用。到 2025 年，70% 的核心基础零部件、关键基础材料实现自主保障，80 种标志性先进工艺得到推广应用，部分达到国际领先水平，建成较为完善的产业技术基础服务体系，逐步形成整机牵引和基础支撑协调互动的产业创新发展格局。

2018 年 4 月，中兴通讯（ZTE）突然遭到美国商务部"封杀"，被要求 7

年内不得从美国购买以芯片为代表的尖端技术和产品。中兴通讯被半导体芯片"卡住了咽喉"。尽管之后中美达成和解，但芯片之痛着实让中国深刻认识到高科技领域核心技术的短板和不足，也逐渐认识到专精特新企业在工业体系中的重要作用。

（二）我国专精特新企业的发展实践

我国专精特新企业的发展实践始于 2016 年。当时，工业和信息化部（以下简称"工信部"）在其发布的《制造业单项冠军企业培育提升专项行动实施方案》（工信部产业〔2016〕105 号）中提出了类似"隐形冠军"的制造业单项冠军企业，并且明确指出，制造业单项冠军企业是长期专注于制造业某些特定细分产品市场，拥有国际领先的生产技术或工艺，单项产品市场占有率位居全球前列的企业，是《中国制造 2025》实现的重要基石，也是我国实现制造强国战略目标的有力支撑。报告指出，到 2025 年，总结提升 200 家制造业单项冠军示范企业，巩固和提升企业全球市场地位，技术水平进一步跃升，经营业绩持续提升；发现和培育 600 家有潜力成为单项冠军企业，总结推广企业创新发展的成功经验和发展模式，引领和带动更多的企业走上"专特优精"的单项冠军发展道路。并自 2016 年年底起，中国首次评选自己的单项冠军企业。2017 年 1 月，工信部产业政策司、中国工业经济联合会公布了制造业单项冠军示范（培育）企业名单（第一批）的名单，共评选出单项冠军示范企业 54 家，单项冠军培育企业 50 家。

2017 年 4 月，工信部办公厅及中国工业经济联合会印发了《关于组织推荐第二批制造业单项冠军企业和单项冠军产品的通知》（工信厅联产业函〔2017〕251 号），将《中国制造 2025》所涉及的关键重点技术编制形成包括电子、信息化和软件服务等在内的 10 大类的《重点产品领域》目录，并开展相关行业的单项冠军产品的评选。截至 2021 年 7 月，总计开展 5 次评选，共计 700 家企业上榜，其中单项冠军示范企业 347 家，单项冠军培育企业 96 家，单项冠军产品制造企业 257 家，如表 1-2 所示。

表1－2 工信部单项冠军企业一览表

批次	1	2	3	4	5
示范企业（家）	54	71	68	64	90
培育企业（家）	50	20	26	—	—
产品企业（家）	—	36	66	60	95

2018年11月，工信部办公厅发布《关于开展专精特新"小巨人"企业培育工作的通知》（工信厅企业函〔2018〕381号），开始评选专精特新"小巨人"企业。当时，工信部决定在各省级中小企业主管部门认定的"专精特新"中小企业及产品的基础上，培育一批专精特新"小巨人"企业，专精特新"小巨人"企业是"专精特新"中小企业中的佼佼者，是专注于细分市场、创新能力强、市场占有率高、掌握关键核心技术、质量效益优的排头兵企业。工信部计划利用三年时间（2018—2020年），培育大概600家专精特新"小巨人"企业。截至2021年7月，工信部共评选专精特新"小巨人"企业3批次，共2930家。工信部单项冠军企业和专精特新"小巨人"企业入选标准如表1－3所示。

表1－3 工信部单项冠军企业和专精特新"小巨人"企业入选标准

主类别	二级类别	主要指标
工信部单向冠军企业	工信部单向冠军示范企业	市场：主要从事制造业1～2个特定细分产品市场，且占企业营收的70%以上；单项产品市场占有率居全球前3位
	工信部单向冠军培育企业	市场：聚焦制造业1～2个特定细分产品市场，且占企业营收的50%以上；单项产品市场占有率居全球前5位或国内前2位
	工信部单向冠军产品企业	单项产品在全球市场占有率居前3位
工信部专精特新企业	专精特新"小巨人"企业	经营：企业营业收入在1亿元至4亿元之间，近两年主营收入或净利润的平均增长率达到10%以上，企业资产负债率不高于70% 市场：企业主营收入占70%以上，且细分市场占有率在全国名列前茅或居全省前3位 创新能力：近两年企业研发经费支出强度在同行业中名列前茅

（三）我国其他省市专精特新企业发展历史

此外，在省一级层面，如湖北、浙江、江苏、山东等地也已分别发布了相关专精特新企业培育的政策措施。各省都将"专精特新"作为支持引导中小企业提升竞争力、加快制造业转型升级和提高质量的重要手段，但在隐形冠军的定位、评选标准、培育方式以及培育目标上存在一定差异，如表1-4所示。多数省份将专精特新培育与科技小巨人企业、专精特新产品相结合。在评选标准中，各省普遍要求企业研发投入占销售收入比重、专一化发展战略、自主知识产权、利润率等达到一定标准。同时，部分省份更加侧重于鼓励支持中小企业发展，对培育企业的入选标准适当放宽。在培育方式上，各省的策略大体相似。一是对培育对象进行评选认定和动态管理，复核更新年限为1～3年不等；二是在各类省级财政专项资金和项目申报方面予以优先支持；三是加大宣传推广力度，深入挖掘并总结专精特新企业的成功经验，强化示范引领作用，建立企业间沟通交流平台。

表1-4　主要省市鼓励培育专精特新企业的主要政策摘要

省份	培育方案	评选标准
山东	按照示范企业和培育企业进行评选并分级动态管理	营收：企业营业年收入应在1 000万元以上 市场：对培育企业单项产品市场占有率要求居全国前10位，全省前3位，其中对示范企业要求居全国前5位且居全省第一 研发：投入占年销售收入的3%以上
浙江	在全省范围建立"专精特新"中小企业培育库，再从中确认约100家隐形冠军企业，示范带动更多的中小企业走"专精特新"发展道路	营收：年营收在3亿元以下 市场：对于市场占有率的指标设定较为模糊，要求为国内前列，或为国内外知名企业直接配套企业 其他：除研发投入外，还引入标准制定、专利拥有数量等特色指标
江苏	将专精特新企业纳入科技小巨人范围，建立专精特新产品—科技小巨人企业—隐形冠军企业等系列层级化认定	指标相对较高，并且按照企业发展层级，从市场占有率、规模指标和研发投入等不同范畴建立指标。最高层级的隐形冠军企业要求市场份额居国际前3位或国内第一
湖北	隐形冠军培育企业—科技小巨人企业—隐形冠军省级示范企业三个梯次认定及培育管理	对市场占有率的要求依次提高，其中对最高层级的隐形冠军省级示范企业要求其单项产品市场占有率居全国前3位或全省第一

第二节　北京市专精特新企业发展背景和进程

一、北京市专精特新企业发展背景

在北京市制造业中，基础性的文件主要为北京市政府在 2015 年 12 月发布的《〈中国制造 2025〉北京行动纲要》（以下简称《纲要》），其旨在深入贯彻《中国制造 2025》和全面落实《京津冀协同发展规划纲要》，以持续推动本市制造业转型升级，加快构建高精尖经济结构，并致力于建设成为全国科技创新中心。具体来看，支持企业，特别是制造业企业，通过技术创新、研发新产品实现推动地区和国家相关产业的发展是《纲要》的最终目的。具体实施策略包括建设示范平台、技术中心、实施研发专项、利用互联网技术开展智能制造这些措施将覆盖信息、电子、装备、汽车和航空等多个领域。之后，北京市市经信局一直牵头并与工信部合作，推荐专精特新"小巨人"企业的自荐和评选工作，但北京市尚未自行开展相关企业的评选活动。

2017 年，北京市政府出台了《关于组织开展"疏解整治促提升"专项行动（2017—2020 年）的实施意见》，统筹开展非首都功能疏解、"大城市病"治理、发展质量提升等中心工作，疏解全市一般制造业企业。截至 2021 年，北京市已累计疏解退出 2 154 家一般制造业企业，疏解工作基本到位。当前，"腾笼"后"换鸟"的步伐正在加快，北京市将引入高精尖产业项目，优先发展高精尖产业。专精特新企业本身就是在细分市场中掌握核心关键技术、占据产业链高端的创新型、知识密集型的中小企业，它们具备科技水平"高"、资源消耗"精"、产业地位"尖"的特点，因此，发展专精特新企业是北京市构建高精尖经济结构的现实要求，也是建设国际科创中心的重要落地点之一。

2019 年 8 月 26 日，习近平总书记主持召开中央财经委员会第五次会议，会上指出，要发挥企业家精神和工匠精神，培育一批专精特新中小企业。之后，北京市经信局在同年 12 月发布《关于推进北京市中小企业"专精特新"发展的指导意见》，开始成规模、成建制地评选本市专精特新中小企业。至此，北京市形成了由工信部单项冠军企业、专精特新"小巨人"企业、北京市专精特新"小巨人"企业和专精特新中小企业组成的多层级专精特新企业培育建设体系。

二、北京市专精特新企业发展进程

2019 年 12 月，北京市经信局发布《关于推进北京市中小企业"专精特新"发展的指导意见》，鼓励中小企业专注于核心业务，支持中小企业提高专业化生产、服务和协作配套的能力，为大企业、大项目和产业链提供零部件、元器件、配套产品和配套服务；引导中小企业应用先进的管理模式，加强质量管理和生产过程控制，优化生产经营流程，提高产品和服务质量，实现精细化生产、精细化管理、精细化服务；引导中小企业利用特色资源，弘扬北京市传统技艺和地域文化；引导中小企业向新颖化发展，开展技术创新、管理创新和商业模式创新，培育新的增长点，形成新的竞争优势；引导中小企业树立互联网思维和理念，把互联网的创新成果与企业发展深度融合，进一步提升企业品牌形象，推动中小企业"专精特新"发展。2020 年 7 月和 2021 年 3 月，北京市经信局相继发布《北京市经济和信息化局关于开展 2020 年专精特新"小巨人"企业征集工作的通知》和《关于开展 2021 年北京市"专精特新"中小企业自荐工作的通知》，开始进行北京市市级"专精特新"中小企业和专精特新"小巨人"企业的评选工作。截至 2021 年 8 月底，北京市评选 2 批次（2020 年 1 批次，2021 年 1 批次）市级专精特新"小巨人"企业共计 385 家，4 批次（2020 年 2 批次，2021 年 2 批次）北京市市级"专精特新"中小企业共计 1 373 家，如表 1-5 所示。

表 1-5　不同层级专精特新企业入选标准

主类别	二级类别	主要指标
北京市经信局专精特新企业	专精特新"小巨人"企业	经营：上年度营业收入在 1 亿元以上；企业主营收入占比在 70% 以上；近两年主营业务收入或净利润平均增长率在 10% 以上；资产负债率不高于 70% 市场：企业主导产品市场占有率居于全省前 3 位 创新：发明专利 2 项或实用新型、外观设计专利 5 项及以上；近两年企业研发经费强度不低于 3%；研发人员占比不低于 15%

续表

主类别	二级类别	主要指标
北京市经信局专精特新企业	专精特新中小企业	经营：上年度营收在 1 500 万元以上；近两年企业净利润累计不低于 600 万元；企业估值（最新一轮融资估值）不低于 1 亿元 创新：主导产品属于产业链"卡脖子"环节，或属于关键领域"补短板"，或有效实现进口产品替代；获得与主导产品（服务）相关的发明专利，首台（套）产品认定，新技术、新产品的数量 研发：近两年研发支出强度均不低于 5%；上一年度研发投入不低于 100 万元 其他：专业化程度；主导产品通过发达国家和地区的认证；企业为龙头企业、大企业或重点工程项目提供配套产品（服务），并签订合同协议

第三节　北京市专精特新企业概况

北京市专精特新企业概况及其发展层级如图 1-4 所示。其中，部分企业涵盖多个层级，则归入较高层级为准。目前，北京市拥有最高层级的工信部单项冠军企业 27 家，工信部专精特新"小巨人"企业 263 家，北京市专精特新"小巨人"企业 124 家，北京市专精特新中小企业 977 家，共 1 391 家（截至 2022 年）。

图 1-4　北京市专精特新企业发展层级

一、北京市专精特新企业行政区域分布情况

北京市专精特新企业主要集中在海淀区、经济技术开发区（以下简称"经开区"）、朝阳区和昌平区，分别拥有 540 家、195 家、121 家和 121 家企业，其他区域的企业数量均未超过 100 家。工信部单项冠军企业、工信部专精特新"小巨人"企业、北京市专精特新"小巨人"企业以及北京市专精特新中小企业的分布也基本符合该趋势，海淀区是专精特新企业的主要来源地，其次是经开区，再次为朝阳区和昌平区，之后为顺义区和丰台区。

表 1-6 北京市专精特新企业行政区域分布

行政区	工信部单项冠军企业（家）	工信部专精特新"小巨人"企业（家）	北京市专精特新"小巨人"企业（家）	北京市专精特新中小企业（家）	总数（家）
海淀区	8	118	45	369	540
经开区	3	38	19	135	195
朝阳区	2	14	7	97	121
昌平区	2	17	8	94	121
顺义区	2	16	10	46	74
丰台区	3	10	4	45	62
房山区（包括燕山地区）	1	11	1	29	42
大兴区	—	9	8	18	35
通州区	—	4	4	26	34
西城区	1	3	4	24	32
石景山区	2	4	3	22	31
怀柔区	1	4	4	15	24
东城区	—	3	1	18	22
密云区	—	6	1	15	22
门头沟区	1	3	3	11	18
平谷区	—	3	2	7	12
延庆区	1	—	—	6	7

二、北京市专精特新企业行业分布

从行业分布来看，北京市专精特新企业主要来自科技推广和应用服务业、软件和信息技术服务业、专业技术服务业，分别拥有 387 家、314 家和 202 家；其次是专用设备制造业，计算机、通信和其他电子设备制造业，分别拥有 86 家和 55 家；再次是医药制造业、仪器仪表制造业和电气机械和器材制造业，分别拥有 42 家、32 家和 31 家。如果将制造业作为一个整体来看，北京市专精特新企业则主要集中在科技推广和应用服务业、制造业、软件和信息技术服务业及专业技术服务业，具体如表 1-7 所示。

表 1-7　北京市专精特新企业行业分布①

排序	行业	数量（家）
1	科技推广和应用服务业	387
2	制造业：	318
3	专用设备制造业	86
4	计算机、通信和其他电子设备制造业	55
5	医药制造业	42
6	仪器仪表制造业	32
7	电气机械和器材制造业	31
8	其他创造业	72
9	软件和信息技术服务业	314
10	专业技术服务业	202
11	其他行业	170

三、主要业务类型分析

在京津冀协同、"北京设计"理念的影响下，北京市部分企业将制造环节逐步外迁，因此，在行业统计中，可能有部分涉及制造的企业将被归类在

① 行业代码整理自天眼查、企查查、Orbis 数据库。

科技服务业之中。因此，本报告对企业的主要业务类型进行了统计分析，揭示了北京市专精特新企业涉及的具体产业类型，如表1-8所示。企业服务是北京市专精特新企业从事最多的业务类型，共计344家。企业服务主要是指利用信息技术对企业管理、运行进行信息化建设，包括企业互联网服务、物联网服务、网络终端安全服务等。其次是以生产制造和先进制造为代表的设备制造产业，共计288家。再次是医疗健康产业，共计188家企业。这三种业务类型占总数的近六成。此外，近些年涌现的新兴产业，如人工智能、大数据，也跻身于北京市专精特新企业所从事产业的前10位。

表1-8 北京市专精特新企业业务类型分布①

排序	业务类型	总数（家）
1	企业服务	344
2	生产制造	223
3	医疗健康	188
4	先进制造	65
5	环保	56
6	人工智能	50
7	通信产品硬件	46
8	汽车交通	37
9	建筑	29
10	大数据	27

四、北京市专精特新企业融资情况

根据天眼查数据库的数据显示，在北京市专精特新企业中有784家企业启动过各类融资服务，约占总数1391家的55%，融资次数共2620次，如表1-9所示。其中，工信部专精特新"小巨人"企业参与融资的比率最高，占比为66.9%，说明企业已经进入发展的快速道，具有较强的资金需求。在企均融资次数方面，工信部专精特新"小巨人"企业融资次数最高，达4.0

---

① 企业业务来自天眼查。

次,同样表明企业发展迅速,对资金要求较其他企业要高;而融资次数最低的为北京市专精特新中小企业,为 3.1 次。这主要是因为企业发展尚处于高速发展的初级阶段,融资次数相对较少。从融资频率来看,由于工信部单项冠军企业上市企业占比较高,这些企业相对成熟,因此融资频率最低,平均融资间隔时间为 1 038 天,而随着专精特新企业发展层级的降低,融资频率在明显降低,如北京市专精特新中小企业的平均融资间隔时间只有 383 天。同时,从融资所处阶段来看,工信部单项冠军企业的融资主要集中在 D 轮以上或 IPO 阶段,融资金额预期较大,融资次数明显减少;而北京市专精特新中小企业融资则以 A 轮及之前为主,尚处于企业高速成长阶段,因此,融资预期金额较小,但融资频率较高,如表 1 – 10 所示。

表 1 – 9　北京市专精特新企业参与融资情况

	工信部单项冠军企业	工信部专精特新"小巨人"企业	北京市专精特新"小巨人"企业	北京市专精特新中小企业
参与融资（家）	15	176	71	522
企均融资次数（次）	3.6	4.0	3.5	3.1
平均融资时间间隔（天）	1 038	499	493	383
全部企业（家）	27	263	124	977
占比（%）	55.6	66.9	57.3	53.4

表 1 – 10　北京市专精特新企业融资所处融资阶段

所处阶段	工信部单项冠军企业（家）	工信部专精特新"小巨人"企业（家）	北京市专精特新"小巨人"企业（家）	北京市专精特新中小企业（家）
种子轮/天使轮	—	—	2	34
A 轮	1	36	16	126
B 轮	1	18	13	88
C 轮	—	23	7	38
D 轮及以上/IPO	8	35	5	32

五、北京市专精特新企业基本特征

第一，北京已经形成了完整的、不同水平的专精特新企业发展层级。北京市拥有工信部单项冠军企业 27 家、工信部专精特新"小巨人"企业 263 家、北京市专精特新"小巨人"企业 124 家，以及北京市专精特新中小企业 977 家，共同构成了本市完整的专精特新企业发展层级。

第二，北京市专精特新企业以海淀区和经济技术开发区为中心、周边区域南北两条带集中发展的局面已经确立。在北京市专精特新企业中，科技服务业主要集中在海淀区，高端制造主要集中在经济技术开发区，分别有 540 家和 195 家。同时围绕两个中心区域，形成南北两条聚集发展带。

第三，北京市专精特新企业以科技服务业、制造业和软件和信息技术服务业为主，这些行业合计占企业总数的近九成。从具体业务来看，主要包括企业服务、设备制造业和医疗健康为主，这些行业合计占企业总数的近七成。

第四，北京市专精特新企业总体具有较强的融资需求，超过一半的企业曾经启动过相关融资工作。特别是随着发展层级的降低，融资次数和频率都呈现出增长的趋势。

专题报告一

北京市专精特新企业竞争力分析

第一章　专精特新企业竞争力评价

第一节　专精特新企业竞争力评价指标建立

以往研究表明，专精特新企业的关键特征主要包括：技术创新能力；市场辐射能力；优秀的企业家精神；地区产业创新协同水平；地区具有较好的条件保障框架。其中，企业家精神主要考量的是企业负责人在企业持续良性发展上的强烈意愿，但从以往报告来看，较难获取相关数据进行定量分析，通常需要通过定性访谈来获取。此外，关于地区具有较好的条件保障框架的详细分析，将在专题报告三中进行。因此，本报告将侧重于从其他三方面建立隐形冠军企业的评价指标体系，并对比分析北京市与国际先进地区专精特新企业的竞争力。

第二节　技术创新能力指标建立

专精特新企业创新能力指标体系如表2-1所示。其主要包括五个维度（一级指标）的测量：创新数量（企均专利数量、人均专利数量）、创新质量（PCT专利占比、企均PCT数量、专利平均施引次数）、技术辐射力（同族专利数量、专利申请国数量、企均重要地区[①]专利数量）、创新影响力（专利领域影响力、专利战略重要性）、创新开放程度（企均合作申请

---

① 重要地区指北美（美国、加拿大）、欧洲、日本、韩国等重要市场地区。

专利数量、平均专利申请人数量、和高校合作专利数量、和高校合作专利数量占比）。

表 2 −1　专精特新企业创新能力指标体系

一级指标	二级指标
创新数量	企均专利数量
	人均专利数量
创新质量	PCT 专利占比
	企均 PCT 数量
	专利平均施引次数
技术辐射力	同族专利数量
	专利申请国数量
	企均重要地区专利数量
创新影响力	专利领域影响力
	专利战略重要性
创新开放程度	企均合作申请专利数量
	平均专利申请人数量
	和高校合作专利数量
	和高校合作专利数量占比

第三节　企业市场辐射能力指标建立

本报告建立的企业市场辐射能力指标体系主要涵盖两个维度：辐射基础能力〔企业规模（人数保障）、分支机构数量、子企业数量〕和辐射广度（跨区域下属机构数量、跨国家下属机构数量、跨洲下属机构数量），具体如表 2 −2 所示。

表2-2　企业市场辐射能力指标体系

一级指标	二级指标
辐射基础能力	企业规模（人数保障）
	分支机构数量
	子公司数量
辐射广度	跨区域下属机构数量
	跨国家下属机构数量
	跨洲下属机构数量

第四节　区域协同水平指标体系建立

专精特新企业区域协同水平评价指标如表2-3所示。评价指标涵盖四个维度：区域总体需求（区域制造业规模占比、区域制造业规模密度水平、区域制造业利润水平）、区域高技术制造业需求（区域高及中高研发制造业规模占比、区域高及中高研发制造业密度水平、区域高及中高研发制造业利润水平、高水平产业集群）、行业引领（龙头企业数量、高技术制造业龙头企业数量）、国际产品销售渠道（区域出口总额占比、区域高及中高研发制造业出口总额占比）。

表2-3　专精特新企业区域协同水平评价指标

一级指标	二级指标	计算方法
区域总体需求	区域制造业规模占比	区域制造业规模/全国制造业规模
	区域制造业规模密度水平	营收规模/区域面积
	区域制造业利润水平	利润额/营收规模
区域高技术制造业需求	区域高及中高研发制造业规模占比	区域高及中高研发制造业规模/全国高及中高研发制造业规模
	区域高及中高研发制造业密度水平	高及中高研发制造业营收规模/区域面积
	区域高及中高研发制造业利润水平	高及中高研发制造业利润额/营收规模
	高水平产业集群	WIPO、工信部等国际权威组织和国内主管部门公布的产业集群

续表

一级指标	二级指标	计算方法
行业引领	龙头企业数量	上市企业（国内选取 A 股企业，德国选取德国股票交易所企业、日本选取东京股票交易所企业）
	高技术制造业龙头企业数量	上市企业中的高技术制造业企业
国际产品销售渠道	区域出口总额占比	地区出口总额/全国出口总额
	区域高及中高研发制造业出口总额占比	地区高及中高研发制造业出口总额/全国高及中高研发制造业出口总额

综合我国统计行业中高技术制造业、现代制造业、战略性新兴产业、高精尖产业活动类别，以及欧盟对于高技术、中高技术、中低技术、低技术产业的划分，基于课题组前期基础，本报告对于高及中高技术制造业的划分如表 2－4 所示。

表 2－4 高、中高、中低及低技术制造业划分表

属性类别	代表性产业	适用国民经济代码
高研发行业	医药制造业（27）、计算机通信设备业（39）、仪器仪表（40）	大类 27、39、40
中高研发行业	通用设备制造业（34）、专用设备制造业（35）、电气机械和器材制造业（38）	大类 26、28、34～38
中低研发行业	非金属矿物制品业（30）	大类 29～33、25、43
低研发行业	农副食品加工业（13）等	大类 13～24、41、42

第二章　专精特新企业竞争力实证研究

第一节　北京市专精特新企业技术
创新竞争力实证分析

一、北京市专精特新企业技术创新竞争力实证分析

北京市不同发展层级的隐形冠军企业技术创新能力指标如表 2 - 5 所示。在创新数量方面，由于规模存在较大差异，工信部单项冠军企业企均专利数量达到 817 件，遥遥领先，并且随着发展水平的降低，各层级的专利数量也呈现逐渐降低的态势。然而，从人均专利产出数量来看，各层级企业基本都维持在 30 件/百人左右，说明创新在各发展层级的企业中都占据着重要地位，只是由于规模上的差异而有所不同。在创新质量方面，工信部单项冠军企业的 PCT 专利占比、企均 PCT 数量，以及专利平均施引次数明显高于其他层级的企业，说明由于规模较大，市场较广，高质量的专利对目标市场的保护是重要的手段。在技术辐射力方面，工信部单项冠军企业在同族专利数量、专利申请国数量以及企均重要地区专利数量上都领先于其他企业，这与产品市场广度有重要关系。在创新影响力方面，各发展层级的企业在领域影响力和战略重要性上尚有提升空间，说明专利触及的核心技术较少，可能多为外围领域。在创新开放程度方面，北京市隐形冠军企业单件专利合作率仍有待提高，单件专利平均申请人数大多只有 1.1 ～ 1.2 人。但在与高校的科研合作上却较为明显，特别是工信部单项冠军企业，有约 11.5% 的专利是与高校合作开展的。

表 2 - 5　北京市不同发展层级的隐形冠军企业技术创新能力指标

评价指标	指标内容	工信部单项冠军企业	工信部专精特新"小巨人"企业	北京市专精特新"小巨人"企业	北京市专精特新中小企业
创新数量	企均专利数量（件）	817	71	50	30
	人均专利数量（件/百人）	34.2	32.3	32.1	28.0
创新质量	PCT 专利占比（%）	3.3	0.6	2.3	0.4
	企均 PCT 数量（件）	27.00	0.44	1.10	0.13
	专利平均施引次数（次）	1.33	0.85	0.63	0.81
技术辐射力	同族专利数量（件）	1.6	1.4	1.5	1.3
	专利申请国数量（个）	8.1	3.9	8.3	3.6
	企均重要地区专利数量（个）	49.5	0.5	1.7	0.1
创新影响力	专利领域影响力	2.56	2.60	2.58	2.55
	专利战略重要性	1.33	1.22	1.19	1.18
创新开放程度	企均合作申请专利数量（个）	146.6	7.7	4.9	3.0
	合作申请专利占比（%）	17.9	10.8	9.8	10.0
	平均专利申请人数量（人）	1.1	1.1	1.1	1.1
	和高校合作专利数量（件）	111.0	2.4	1.9	1.0
	和高校合作专利数量占比（%）	11.5	3.4	3.9	3.3

二、国际隐形冠军企业创新竞争力实证分析

本报告选取德国和日本的隐形冠军企业作为研究对象。在专利数量方面，德国、日本的隐形冠军企业创新产出大体相同，每百人专利产出数量都在 11 件以上，由于规模的关系，德国隐形冠军企业企均专利数量略高。在创新质量方面，虽然德国在 PCT 专利上略占优势，但双方的专利平均施引次数大致相同，约为 5 次，都保持了较高的水平。在创新辐射力方面，德国专利申请国数量和企均重要地区专利数量均高于日本，说明德国产品更加依赖国际市场。在创新影响力方面，双方也基本一致，领域影响力在 3.20 ~ 3.30 之间，战略重要性在 2.12 ~ 2.50 之间，也保持了较高水平。在创新开放程度方面，德国、日本的隐形冠军企业都保

持了较高的合作水平，合作申请专利占比分别为20.1%和27.1%。特别是日本的隐形冠军企业，合作广度也较高，平均专利申请人数量为1.54人，但是与高校合作申请专利的数量较少，德国隐形冠军企业只有0.14%的专利与高校联合申请。

表2-6　德国、日本隐形冠军企业技术创新能力指标

指标	德国隐形冠军企业	日本隐形冠军企业
企均专利数量（件）	291	239
人均专利数量（件/百人）	11.6	11.4
PCT专利占比（%）	25.2	15.6
企均PCT数量（件）	73	37.3
专利平均施引次数（次）	5.30	4.58
同族专利数量（件）	6.0	6.2
专利申请国数量（个）	55.6	49.2
企均重要地区专利数量（件）	261	207
专利领域影响力	3.21	3.30
专利战略重要性	2.12	2.50
企均合作申请专利数量（件）	57.3	64.8
合作申请专利占比（%）	20.1	27.1
平均专利申请人数量（人）	1.32	1.54
和高校合作专利数量（件）	0.40	1.60
和高校合作专利数量占比（%）	0.14	0.67

三、北京市和国际隐形冠军企业技术创新能力竞争力比较

北京市与德国、日本的隐形冠军企业的技术创新能力竞争力比较主要呈现出以下几个特点。

第一，在创新产出规模和密度层面，北京市专精特新企业已经超越国际先进水平的隐形冠军企业。工信部单项冠军企业企均专利数已经超过800件，大幅领先于德国、日本隐形冠军企业。在专利产出密度方面（企均每百人专利数），各层级的北京市专精特新企业大约为30件/百人，是德国、日本隐形冠军企业水平（约11件）的3倍，如图2-1所示。

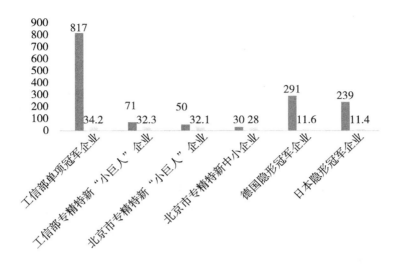

企均专利数量（件）　　人均专利数量（件/百人）

图2－1　北京市与德国、日本的隐形冠军企业专利产出数量对比

第二，在创新质量方面，北京市专精特新企业尚与国际先进国家隐形冠军企业有较大差距。虽然北京市专精特新中工信部单项冠军企业的PCT专利、专利施引次数等重要指标在本市相关企业中处于领先地位，但与德国、日本等国隐形冠军企业相比，差距仍然较大，如图2－2所示。

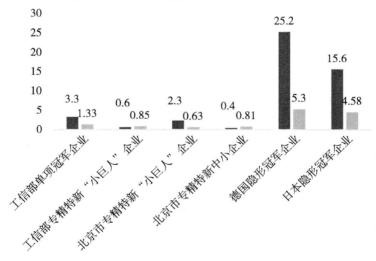

PCT专利占比（%）　　专利平均施引次数（次）

图2－2　北京市与德国、日本同类企业专利质量对比

第三，在技术创新辐射能力方面，北京市与国际先进国家隐形冠军企业相比也有较大差距。德国、日本隐形冠军在专利申请国、重要地区专利数量上远超北京市专精特新企业，说明企业的技术辐射力更为广泛。同时，在北京市专精特新企业内部，工信部单项冠军企业的指标明显高于其他层级企业，已经逐步在全球范围内扩展自身的技术影响力。

第四，在专业领域影响力方面，国际先进国家隐形冠军企业同样明显领先于北京市相关企业。在专利领域影响力、专利战略重要性两个指标中，德国、日本隐形冠军企业的相关数值最高分别可达3.3和2.5，而北京市相关企业最高在2.56和1.33，而且不同层级企业的数值相差不大，说明北京市专精特新企业的专利技术相对处于领域边缘，尚未在领域内产生重要影响，如图2-3所示。

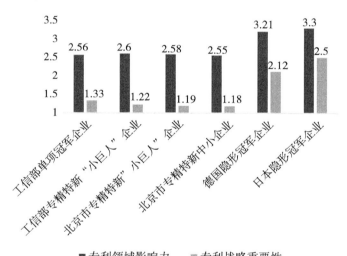

■专利领域影响力　■专利战略重要性

图2-3　北京市与德国、日本同类企业创新影响力

第五，在技术创新开放层面，工信部单项冠军企业具有较为广泛的研发合作，接近国际先进水平，而其他层级的企业尚有待提升合作效能。在合作目标上，北京市专精特新"小巨人"企业与高校建立了较强的合作关系，而国际先进地区专精特新企业更倾向于与其他企业进行合作研发。德国、日本专精特新企业合作专利占比都在20%以上，工信部单项冠军企业合作占比约18%，其他企业则维持在10%左右。

第二节　北京市专精特新企业市场辐射能力分析

一、北京市专精特新企业市场辐射能力实证分析

北京市专精特新企业市场辐射能力如表2-7所示。从辐射基础能力看，工信部单项冠军企业在职工人数、分支机构数量和子公司数量上远超其他发展层级的相关企业。此外，工信部专精特新"小巨人"企业和北京市专精特新"小巨人"企业基础能力大致相同，而北京市专精特新中小企业辐射基础能力最弱。

然而，从市场辐射广度来看，北京市隐形冠军企业主要在国内，即使是工信部单项冠军企业，其下属子公司也多在国内，企均跨国家下属机构数量仅有2.4家，企均跨洲下属机构数量仅有1.2家。在其他发展层级的北京市隐形冠军企业，北京以外的子公司平均不到3家，且几乎没有跨国、跨洲的下属机构。

表2-7　北京市不同发展层级隐形冠军企业市场辐射能力

指标	工信部单项冠军企业	工信部专精特新"小巨人"企业	北京市专精特新"小巨人"企业	北京市专精特新中小企业
企业规模（职工人数/人）	2 388	220	156	107
企均分支机构数量（家）	37.0	3.2	3.1	1.9
企均子公司数量（家）	3.9	0.6	0.5	0.4
企均跨区域下属机构数量（家）	29.0	2.5	2.4	1.2
企均跨国家下属机构数量（家）	2.4	0.05	0.02	0.01
企均跨洲下属机构数量（家）	1.2	0.01	—	—

二、国际隐形冠军企业市场辐射能力实证分析

德国、日本等国际先进地区隐形冠军企业的人员规模在2 000~2 500人，与工信部单项冠军企业类似，但在下属机构上呈现出以下特点：企业在国内

跨区域的下属机构数量占比不高，而跨国家、跨大洲的下属机构数量则明显高于本国跨区域的下属机构数量，这表明德国、日本隐形冠军企业具备较高的国际市场辐射水平。

表 2-8　德国、日本隐形冠军企业辐射能力

指标	德国隐形冠军企业	日本隐形冠军企业
企业规模（职工人数/人）	2 509	2 096
企均分支机构数量（家）	2.5	1.6
企均子公司数量（家）	15.9	11.8
企均跨区域下属机构数量（家）	5.0	5.1
企均跨国家下属机构数量（家）	13.4	8.3
企均跨洲下属机构数量（家）	6.2	6.9

三、北京市和国际隐形冠军企业市场辐射能力竞争力比较

北京市隐形冠军企业在市场辐射能力方面与国际隐形冠军企业有较大差异。在基础能力上，除工信部单项冠军企业外，北京市专精特新企业在市场辐射能力上相对有限，人员规模通常在 100～300 人，下属子公司还较少，且多位于国内。工信部单项冠军企业基本具备了国际先进地区隐形冠军企业的人员规模和成规模的下属公司，但从公司所在地来看，仍以国内为主，国际性的子公司相对较少。

市场辐射能力领先的工信部单项冠军企业较国际先进国家隐形冠军企业仍有较大差距。虽然工信部单向冠军企业下属机构超过 40 家，但绝大部分在本国，跨国下属机构（包括跨大洲）平均不到 3 家，占比不足 10%。而德日隐形冠军企业的跨国下属机构（包括跨大洲）占总下属机构的 80% 以上，如图 2-4 所示。

图 2 - 4　工信部单项冠军企业与德国、日本隐形冠军企业下属机构比较

第三节　北京市专精特新企业区域协同水平分析

一、京津冀地区与国外主要隐形冠军企业聚集区域实证研究

表 2 - 9 为京津冀地区与国际主要隐形冠军企业聚集区域协同水平指标比较。显而易见，与国际隐形冠军企业聚集区域相比，京津冀地区主要在以下三个方面存在短板。

第一，区域内制造业总体需求不足。京津冀地区在全国制造业比例仅为7.30%，远低于德国巴符州、北威州，以及日本东京—横滨所处的关东地区的水平，而且即便考虑到区域面积的因素，在制造业规模密度上，京津冀地区也只有 3 160 万元/平方公里，仅为德国两个区域同类数值的一半。与日本东京及周边产业地带组成的经济集聚大都市圈相比，更是不足对方的 20%。

第二，高技术制造业比例过低。京津冀地区的高技术制造业仅占全国的6.88%，而国际主要隐形冠军企业聚集区域高技术制造业占比通常在 25% 左右，而且显著高于本区域制造业的占比，表明区域制造业以高及中高研发制造业为主。

第三，高技术行业集群不足。根据 2020 年世界知识产权组织（WIPO）发布的《年度创新报告（GII）》，北京市 PCT 专利申请数量超过 23 000 项，但接近 40% 集中在数字通讯技术领域，京东方一家 PCT 专利申请数量占据了本市总量的 1/4。北京市虽然在铁路车辆、机械制造、化工材料领域都有行业内龙头企业，但这些企业多为国家部委转制形成的企业集团，在北京的多为管理本来就遍布全国的企业，研发、市场和本地关系不大。周边入围技术创新集群的只有天津，但最近一年的 PCT 申请量仅有 800 多件，而其最大的创新来源是天津大学，但该地区缺乏真正的、广泛的行业技术龙头企业。相比之下，德国、日本在隐形冠军聚集地区拥有享誉世界的技术龙头企业，如德国巴符州有汽车领域翘楚奔驰、保时捷，电气领域巨头博世，化工公司巴斯夫。

第四，地区出口份额较少。产品的出口是获得国际市场份额，成为隐形冠军企业的重要保障。京津冀地区的出口量仅占全国的 7.15%，显著低于其他区域的占比。德国巴符州出口占全国的 21.55%，北威州占 16.57%。

表 2－9　京津冀地区与国际主要隐形冠军企业聚集区域协同水平指标比较

一级指标	二级指标	京津冀地区	德国巴符州	德国北威州	日本东京—横滨所处的关东地区
区域总体需求	区域制造业规模占比（%）	7.30	18.78	19.21	25.22
	区域制造业规模密度水平（万元/平方公里）	3 160	7 850	7 910	17 620
区域高技术制造业需求	区域高及中高研发制造业规模占比（%）	6.88	25.66	25.32	—
	区域高及中高研发制造业密度水平（万元/平方公里）	1 420	6 090	6 000	—
行业引领	龙头企业数量（家）	524	91	149	1 254
	高技术制造业龙头企业数量（家）	168	23	34	236
	高技术集群数量	1	4	3	3
国际产品销售渠道	出口总额占比（%）	7.15	21.55	16.57	—
	高及中高研发制造业出口总额占比（%）	6.76	23.62	14.15	—

续表

一级指标	二级指标	京津冀地区	德国巴符州	德国北威州	日本东京—横滨所处的关东地区
	高及中高研发制造业出口总额密度（万元/平方公里）	150	3 400	2 200	—
补充说明	各地区区域面积（平方公里）	218 000	35 748	34 112	32 433

从具体的产业结构来看，京津冀地区在全国最有优势的行业是金属冶炼和压延加工业，在全国的占比接近1/4，营收规模密度也是所有制造业行业里最高的，为770万元/平方公里。而德国巴符州和北威州在高技术制造业方面都是德国全国最为集中的区域，无论从规模占比还是营收规模密度上，这些行业都远高于京津冀地区的水平，具体如表2-10所示。

表2-10　京津冀地区与德国两个隐形冠军企业聚集地制造业规模比较

行业	京津冀地区		德国巴符州		德国北威州	
	规模占比（%）	营收规模密度（万元/平方公里）	规模占比（%）	营收规模密度（万元/平方公里）	规模占比（%）	营收规模密度（万元/平方公里）
金属冶炼和压延加工业	24.21	770	9.44	210	37.00	860
设备制造业	13.25	200	30.92	1 710	19.26	1 120
金属制品、机械和设备修理业	11.88	10	10.67	90	15.88	140
汽车制造业	11.69	430	25.10	2 370	7.24	720
医药制造业	11.05	120	20.94	230	12.73	150
金属制品业	9.58	160	22.86	590	27.82	750
食品制造业	9.14	80	9.42	330	23.26	860
仪器仪表制造业	7.78	30	19.41	350	10.46	200
其他制造业	7.60	10	26.98	190	9.41	70
电气机械和器材制造业	4.96	150	25.64	540	23.23	510

二、国内主要区域对比的实证研究

本报告区域协同水平研究还包括我国不同产业发展重点区域的协同水平。具体比较的国内主要制造业区域包括京津冀地区（北京、天津、河北）、长三角地区（上海、江苏、浙江、安徽）和珠三角地区（用广东省数据代替），结果如表 2－11 所示。从制造业规模来看，长三角地区区域面积最大，制造业规模在全国的占比高达 26.8%；其次是珠三角地区，占比为 14.5%；与珠三角地区面积相仿的京津冀地区占比仅有 7.30%。同时即便考虑面积因素，长三角地区和珠三角地区单位面积的制造业规模密度都可以达到 7 000 万元/平方公里以上，而京津冀地区仅有 3 160 万元/平方公里。在区域高技术制造业中，只有京津冀地区高技术制造业全国占比低于制造业相关数据，说明长三角和珠三角地区制造业在高及中高研发活动的产业结构上更加优于京津冀地区。从行业引领角度来看，虽然京津冀地区也有一定规模的行业龙头企业，但从创新集群看，京津冀地区明显落后于长三角和珠三角地区，根据工信部的公布，京津冀地区在制造集群方面的表现尤为不足，创新城市仅有北京和天津，与其他两个地区相比存在明显短板。从终端产品的销售渠道来看，京津冀地区的出口额仅占全国的 7.15%，远低于长三角地区和珠三角地区。考虑到区域面积因素，京津冀地区的出口规模密度为 150 千万元/平方公里，大约是其他两个地区的 1/4。

表 2－11 国内主要区域协同水平指标

一级指标	二级指标	京津冀地区（北京、天津、河北）	长三角地区（上海、江苏、浙江、安徽）	珠三角地区（用广东省数据代替）
区域总体需求	区域制造业规模占比（%）	7.30	26.8	14.5
	区域制造业规模密度水平（万元/平方公里）	3 160	7 070	7 610
区域高技术制造业需求	区域高及中高研发制造业规模占比（%）	6.88	32.66	18.56

一级指标	二级指标	京津冀地区（北京、天津、河北）	长三角地区（上海、江苏、浙江、安徽）	珠三角地区（用广东省数据代替）
	区域高及中高研发制造业密度水平（万元/平方公里）	1 420	4 090	4 630
行业引领	龙头企业数量（家）	524	1 571	719
	高技术制造业龙头企业数量（家）	168	572	251
	高技术集群数量（工信部制造集群 + 创新集群城市）*（个）	0 + 2	12 + 5	6 + 2
国际产品销售渠道	出口总额占比（%）	7.15	41.03	21.46
	高及中高研发制造业出口总额占比（%）	6.76	41.98	25.92
	高及中高研发制造业出口总额密度（万元/平方公里）	150	560	690
补充说明	各地区区域面积（平方公里）	218 000	358 000	179 700

*为了方便统一比较维度，国内地区使用 WIPO 年度创新报告提及的创新城市和工信部公布的国家级制造业集群

专题报告二

北京市重点行业专精特新企业竞争力比较

第一章 研究方法

本报告使用专利—技术映射法构建产业链定位。其目的是在行业的基础上找出从事不同技术的企业，与这些技术对应专利信息中的分类代码，如IPC代码，避免了实际技术在使用中的不一致性，更具通用性。这种专利—技术映射法已经具有较长的研究使用历史，最初由德国弗劳恩霍夫应用研究促进协会系统与创新研究所（Fruanfoer ISI）和法国专利局（INPI），根据国际专利分类（IPC代码）联合开发了更加系统的技术分类。第一版已于1992年发布，包括28个技术类别，之后几经扩展，2006年，WIPO对IPC代码在第8版中进行了实质性修订，随后在2008年，系统与创新研究所也按照新的IPC代码框架对其开发的技术分类进行了全面修订。最新版本为WIPO在2018年3月公布，其中将主要IPC代码映射到"测量技术""视听技术""电信技术"等35项技术中。本研究使用该版本进行专利—技术关系映射，具体如表3-1所示。

表3-1 国际知识产权组织IPC代码—技术映射表

技术领域		IPC代码
I 电气工程		
1	电气设备	F21#, H01B, H01C, H01F, H01G, H01H, H01J, H01K, H01M, H01R, H01T, H02#, H05B, H05C, H05F, H99Z
2	视听技术	G09F, G09G, G11B, H04N-003, H04N-005, H04N-009, H04N-013, H04N-015, H04N-017, H04R, H04S, H05K

续表

	技术领域	IPC 代码
3	电信技术	G08C，H01P，H01Q，H04B，H04H，H04J，H04K，H04M，H04N-001，H04N-007，H04N-011，H04Q
4	数字通信技术	H04L
5	基础通信技术	H03#
6	电脑技术	（G06 not G06Q），G11C，G10L
7	信息管理技术	G06Q
8	半导体技术	H01L
	II 仪器仪表	
9	光学技术	G02#，G03B，G03C，G03D，G03F，G03G，G03H，H01S
10	测量技术	G01B，G01C，G01D，G01F，G01G，G01H，G01J，G01K，G01L，G01M，（G01N not G01N-033），G01P，G01R，G01S；G01V，G01W，G04#，G12B，G99Z
11	生物材料分析	G01N-033
12	控制技术	G05B，G05D，G05F，G07#，G08B，G08G，G09B，G09C，G09D
13	医疗技术	A61B，A61C，A61D，A61F，A61G，A61H，A61J，A61L，A61M，A61N，H05G
	III 化学化工	
14	有机化工	（C07B，C07C，C07D，C07F，C07H，C07J，C40B）not A61K，A61K-008，A61Q
15	生物化工	（C07G，C07K，C12M，C12N，C12P，C12Q，C12R，C12S）not A61K
16	医药技术	A61K（not A61K-008）
17	聚合物技术	C08B，C08C，C08F，C08G，C08H，C08K，C08L
18	食品化学	A01H，A21D，A23B，A23C，A23D，A23F，A23G，A23J，A23K，A23L，C12C，C12F，C12G，C12H，C12J，C13D，C13F，C13J，C13K
19	基础化学材料	A01N，A01P，C05#，C06#，C09B，C09C，C09F，C09G，C09H，C09K，C09D，C09J，C10B，C10C，C10F，C10G，C10H，C10J，C10K，C10L，C10M，C10N，C11B，C11C，C11D，C99Z

续表

	技术领域	IPC 代码
20	冶金材料	C01#，C03C，C04#，C21#，C22#，B22#
21	表面处理工艺	B05C，B05D，B32#，C23#，C25#，C30#
22	纳米技术	B81#，B82#
23	化学工程	B01B，B01D－000#，B01D－01，B01D－02，B01D－03，B01D－041，B01D－043，B01D－057，B01D－059，B01D－06，B01D－07，B01F，B01J，B01L，B02C，B03#，B04#，B05B，B06B，B07#，B08#，D06B，D06C，D06L，F25J，F26#，C14C，H05H
24	环境技术	A62D，B01D－045，B01D－046，B01D－047，B01D－049，B01D－050，B01D－051，B01D－052，B01D－053，B09#，B65F，C02#，F01N，F23G，F23J，G01T，E01F－008，A62C
IV 机械工程		
25	机械工具	B25J，B65B，B65C，B65D，B65G，B65H，B66#，B67#
26	机床技术	B21#，B23#，B24#，B26D，B26F，B27#，B30#，B25B，B25C，B25D，B25F，B25G，B25H，B26B
27	机泵、发动机	F01B，F01C，F01D，F01K，F01L，F01M，F01P，F02#，F03#，F04#，F23R，G21#，F99Z
28	纺织和造纸设备	A41H，A43D，A46D，C14B，D01#，D02#，D03#，D04B，D04C，D04G，D04H，D05#，D06G，D06H，D06J，D06M，D06P，D06Q，D99Z，B31#，D21#，B41#
29	其他专有设备	A01B，A01C，A01D，A01F，A01G，A01J，A01K，A01L，A01M，A21B，A21C，A22#，A23N，A23P，B02B，C12L，C13C，C13G，C13H，B28#，B29#，C03B，C08J，B99Z，F41#，F42#
30	热工设备	F22#，F23B，F23C，F23D，F23H，F23K，F23L，F23M，F23N，F23Q，F24#，F25B，F25C，F27#，F28#
31	零部件	F15#，F16#，F17#，G05G
32	运输机械	B60#，B61#，B62#，B63B，B63C，B63G，B63H，B63J，B64#
V 其他		
33	家具、玩具	A47#，A63#

续表

	技术领域	IPC 代码
34	其他消费品	A24#，A41B，A41C，A41D，A41F，A41G，A42#，A43B，A43C，A44#，A45#，A46B，A62B，B42#，B43#，D04D，D07#，G10B，G10C，G10D，G10F，G10G，G10H，G10K，B44#，B68#，D06F，D06N，F25D，A99Z
35	土木工程	E02#，E01B，E01C，E01D，E01F－001，E01F－003，E01F－005，E01F－007，E01F－009，E01F－01#，E01H，E03#，E04#，E05#，E06#，E21#，E99Z
来源：www. wipo. int/ipstats/en/statistics/patents		

第二章　仪器仪表行业产业链比较分析

第一节　产业链概况

仪器仪表应用领域广泛，覆盖了工业、农业、交通、科技、环保、国防、文教卫生、人民生活等各个方面。在国民经济建设各行各业的运行过程中，仪器仪表承担着把关者和指导者的任务。仪器仪表产业（以下简称行业40）的产业链概况如表3－2所示。根据《国民经济行业分类》（GB/T 4754—2017），仪器仪表制造行业可以分为通用仪表仪器制造、专用仪器仪表制造、钟表与计时仪器制造、光学仪器制造、衡器制造和仪器仪表分析终端。

表3－2　仪器仪表产业链概况

上游 材料和部件	中游 程序调控、加工组装	下游 行业应用
金属元器件	通用仪表仪器制造	石油
电子元器件	专用仪器仪表制造	化工
金属材料	光学仪器制造	医药
机电配件	衡器制造	电力
其他各类配件	仪器仪表分析终端	冶金
……	钟表与计时仪器制造	……

仪器仪表产业的特点有以下几方面。一是上游行业竞争充分。上游行业是为本产业提供生产所需要的相关金属材料、电子元器件、机电配件等零部件，生产厂商较为分散，发展相对成熟，大部分产品技术含量低，供应充分，

属于充分竞争性行业。上游行业波动对本行业的影响较小。二是下游应用场景丰富，议价能力较强。仪器仪表产业在行业内壁垒较大，特别是在一些特定行业、特定应用场景中，仪器仪表展现出较强的品牌效应，这部分行业附加值较高，如在工程领域里的流体测量、电力计量、光学测量等，在科学领域里的生命科学测量、分子诊断等。对于一般性和通用性的应用，产品附加值较低，竞争激烈，而特定行业、特定应用场景通常需要特定的传感器、逻辑解算器或控制系统和终元件（如控制阀），特别是高端 MEMS 传感器，不同应用门类品种繁多，如按照被测的量又可分为加速度、角速度、压力、位移、流量、电量、磁场、红外、温度、气体成分、湿度、pH 值、离子浓度、生物浓度、触觉等类型的传感器，成为高端仪表的核心竞争力之一。

第二节　对比分析

利用北京专精特新企业中仪器仪表行业企业的专利数据，并通过 IPC 代码—技术类型映射表，即表 3 - 1，计算了北京专精特新企业中仪器仪表行业企业的每项技术的覆盖范围和占比，结果见表 3 - 3。首先从产业上游来看，北京专精特新企业在行业 40 的产业布局情况可以从表 3 - 3 看出，行业内（行业 40）主要企业从事的技术包括"测量技术""电脑技术""控制技术"和"数字通信技术"，而"半导体技术"所对应过的数值仅为"0.001"，这表明企业主要从事产业链中游仪器仪表集成领域，使用上游采购的零部件，如仪器仪表核心部件 MENS（微机电系统传感器）进行面向下游各种应用的测量技术、控制技术或通信技术的开发，涉及上游电子元器件和金属部件的企业较少。经相关检索，北京市内只有少数企业开始布局 MEMS 项目，如康斯特仪表（我国工信部评选的单项冠军企业）。

仪器仪表产业另一个特点是下游应用场景丰富，议价能力较强。特别是在一些特定行业和特定应用场景中，行业壁垒较大。从表 3 - 3 可以看出，"测量技术""电脑技术"和"数字通信技术"都是行业内的通用技术，不涉及下游具体应用。而从下游来看，北京市在"控制技术""视听技术""运输机械(交通)""热工设备""化学工程"等领域的创新绩效最为显著，主要代表企业包括广利核、凌云光技术、康斯特仪表、新联铁、海兰信等。

表3-3 行业40北京市企业与国际隐形冠军对标企业技术差别

技术	国际	北京市	差别
生物材料分析	0.008	0.011	-0.002
视听技术	0.089	0.035	0.133
基础通信技术	0.005	0.011	-0.003
基础化学材料	0.012	0.005	0.017
生物化工	0.017	0	0
化学工程	0.014	0.019	-0.004
土木工程	0.001	0.011	-0.001
电脑技术	0.085	0.158	-0.039
控制技术	0.016	0.094	-0.014
数字通信技术	0.017	0.087	-0.014
电气设备	0.045	0.056	-0.009
机泵、发动机	0.006	0.027	-0.005
环境技术	0.004	0.013	-0.003
食品化学	0.001	0	0
家具玩具	0.004	0.001	0.014
机械工具	0.025	0.025	0
信息管理技术	0.007	0.024	-0.005
机床技术	0.008	0.018	-0.004
聚合物技术	0.007	0.001	0.064
冶金材料	0.006	0.004	0.004
测量技术	0.135	0.263	-0.066
零部件	0.011	0.034	-0.007
医疗技术	0.117	0.007	1.752
纳米技术	0.002	0	0
光学技术	0.181	0.027	1.036

续表

技术	国际	北京市	差别
有机化学	0.005	0.002	0.013
其他消费品	0.008	0	0
其他专有设备	0.023	0.004	0.103
医药技术	0.002	0	0
半导体技术	0.033	0.001	1.761
表面工艺	0.015	0.003	0.062
电信技术	0.037	0.020	0.033
纺织和造纸	0.036	0.002	0.812
热工设备	0.003	0.018	− 0.003
运输机械（交通）	0.016	0.024	− 0.005

在对标企业（如美、日、德企业）中，其主要技术依次为光学技术、测量技术、医疗技术、视听技术、电脑技术。而北京市仪器仪表高端制造业企业主要从事的技术包括测量技术、电脑技术、控制技术、数字通信技术。从两者技术的差别来看，最为明显的是半导体技术、医疗技术和光学技术（见表3-3）。因此，从产业链上看，国际先进水平企业在应用终端的创新最为明显的是医疗领域和光学领域的仪器仪表产业，而产业上游仍是半导体技术。

一、终端缺乏高端光学、医疗仪表

仪器仪表制造业在终端领域主要涵盖工业自动控制系统装置、电工仪器仪表、运输设备及生产计数仪表、光学仪器、钟表计时仪器、其他通用仪器等多种类别。其中，前三类市场规模最大，运行也最稳定，但市场利润和规模增长趋势并不显著。

光学仪器是目前行业内增速最快的领域，这主要得益于工农业生产、资源勘探、空间探索、科学实验、国防建设及社会生活各个领域对光学仪器需求的不断增长。目前，行业营收增幅较2018年同比接近40%，而利润增幅则接近60%，许多处于产业链上游的国内光学仪器企业也开始向下游市场拓展，将着眼点放在了下游的仪器整机上。在国际先进企业中，光学技术是国际竞争对手的主要创新活跃领域。德国卡尔蔡司公司作为光学仪器的龙头企业，其年营收超过 400 亿元，相当于我国国产产品年销售总额的一半。按照中国海关的数据，2018 年我国进口的"其他测量或检验用光学仪器及器具"总额约为 41 亿美元，较 2017 年增长 20%。

二、上游半导体技术不足

同时，在"半导体技术"方面，行业存在明显的差距，这表明国际先进企业正在逐渐向上游产业延伸。传感器是仪器仪表制造的核心部件。MEMS 传感器即微机电系统（Microelectro Mechanical Systems），是采用微电子和微机械加工技术制造的新型传感器，在微电子技术基础上发展起来的多学科交叉的前沿研究领域。目前，在压力传感器、加速度传感器、流量控制器、数字微镜等各种领域，MEMS 传感器都占据了相当大的比例。与传统的传感器相比，它具有体积小、重量轻、成本低、功耗低、可靠性高、适于批量化生产、易于集成和实现智能化的特点。

MEMS 传感器利用半导体制造工艺和材料，将传感器、执行器、机械机构、信号处理和控制电路等集成于一体，形成微型器件或系统，其内部结构通常在微米甚至纳米量级。因此，目前生产企业还主要以半导体行业的企业为主，产业也集中在集成电路产业发达的地区，在我国主要集中在长三角地区，如上海耐威科技、江苏苏奥传感、江苏苏州固锝。目前，北京市在该领域的研发主要依托于高校，并已建成微米/纳米国家重点实验室。因此，北京市可以利用区内优质的半导体设计资源和高校科技资源，鼓励行业内企业向产业链上游延伸，以增强企业竞争力。

第三节　主要企业概览

北京新联铁集团股份有限公司是国投集团控股子公司国投高新控股的上市公司，主要从事轨道交通领域产品的开发。从业务角度来看，东方中科主要从事仪器仪表代理，新联铁则主要从事铁路检测监测业务。北京市作为众多科研院所、轨道交通管理机构的聚集地，在信息技术产业方面展现出强大的科技能力和聚集效应，对这些企业具有显著的吸引力，这与北京市在电子信息产业、交通产业及相关交叉领域的优势地位相契合。

康斯特仪表是北京仪器仪表行业中为数不多的工信部单项冠军企业之一，公司40%的业务来自国外，研发投入强度达14.4%（2019年），其主要竞争对手为Fluke公司、WIKA公司等国际知名企业。2019年公司公告指出，企业已经投资控股济南长峰致远仪表科技有限公司、北京桑普新源技术有限公司，主要从事产品的研发和制造，而北京桑普新源技术有限公司则主要承接MEMS压力传感器垂直制造的落地。在其他专精特新企业中，北京朗视仪器是同方威视的子公司；北京海兰信技术上主要依托于清华大学；中航捷锐是由中航618所、中国航空科技工业股份有限公司和北京航空航天大学共同出资组建的，总部设在北京，并在北京密云、陕西西安设有研发生产基地。因此，可以看出，在仪器仪表制造业中，除了产业结构优势，优秀的人才也是这些高技术企业留在北京的重要原因。

第三章　电子制造业产业链比较分析

第一节　对 比 分 析

一、终端大型企业缺乏芯片技术——附加值低

在对标企业（如美、日、德企业）中，其主要技术依次为半导体技术、电脑技术、数字通信技术、电气设备技术和视听技术。海淀区企业的技术分布主要为电脑技术、数字通信技术、视听技术、电信技术和电气设备。如表3-4所示。从这些技术可以看出，国际先进国家在该产业的产业结构配套较为齐全，涉及基础零部件（半导体技术）、设备（电气设备技术）以及下游的终端应用，如电脑技术、数字通信技术、视听技术、电信技术等。相比之下，海淀区在此大类中，主要集中在终端应用领域，在零部件、设备等技术方面相对缺乏。为了体现差别技术在整体规模的份额，本研究差别数值是通过海淀区企业与对标企业相应数值差乘以总体占比得出的。其中，差距最大的为半导体技术（差值超过 1.611），其他差别较大的还包括纺织和造纸（0.161）、电气设备技术（0.138）、基础通信技术（0.099）。对于计算机、通信和其他电子设备制造业企业而言，以半导体技术为代表的芯片是产业制造的关键零部件，所有技术（如视听技术、通信技术、电脑技术）都是在芯片的基础上完成的，而企业（如光学技术、医疗技术等）也是在此基础上的应用。因此，半导体技术、芯片技术是产业链、价值链中的核心要素。

如果我们将半导体中上游的设备、制造企业去除，可以发现在美日德等传统终端设备企业中涉及半导体技术的专利也明显偏多。大量终端企业都参与到半导体技术的研发之中，如 NEC、索尼、日立、苹果、富士通、东芝

等，这些企业都拥有大量半导体专利，技术自足能力较强。

表 3-4 行业大类 39 海淀区与国际隐形冠军企业技术差别

技术	国际	海淀区	差别
生物材料分析	0.001	0	0
视听技术	0.085	0.091	-0.006
基础通信技术	0.037	0.01	0.099
基础化学材料	0.008	0	0
生物化工	0.001	0	0
化学工程	0.007	0.002	0.016
土木工程	0.001	0.003	-0.001
电脑技术	0.157	0.376	-0.091
控制技术	0.019	0.032	-0.008
数字通信技术	0.133	0.196	-0.043
电气设备	0.106	0.046	0.138
机泵、发动机	0.004	0.005	-0.001
环境技术	0.003	0	0
食品化学	0	0	0
家具玩具	0.004	0.002	0.004
机械工具	0.011	0.005	0.012
信息管理技术	0.008	0.034	-0.006
机床技术	0.007	0.003	0.008
聚合物技术	0.004	0	0
冶金材料	0.009	0.001	0.065
测量技术	0.046	0.041	0.006
零部件	0.003	0.015	-0.002
医疗技术	0.012	0.005	0.017
纳米技术	0.003	0	0
光学技术	0.049	0.018	0.083

续表

技术	国际	海淀区	差别
有机化学	0.003	0	0
其他消费品	0.004	0.004	0
其他专有设备	0.006	0.002	0.012
医药技术	0.001	0	0
半导体技术	0.157	0.014	1.611
表面工艺	0.019	0.004	0.071
电信技术	0.056	0.075	−0.014
纺织和造纸	0.023	0.003	0.161
热工设备	0.003	0.002	0.003
运输机械（交通）	0.010	0.009	0.002

二、区内半导体技术企业普遍规模较小，缺乏强劲的增长动力

在海淀区 39 大类企业中，只有 29 家涉及半导体技术的专利，并且普遍专利偏少，其中仅有北京思比科微电子技术股份有限公司和北京兆易创新科技股份有限公司专利数量超过 50 件（申请时间：2014—2019 年），在终端产品企业中，同方威视技术股份有限公司、联想（北京）有限公司、北京四方继保自动化股份有限公司、中电普瑞科技有限公司、同方股份有限公司等企业开展相关研究开发，但专利数量也偏少，而且这些企业多为细分领域企业，缺乏强劲的增长动力。

从以上分析可以看出，海淀区的计算机、通信和其他电子设备制造业（大类 39），虽然在目前的产业规模和绩效中是区内的龙头行业，但从产业链的角度来看，下游应用偏多，而在中上游的企业较少，产业结构有待进一步优化和加强，而且更为关键的是，区域内重要骨干终端企业几乎没有向上游价值链高端进行拓展，具有较大的营收、利润风险；而上游企业虽然在经营绩效上风险较低，但成长潜力有待进一步增强。

第二节　主要企业概览

小米通讯是行业内规模较大的企业，其 2019 年的营收超过 1 500 亿元，占行业总营收的 67.7%。排名第二的联想营收约 296 亿元，排名第三的智芯微营收约 77 亿元，其他企业规模基本在 30 亿元以下。上述三家企业的营收占比接近行业总营收的 85%。

在企业经营绩效上，小米通讯和智芯微近些年营收增长迅速，小米通讯在 2017 年和 2018 年营收增长率均超过 40%，智芯微的营收较 5 年前增加了 4 倍。而联想近些年，营收规模有较大程度的下滑，如 2019 年公司营收 296 亿元，较 5 年前下降了 37%。在利润上，小米通讯和联想一直维持低利润运营，联想 2019 年的利润仅有 1.6%，而智芯微则保持了较高的利润水平。

小米通讯并非依赖于行业内传统的硬件盈利模式进行运营，而是由硬件延展向软件、服务获得利润，即采用"Free + Premium"的模式，先通过低利润或几乎不盈利的硬件吸引大量用户，通过软件、增值服务、配件等方式实现盈利。因此，这种持续性依赖粉丝的忠诚度和粉丝群的扩大。但对于手机等消费级科技类产品，其粉丝的忠诚度和转换成本通常不高。即使是苹果、三星这样的品牌，也可能因为几款产品问题而失去大量用户。所以，这种盈利模式必然要求控制成本，但这可能导致供应链控制力不足。小米通讯正在积极改变这一现状。2024 年 8 月，该企业高层就指出，公司 2014 年就开始启动澎湃芯片的研发，2017 年发布第一代后遇到了巨大困难。因此，小米通讯未来在新基建基础上的 IOT（物联网）是其主要发展方向，供应链控制力较弱的状况可能仍将持续。联想的主要产品同样依赖于上游供应链。智芯微是国网信通产业板块的主要组成企业，主要产品是工控芯片，从产业链角度来看，智芯微具备较强的上下游协同能力，是国家规划布局内的重点集成电路设计企业，因此在营收和利润上相对有保障。但是由于过于依赖细分领域的应用，规模扩大能力较弱。

专题报告三

各地区支持政策案例研究

第一章　研究方法

　　本报告使用"政策目标—政策工具"分析框架。政策目标是指政府出台政策时期望实现的预期目标，或是希望解决的问题。政策工具则是为实现这些政策目标而采取的具体措施，具有很强的操作性，是政策文件中的核心部分。既有研究基于不同角度对政策工具进行了划分，Rothwell 和 Zegveld 将政策工具的作用维度划分为供给侧、环境侧和需求侧，每一维度都包含若干政策工具，但有的政策工具之间可能存在相互重叠、界限不清的问题，因此本文对政策工具进行了进一步细化，以含义更加明确的次级政策工具作为研究对象（如表 4 - 1 所示）。在进行政策分析时，政策目标与政策工具是研究人员经常使用的两个维度，已有学者基于"政策目标—政策工具"匹配的视角对政策文本进行系统研究。"政策目标—政策工具"是从政策文本中提取的二元结构，比如"推进智能制造—加强知识产权保护"，一份政策文本中可能包含许多对"政策目标—政策工具"，进行匹配时需要注意以下两种情况：如果某一政策目标出现在文件的"战略目标"部分，那么该政策目标可能与整个文件中所有政策工具相对应；如果政策目标出现在"政策措施"部分的某一自然段内，那么它可能仅与这一自然段涉及的政策工具相对应。

表 4 - 1　政策工具分类

政策工具维度	政策工具	次级政策工具示例
供给侧	教育培训	职业培训，校企合作，管理人才素质提升，卓越工程师培养
	信息支持	信息交流平台，企业信息化建设，知识共享平台，开放政务数据
	基础设施建设	通信设施，交通设施，新型基础设施建设
	科技支持	研发补贴，公共研发机构介入，科研项目实施
环境侧	目标规划	制造业发展战略制订，制订详细目标，做好规划部署
	金融支持	拓宽融资渠道，健全多层次资本市场，产融结合，健全融资担保体系
	税收优惠	降低税费负担，出口退税，小微企业税收优惠
需求侧	政府采购	完善采购制度，推进政府采购平台建设，制订政府采购标准
	贸易管制	突破地区、区域贸易壁垒
	消费端补贴	购买补贴，价格优惠，培育市场需求
	海外机构管理	支持企业海外投资，企业国际化战略，维护海外企业权益

在实际分析过程中，将政策工具划归入企业发展、产业环境、空间支撑、网络组织四个方面，具体如表 4 - 2 所示。

表 4 - 2　文本分析二维框架

	企业发展	产业环境	空间支撑	网络组织
供给侧				
环境侧				
需求侧				

第二章　北京市支持专精特新企业发展的政策

第一节　政策内容分析

对北京市人民政府公报网页检索市政府、市政府办公厅、市科委、中关村管委会、市地方金融管理局、市知识产权局、市商务局、北京制造业创新发展领导小组和市经信局发布的政策，仅检索到涉及专精特新企业发展的指导意见1份，为《关于推进北京市中小企业"专精特新"发展的指导意见》。由于隐形冠军企业主要为工业企业和科技服务业企业，因此，其他涉及产业规划、企业发展的政策也应该归入本市支持隐形冠军企业发展政策的分析范围之内。经过检索和人工辨别，共检索出近些年实施的相关主题市级政策72项，截至2014年6月还有效的37项。如附录2所示。按照表4-2进行政策段落归并，北京市产业发展政策布局如表4-3所示。

表4-3　北京市产业发展政策布局

政策工具维度	政策工具	次级政策工具示例	北京				
			数量占比（%）				
类型			企业发展	产业环境	空间支持	网络组织	总占比
供给侧	教育培训	职业培训，校企合作，管理人才素质提升，卓越工程师培养	2.29	5.61	0.62	0.21	8.73

续表

政策工具维度	政策工具	次级政策工具示例	北京				
			数量占比（%）				
		类型	企业发展	产业环境	空间支持	网络组织	总占比
供给侧	信息支持	信息交流平台，企业信息化建设，知识共享平台，开放政务数据	2.29	2.70	0.21	1.66	6.86
	基础设施建设	通信设施，交通设施，新型基础设施建设	1.04	3.95	2.08	1.04	8.11
	科技支持	研发补贴，公共研发机构介入，科研项目实施	8.73	2.29	0.62	2.70	14.34
环境侧	目标规划	制造业发展战略制订，制订详细目标，做好规划部署	11.02	7.48	2.91	5.20	26.61
	金融支持	拓宽融资渠道，健全多层次资本市场，产融结合，健全融资担保体系	2.70	10.81	1.04	0.42	14.97
	税收优惠	降低税费负担，出口退税，小微企业税收优惠	3.12	1.46	0.62	0.00	5.20
需求侧	政府采购	完善采购制度，推进政府采购平台建设，制订政府采购标准	0.83	1.87	0.00	0.00	2.70
	消费端补贴	购买补贴，价格优惠，培育市场需求	0.83	3.12	0.42	3.12	7.49
	海外机构管理	支持企业海外投资，企业国际化战略，维护海外企业权益	3.33	0.21	0.00	1.45	4.99
	贸易管制	突破地区、区域贸易壁垒	0.00	0.00	0.00	0.00	0.00
总占比			36.18	39.50	8.52	15.80	100.00

第二节　北京市政策特点

北京市产业政策主要特点表现在：第一，从政策工具维度来看，主要集中在供给侧和环境侧，段落数占比分别为38.04％和46.78％。其中，尤其以目标规划、金融支持和科技支持为主，占比分别为26.61％、14.97％和14.34％。而需求侧政策占比较少，政府采购为2.70％，特别是在海外机构管理和贸易管制方面政策较少，占比分别不足5％和1％。第二，从所属类型来看，又以企业发展和产业环境为主，分别为36.18％和39.50％。而空间支持类和网络组织类政策占比较低，分别为8.52％和15.80％。

第三章　上海市支持专精特新
企业发展的政策

第一节　政策内容分析

进入上海市人民政府公报网页检索市政府、市政府办公厅发布的政策。同时，进入上海市科委、商务委、经信委、知识产权局、中国（上海）自由贸易试验区管理委员会、中国（上海）自由贸易试验区临港新片区管理委员会检索相关政策。经过人工辨别，共检索出近些年实施的相关主题市级政策76项，截至2024年6月还有效的57项，如附录3所示。按照表4－2进行政策段落归并，上海市产业发展政策布局如表4－4所示。

表4－4　上海市产业发展政策布局

政策工具维度	政策工具	次级政策工具示例	上海				
			数量占比（%）				
		类型	企业发展	产业环境	空间支持	网络组织	总占比
供给侧	教育培训	职业培训，校企合作，管理人才素质提升，卓越工程师培养	0.78	4.21	0.00	0.47	5.46
	信息支持	信息交流平台，企业信息化建设，知识共享平台，开放政务数据	2.18	4.52	0.00	0.62	7.32
	基础设施建设	通信设施，交通设施，新型基础设施建设	1.72	11.08	1.87	2.03	16.70

续表

政策工具维度	政策工具	次级政策工具示例	上海				
			数量占比（%）				
类型			企业发展	产业环境	空间支持	网络组织	总占比
	科技支持	研发补贴、公共研发机构介入、科研项目实施	9.36	3.59	0.16	1.87	14.98
环境侧	目标规划	制造业发展战略制订，制订详细目标，做好规划部署	11.86	5.30	4.52	3.59	25.27
	金融支持	拓宽融资渠道，健全多层次资本市场，产融结合，健全融资担保体系	1.25	12.17	0.47	0.94	14.83
	税收优惠	降低税费负担，出口退税，小微企业税收优惠	0.94	2.81	0.31	0.00	4.06
需求侧	政府采购	完善采购制度，推进政府采购平台建设，制订政府采购标准	1.40	0.47	0.00	0.00	1.87
	消费端补贴	购买补贴，价格优惠，培育市场需求	3.12	2.18	0.31	0.47	6.08
	海外机构管理	支持企业海外投资，企业国际化战略，维护海外企业权益	0.15	2.03	0.16	0.62	2.96
	贸易管制	突破地区、区域贸易壁垒	0.00	0.47	0.00	0.00	0.47
总占比			32.76	48.83	7.80	10.61	100.00

第二节　北京与上海政策特点比较

北京市与上海市产业发展政策相比较，相同特点主要表现在：第一，从政策工具维度来看，两地的政策主要集中在供给侧和环境侧，尤其是目标规划、基础设施建设、科技支持和金融支持。而需求侧政策占比相对较小，特别是在海外机构管理、政府采购和贸易管制方面政策较少，上海市占比分别不足3%和1%。第二，从所属类型来看，两地又以企业发展和产业环境为主，上海市在这两方面分别为32.76%和48.83%，与北京市的36.17%和39.50%较为接近。而空间支持类和网络组织类政策在两地的占比均较低，约在10%或以下。

两地产业政策不同特点主要表现在基础设施建设上。上海市产业环境类别中基础设施建设相关政策段落占比为11.08%，明显高于北京市3.95%的占比。主要原因在于上海市拥有长江航运和海运港口，因此在基础设施建设上政策更多。而北京市的基础设施建设主要集中在包括工业互联网、5G基站在内的新型基础设施建设和南北两个机场建设，因此较上海略少。

从上海市的产业政策看，其与北京市产业政策结构、内容类似。一方面，目前还没有成体系的隐形冠军培育政策和方案；另一方面，隐形冠军企业所需要的涉及提升技术创新能力、地区辐射强度的政策要么特色不够鲜明，要么内容不够丰富，因此，分析隐形冠军企业培育政策时，主要将从国际隐形冠军企业聚集地的相关政策办法出发。

第四章 国际隐形冠军企业聚集地区优秀案例分析

从北京市专精特新企业服务创新券兑换使用情况来看，专利服务占比接近50％，说明研发活动是北京市专精特新企业的主要诉求。因此，本报告首个案例为德国巴符州专门针对中小企业技术开发的研发体系案例。

第一节 德国巴符州中小企业研发体系案例

德国巴符州的科技主管部门为州科学、研究与艺术部（以下简称州科研部，MWFKBW），经济主管部门为州经济、劳动和旅游部（以下简称为州经济部，MWATBW）。州内设有独立州属研究所，如德国纺织和纤维研究所（DITF）、斯图加特汽车和车辆发动机研究所（FKFS）。此外，还有国家级研究所，如弗劳恩霍夫应用促进协会下属成员研究所13家、德国宇航中心下属的3家研究所，州内还有多所高校，包括斯图加特大学、蒂宾根大学、海德堡大学等多家德国一流高校。

德国巴符州面向中小企业研发的核心政策是企业联盟/集群策略（Clusterpolitik）。州政府系统地支持区域、国家和国际不同层级企业联盟/集群的发展。迄今为止，许多企业联盟/集群已在国家和地区竞赛中获奖。更是有14％的企业联盟/集群获得欧盟金标签认证。巴符州的集群政策将政府定为发起者，旨在建立可持续和长期自给自足的结构，并在开发和专业化过程中，根据需求来支持企业联盟/集群的参与者。为此，所有集群政策措施都系统地相互协调。巴符州集群战略的特点是对话导向、自下而上的参与方式和所有企业联盟/集群参与者积极参与。并设计出了一系列有效的企业联盟/集群开发工具。在巴符州，过去几年形成了多层次、差异化的集群格局。许多公司、研究机构和大学不仅参与了区域集群计划，也参与了国家集群计划。在这些集群网络中政府要努力提升参与者的高度有效互动，具体措施包括：①为企业联盟/集群的创新项目提供财政支持；②促进企业联盟/集群的国际化；③增强全国性和区域性企业联盟/集群活动；④研究企业联盟/集群相关的主题政策；⑤出版相关出版物以提高知名度；⑥提高透明度和信息流通。

由 12 家州属研究所组成州创新联盟 innBW（Innovationsallianz Baden Wuerttemberg，巴符州创新联盟），主要为企业参与的科研项目提供科研合作伙伴，比如创新券（Innovationsgutschein）使用支持机构。innBW 特别重视企业参与的科研项目，如德国经济和能源部（BMWi）的中小企业资助项目 ZIM，innBW 为项目申请企业提供项目研究伙伴，并且确保项目成果归企业所有。innBW 的研究方向包括医疗保健、可持续交通、能源和环境技术以及信息和通信四个领域。innBW 在从创意到进入市场的整个开发过程中提供了一系列独特的服务。innBW 每年有超过 4 500 份公司委托合同，以及 500 多个涉及医疗保健、可持续交通、能源和环境技术及信息和通信领域的公共科研项目，是创新和技术转让的典范。作为科学与商业之间的纽带，innBW 将科研机构和企业联系在一起，确保科技知识从基础研究转化为工业实践。2019 年，InnBW 共有 1 539 名员工，合同金额达到 1.82 亿欧元，其中 5 100 万欧元来自企业；共有 4 680 份合同，其中 45% 来自中小企业，包括 706 个公共科研项目，共有 1 845 家公司选择 innBW 作为研发合作伙伴，共同申请研发资助项目。innBW 企业委托项目收入是基本运行投入费用的 1.6 倍，而公共科研项目收入是基本运行投入费用的 2.0 倍。

这些州属研究所和国家、高校研究所共同构成了所谓的企业联盟/集群，具体如图 4-1 中①所示。这些企业联盟/集群根据规模、组织形式等被分为三类：小集群（Cluster）、集群服务联合体（Cluster Initiative）和州集群（Landesweite Netzwerke）。小集群主要为地区内中小企业与科研院所组成技术合作组织，通常以协会或学会的形式存在。集群服务联合体主要是中小企业与研究机构联合成立，通常以有限公司的形式开展服务。而州集群则是指在更广泛的区域（州或者全国范围内），行业/技术类似的中小企业与研究机构成立州集群，类似我国的省级行业协会。

目前，巴符州共有 91 个小集群、78 个集群服务联合体和 27 个州集群。而这些企业联盟/集群由州集群中介所（Cluster Agentur BW）负责管理，其主要任务是通过上文所述的集群发展措施来促进企业联盟/集群发展。同时，中介所提供以上三种集群信息（包括资金来源、成员信息、服务领域、成员企业服务项目内容等），并对集群进行评估。而中介所由州经济部设立的集群办公室负责管理。为了提升企业联盟/集群能力，集群中介所设立"Cluster Excellence Baden-Württemberg"质量标签，以提高企业联盟/集群的管理组织的效率和专业性。评选标准是基于欧洲集群卓越倡议（ECEI）的成果，并根据巴符州的框架条件进行了适当调整。该奖项由州经济部的咨询委员会进行评选，并由该州颁发。

在科研资助方面，巴符州由州经济部和州科研部分别组织实施。其中，州经济部主要组织产业导向型科研项目。对于传统行业，一般支持较大规模的集群实施，比如金属加工业、金属制品制造业（如图 4-1 中④所示）。另外，还设立中小企业专项（如图 4-1 中⑤所示），需要中小企业和研究机构联合申请。而对于新兴技术，则主要资助国家级研究所、高校、州属研究所联盟设立研究中心。州科技部设立基础研究专项，由于这些项目主要涉及基础研究，因此，主要由科研机构和高校负责。对于科研机构承担的与企业合作的横向课题，州政府和联邦政府按照 1∶1 的比例共同提供资金支持，这成为科研机构和高校的重要经济来源，因此，有助于将知识进行外溢，从而提升中小企业的研发能力。

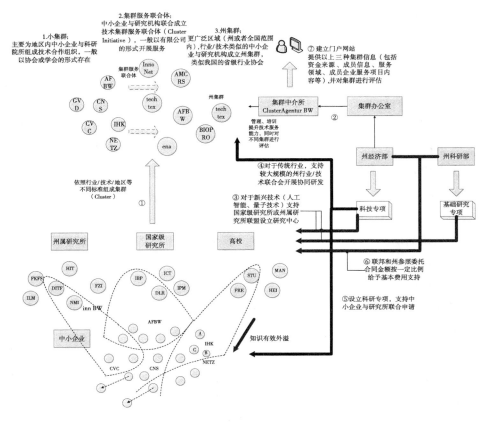

图 4-1 巴符州中小企业研发体系

第二节 德国海外市场扩展策略

一、所在地服务

德国巴登符腾堡州与全球主要经济体建立了友好州省关系，比如与我国的辽宁省和江苏省，这种关系有助于在地区层面扩展经济影响力。巴登符腾堡州国际经济与科技合作协会（以下简称巴符国际）是德国巴登符腾堡州促进经济和科技国际化的官方机构。巴符国际为国内外企业、集群、网络，以及高校和科研机构提供国际化相关的支持与帮助，是德国巴符州国际合作的核心窗口。目前，巴符国际已在中国、巴西、印度、美国、南非、日本、以色列等国家设立了代表处。

巴符国际为进入主要经济体发展的巴登符腾堡州企业提供了支持。以中国分公司为例，巴符国际在南京设立了代表处和服务型公司（有限公司）。代表处是德国巴登符腾堡州的官方驻华机构，而有限公司则主要为巴符州的企业提供服务。两者采用合署办公的方式运行，即由同一人担任驻华首席代表兼有限公司总经理。共享的办公场所不仅整合了两个机构的不同职能，也保障了它们之间的高效合作。

基于省州层面的友好关系，巴符国际自 1986 年起在江苏省南京市设立了办事处。除了江苏省，巴符州还与辽宁省保持着长期友好的合作关系。作为德国巴登符腾堡州的官方代表，南京办事处的首要任务是促进巴符州企业与江苏省和辽宁省中国企业的经济合作。此外，办事处还致力于维护与两省政府之间的联系，并为实施由混委会通过的项目提供支持。巴符州与伙伴省之间的混委会定期召开，加强双方的经济和技术合作。江苏省发展和改革委员会及辽宁省商务厅是巴符国际的主要合作单位。通过这些经济合作，巴符州在江苏省的关系网络得到了进一步扩展，从而简化了其在中国商界的工作。

具体服务方式包括市场调研与销售分析、组织参加展会、口译笔译服务、区位评估、成立分公司或代表处，以及推荐中国的合作伙伴及员工等。许多来自巴符州的中小型企业通过该公司集合体招募专属员工，活跃于中国市场，无须自行成立分公司。

此外，对于中小企业，巴符国际还通过公司集合体为德国公司提供服务，通过巴符州经济与科技合作（南京）有限公司，与其他中小企业共同成立企业，这有助于克服中小企业在进入国外市场初期面临的资金和人员方面的挑战。而最终目标是帮助这些企业在中国建立自己的公司，并在此基础上进一步扩大投资和发展。通过这种方式，比如 J. H. Ziegler GmbH 成立齐格勒有限公司（湖州、南京）、Magnetbau Schramme GmbH & Co. KG 成立施拉姆电磁铁有限及两合公司（扬州）、Hermann Holzapfel GmbH & Co. KG 成立艾弗尔压缩机配件有限及两合公司（南京）、BLEICHERT Automation GmbH & Co. KG 成立布莱希特自动化有限及两合公司（南京）、Gottlieb Binder GmbH

成立宾德粘扣带有限公司（南京）、Cenit AG 成立赛拟特股份公司（苏州），目前，集合体成员由 16 家企业组成，全部是德国中小企业。

二、本地服务

本地服务的核心是开放，除了巴符州建有产业集群网站，开放相关服务信息，便于其他企业、机构使用，德国巴符州还通过州级协会、学会作为各方联系纽带，开放相关服务信息。比如德国巴符州工程师协会（ING BW）建有全州工程师查询系统，通过该查询系统，工程师和客户可以在在线搜索和其他合作平台上找到相关企业。此外，会员还可以在 ING BW 网站上发布企业的服务范围及资质证明。目前，ING BW 在其委员会、平台和大会中汇集了来自商业、研究和管理各个领域的专家名录信息。而且，可以通过各种限制条件对相关目录进行搜索，以便于查找利用，具体如图 4 - 2 所示。

图 4 - 2 德国巴符州工程师协会（ING BW）工程师检索网页

第五章　提升北京市专精特新
企业发展水平的对策

第一节　完善梯级发展布局，推动更多
专精特新企业加速涌现

一是构建分类梯度培育扶持方式，借鉴浙江、山东等地的经验，在"专精特新中小企业—专精特新'小巨人'—单项冠军企业"的基础上，建立专精特新培育库，加强入库企业监测，对具有专精特新特质的企业，优先使用相关政策，加大针对性扶持力度，提供精准服务，培育专精特新苗子，并持续开展北京专精特新企业认定服务。区分不同企业所处的发展阶段和需求，也可以以此加强政府服务引导和政策支持，引导示范带动和支持企业竞相、滚动发展。

二是目前常规的财务指标并不足以全面判断企业的发展状况。创新是企业发展的核心和基础，因此，在实际工作中，可以主要参考我国《企业创新活动统计报表制度》及欧盟《企业晴雨表调查》等调查，并结合北京市的特点，制订制造业企业的监测指标，加强对企业创新方式、特点和需求的监测。

第二节　完善制造业高质量发展的支持
政策体系，打造高端制造业品牌

一是北京市可以考虑建立覆盖各领域的制造业高质量发展支持政策体系。在实施过程中，可以以北京市 2019 年年底发布的《关于推进北京市中小企业

"专精特新"发展的指导意见》为抓手，尽快落实，组建由北京市科学技术委员会、北京市经济和信息化局、北京市发展和改革委员会、北京市统计局、北京市财政局等部门组成的联合工作专班，建立包括适用范围、指标体系、监测机制、人才支持、财税补贴等在内的全方位区级政策体系，以引领北京市专精特新企业的发展。

二是打造北京市高端产业品牌。在实施过程中，可以参考 2019 年 9 月印发的《关于支持中关村科学城标准创新发展的措施（试行）》，考虑将"海淀标准"推广至全市使其成为企业标准领跑者的典范。统筹行业协会、研究机构、产业联盟和制造业企业等多方资源，开展标准领先企业遴选活动，形成区域内竞争态势，对于优胜企业给予政策和资金支持，加大宣传力度，提升产品附加值，扩大市场规模。

三是发挥创新资源优势，引领专精特新企业的示范作用。利用自身科技资源和信息技术优势，促进各类创新要素向企业整合和集聚，推进产学研深度融合，向价值链高端延伸；加强共性技术和新型基础设施平台的建设，加速制造业的服务化发展；通过品牌化建设，提升示范引领作用。

第三节　完善中小企业研发体系，增强研发创新国际竞争力

一是确立中小企业研发的主要战略途径，并根据该战略设计和布局北京中小企业的研发体系，明确各个主体，包括政府、中小企业、高校、科研院所、产业技术创新联盟的地位和作用，并利用政策和资金促进体系内各成员间知识的流动。

二是对研发项目实施多样化、创新化管理。区分基础研究、应用研究和传统产业、新兴技术，为不同领域的科研项目确立管理主体和申报主体。

三是鼓励企业与客户共同建立产品开发机制，加强首制、首试、首用的政策保障，并提供产业链上下游配套保险服务。

四是发挥北交所多项制度的创新优势，进一步拓宽专精特新企业的融资渠道，同时，加大信贷投放力度，通过精准滴灌式融资助力企业增加研发投

入，促进企业快速成长。

五是支持科研院所、高校、央企与隐形冠军企业开展协同创新，试点研发双向补贴制度，鼓励科研院所、高校以"揭榜挂帅"的方式帮助企业攻克前沿技术，鼓励与央企建立稳定的技术、产品联系，加快实现创新成果的转化应用。以驱动成果高质量发展为目标，加强研发补贴政策利用效能。试点研发双向补贴制度，首先，对于与高校、科研机构合作的中小企业，将优先从中小企业发展基金中，按照课题费用的一定比例为中小企业提供研发补贴，以驱动中小企业与高校、科研机构的合作。其次，对于承担中小企业横向课题的高校和科研机构，特别是市属应用型科研单位，经过评估，将按照合同金额提供相应的科研经费，加速公共研发资金产出成果的知识外溢。

六是建议本市增加财政投入，在部分行业，特别是在研发效率较低或是企业经营压力较大的行业，为企业和高校，特别是与市属高校（主要从事应用技术开发）搭建研发合作平台，以提高企业研发效率。此外，对于初创企业，往往研发投入高，在做好评估的基础上，对这些企业申请研发项目或平台合作给予倾斜。同时，对于成功案例开展示范推广。

第四节　紧抓深化"两区"建设机遇，提高专精特新企业外向型发展能力

研究制订专精特新企业产品和技术名录，一是增强研发创新国际竞争力，优先选择符合技术发展趋势、基础性较强、具有领先水平和市场应用前景的项目，全面支持专精特新企业在国际范围内进行专利布局，显著提高专利质量，增强创新辐射能力。

二是鼓励提高技术独创性，针对"卡脖子"形成的产业空白区，支持专精特新企业结合自身优势实现技术突破，摆脱"卡脖子"领域的对外依赖，在高端市场和海外客户中全面拓展，助力北京专精特新成为全球隐形冠军。

三是推动"两区"企业政策向专精特新企业倾斜，为具有国际化潜力的企业提供更为宽松的政策支持，以帮助企业化解国际市场的不确定风险，促进其海外市场的拓展。

四是鼓励专精特新企业全球化发展，支持企业吸引一批熟悉国际市场规律和国际贸易法则的国际化人才，提升企业国际化经营能力，借力"一带一路"扩大海外市场份额，提升企业在全球中的地位价值链。

五是加大信息开放力度。依托产业技术联盟扩展信息，及其公开渠道建设产业技术创新联盟数据库。建议市经信局设立相关指导部门，依托北京市中小企业公共服务平台公开相关信息，包括其成员组成、服务优秀案例、服务范围等，以吸引其他企业加入；定期对产业技术创新联盟进行评估，实行奖励政策，以督促产业技术创新联盟的建设。

第五节　提升京津冀区域协作水平，支持专精特新企业在更大区域纵深发展

北京市制造业企业受到发展空间的限制，而增产扩能和强链补链是企业成长和壮大的关键步骤，因此，生产进行转移成为企业常见的策略。目前，北京市高端制造业企业在技术和服务方面的收入占比显著，部分企业生产已经开始外迁。因此，北京市可以考虑支持高端制造业总部建设，将研发、采购、结算等核心业务留在区内，鼓励总部企业在符合国土空间规划的前提下，在自有工业用地上建设企业总部及配套设施，来积极应对制造业企业外迁现象。

一是基于制造业强链、补链的国家战略，深化京津冀区域协作，推动制度创新，发挥北京专精特新企业的技术和产品优势，支持上下游企业跨区域加强产业协同，通过开放合作提升企业的竞争力和市场地位。

二是整合利用京津冀区域研发制造资源，围绕"研发—中试—产业化"完善区域利益分享机制，克服北京生产制造的硬约束，引导涉及生产制造环节的专精特新企业跨地区布局产能。

三是基于区域产业集群与专精特新群体的紧密关系，推动京津冀区域新兴产业集群发展，以北京专精特新企业为核心组建区域产业技术联盟，探索联盟实体化的发展路径，加强联盟内企业间的联系，为专精特新企业的持续发展构建更加稳固的产业生态。

专题报告四

我国专精特新企业发展情况

第一章　我国中小企业基本情况

第一节　我国中小企业概要

中小企业是推动国民经济和社会发展的中坚力量，它们在扩大就业、改善民生、促进创业创新方面扮演着关键角色，同时在稳增长、促改革、调结构、惠民生、防风险中发挥着至关重要的作用。在我国企业中，90%以上都是中小企业。截至 2022 年年末，中国中小微企业数量已突破 5 200 万户，与 2018 年年末相比，增长 51%。规模以上工业中小企业营收在整体规模以上工业企业营收中的占比为 58%。2022 年平均每天新设企业 2.38 万户，是 2018 年的 1.3 倍。中小企业快速发展壮大，是数量最大、最具活力的企业群体，是中国经济社会发展的生力军。

从质的方面看，优质中小企业不断涌现。工信部已培育 12 000 余家专精特新"小巨人"企业，并带动地方培育近 10 万家省级专精特新中小企业。其中，"小巨人"企业平均研发投入占比达 8.9%，平均研发人员占比达 28%，累计参与制定或修订国家标准 6 000 余项，获得授权发明专利数 14 万余项。近年来，70 余家"小巨人"企业荣获国家科学技术奖，1 500 余家"小巨人"企业参与过国家重大科技项目。中小企业加快专精特新发展，展现强劲创新活力，日益成为创新的重要发源地。

从贡献的方面看，中小企业在经济社会发展全局中发挥着重要作用。中小企业在各个细分领域广泛分布，专注于产业链配套，以产业链供应链为纽带促进大中小企业融通、产学研协同，助力形成环环相扣的完整产业生态，这对于保持产业链供应链的稳定性和竞争力至关重要。中小企业既为广大人民群众直接提供了大量物质产品和服务，又成为吸纳和调节就业的"蓄水池"。中小企业发展好的地区，往往就业更充分，经济也更活跃，人民生活更富裕。

第二节　中国中小企业培育路径

"专精特新"是中小企业发展的关键路径，它与中国构建新发展格局的要求相契合。"专精特新"企业往往处于产业链供应链的关键环节，与行业龙头企业协同创新，通过产业链上下游协作配套，可以实现大中小企业的融通发展，这对于支撑产业链补链延链固链强链、提升产业链供应链稳定性和竞争力具有重要意义和作用，有助于弥补中国在关键领域的短板，解决"卡脖子"问题。

在《"十四五"促进中小企业发展规划》中提出的"专精特新"培育目标是实现"百十万千"，即推动形成一百万家创新型中小企业、十万家"专精特新"中小企业、一万家专精特新"小巨人"企业，以及一千家制造业单项冠军。

党的二十大报告提出，"支持专精特新企业发展，推动制造业高端化、智能化、绿色化发展"。"专精特新"中小企业以专注铸专长、以配套强产业、以创新赢市场，它们在提升我国产业核心竞争力、解决"卡脖子"问题中发挥着关键作用，是高质量发展的重要动力源、新发展格局的关键稳定器和创新型国家的生力军。2022年11月，科技部印发《"十四五"国家高新技术产业开发区发展规划》（以下简称《规划》）。《规划》提出到2025年的发展目标：国家高新区、自创区布局更加优化，高新技术成果产出、转化和产业化机制更加完善，攻克一批支撑产业和区域发展的关键核心技术，研制一批兼具原创性和先进性的高水平标准，形成一批自主可控、国际领先的产品，涌现一批具有国际竞争力的创新型企业和产业集群。

因此，面向未来，高新区精进前行，步入高质量发展快车道的关键之一就是引导区内中小企业向"专精特新"企业发展。"专精特新"中小企业群体是高精尖产业的坚实基础，是攻克支撑产业和区域发展的关键核心技术的载体，更是高新区产业集群的关键节点和高质量发展的必要条件。

在《规划》中也强调，要支持区内企业进一步加大研发投入，建设高水平研发机构，开展关键核心攻关技术，提升创新能力。支持园区建立高成长企业梯度培育体系，以吸纳更多具有发展潜力的企业。支持园区引入市场化和专业化的高成长企业服务机构，针对不同阶段企业发展需求，开展商业模式优化、项目路演、资本对接、场景拓展等精准服务。鼓励园区加大对科技型中小企业技术研发、中试熟化基地、平台建设、场地租赁等的支持力度。

自党的十八大以来，我国中小企业发展取得了显著成效，创新能力加速跃升，累计培育万余家专精特新"小巨人"企业、6 万多家专精特新中小企业，在稳链、强链、补链中起到了强有力的支持作用，但与党的二十大报告提出的"着力提升产业链供应链韧性和安全水平"相比，仍存在一定的差距。我国专精特新中小企业在追求高质量发展的过程中也面临一些挑战，主要包括应用基础研究服务能力"弱"、科技金融助力企业融资水平"低"、数字化转型障碍"多"。为此，亟须以科技创新赋能"专精特新"中小企业高质量发展，推动今日的"专精特新"成为明日的"隐形冠军"。

一、提升应用基础研究服务能力，赋能"专精特新"企业发展

练就"独门绝技"是企业赢得市场的关键。应用基础研究是整个产业创新的源头，前瞻性的原始创新成果是企业高质量发展的重要基石。

一是支持国家高新区依托高校优势学科和学科交叉融合的优势，针对类脑智能、量子信息、基因技术、未来网络、氢能与储能等前沿科技和产业变革领域，前瞻部署一批未来产业，发挥新型举国体制的优势，提供科创"源头活水"，加大对应用基础研究的支持力度，集中力量攻克关键共性技术和前沿引领技术，提前进行科研布局，打破国外技术壁垒，争取在全球科技标准中取得主导地位。

二是坚持企业创新主体地位，推动科创"下沉一线"，"让研发走在市场前"，主动寻找突破口，"先人一步"提前布局。党的二十大报告指出"强化企业科技创新主体地位"。这就要求高新区必须引导专精特新企业加大创新研发投入力度，主导或参与国家级制造业创新中心、产业创新中心、技术创新中心等重大创新平台建设，组建创新联合体，开展协同技术攻关和"揭榜挂帅"重大创新项目，才能加快突破一批前沿引领技术和"卡脖子"关键核心技术，从而形成重点领域科技创新策源能力。

三是畅通科技成果转移转化，为中小企业提供便捷、高效的途径来获取和使用科技创新成果。高新区要围绕中小企业的需求开展研发工作，鼓励中小企业以股权出资的方式促进与科研机构合作，提高科技成果运用效率。完善产业园区科技成果转化配套基础设施，通过建立"共享"中试基地、科技成果转化交易平台，优化产业园区服务体系，引进优质科技成果转化服务机构，加大对中小企业的培训、咨询等服务力度，打通科技成果转化的"最后一公里"。

四是抓住双循环新发展良机，通过内外循环，促进企业突破技术壁垒，提升创新迭代速度和大规模应用能力，高新区要衔接好应用基础研究和产业化之间的断层，以实现科研创新从样品到产品再到商品的"三级跳"。

二、加大科技金融支撑力度，破解中小企业融资梗阻

专精特新中小企业普遍具有资产轻、初期盈利能力弱、传统融资模式难以满足企业发展需求的特点。利用科技手段将当前融资从"锦上添花"转变为"雪中送炭"，对完善创新生态链、支持中小企业发展具有重要意义。

一是利用新一代信息技术加大金融服务创新力度，为专精特新企业构建产业链金融平台，实现信用链、资金链、交易链的无缝对接，健全政府部门、商业银行和互联网公司等链条上各主体的信息共享程度，解决现有中小企业融资模式中资金利用率低、信息不对称等问题，尝试为中小企业提供一种全新的融资模式。

二是大力发展人工智能、区块链和大数据整合与分析等智能风控风投技术，增强专利权、股权、应收账款、流动资产质押担保、信用担保等"点石成金"的能力，解决科技企业资产轻、抵押物不足等融资难题，拓宽企业融资渠道。

三是不断提高资本市场对外开放水平，解决征信、数据跨境难题，提高资金出入境效率，加快金融科技创新监管工具的研制和金融科技国际标准治理规则体系的建设，为金融科技创新应用提供缓冲地带和试错区间，避免金

融科技创新中一再出现"一放就乱，一管就死"的困局。

三、加快数字化转型，助力中小企业跨过"数字鸿沟"

发展数字经济是把握新一轮科技革命和产业变革新机遇的关键，也是构建现代化经济体系的重要引擎。据有关机构预测，未来5年至10年，我国数字经济占 GDP 的比重将达到60%，而"专精特新"中小企业有望成为数字技术应用和业务创新的最佳土壤，加快数字化转型升级是广大中小企业实现"专精特新"发展的关键路径。这要求以数字化赋能企业创新发展，有效结合互联网、大数据、人工智能等数字技术，将数字技术和企业生产经营模式融合创新，是提高企业全要素生产效率的关键。破解数字鸿沟，重点要帮助中小企业摆脱"不会转、不敢转"的困境。

一是精细落实解决企业在数字化发展中遇到的前沿问题和创新难点，明确转型路径，充分利用工业互联网，对研发设计、加工制造、销售、物流等各个环节进行数字化改造，加速5G智慧工厂的建设，助力企业经营模式和产业发展形态的转型和重塑。

二是提升成熟应用供给水平，遵循"大企业建平台、中小企业用平台"模式，加大研制轻量化应用产品力度，提供输出"小快轻准"产品和数字化转型解决方案，带动产业链供应链上下游中小企业协同开展，并促进其数字化转型，助力传统中小企业提质增效，发展成为专精特新中小企业。

三是多措并举，在中小企业数字化转型过程中，政府要充分发挥作用，加大资金支持力度，降低中小企业数字化转型门槛。鼓励通过提供专项资金、补贴政策等方式，支持数字化产品的研制和中小企业上云上平台。同时，还要从基础设施、评估体系、发展氛围、财税金融、人才培引等方面优化转型发展环境，从而加快中小企业数字化转型进程。

第二章 中国专精特新"小巨人"发展现状

第一节 企业数量

我国专精特新企业培育工作取得了显著成果。自2018年工信部培育认定国家专精特新"小巨人"企业以来，我国已成功培育出五批专精特新"小巨人"企业，累计公示12 950家专精特新"小巨人"企业，9.8万家专精特新中小企业，超过20万家创新型中小企业。目前，已完成工信部制定的"到2025年前，培育一万家专精特新'小巨人'企业"的目标。

第二节 行业分布

专精特新"小巨人"企业主要集中在制造业，在1.2万家"小巨人"企业中，制造业企业超1万家。在专精特新"小巨人"企业分布前十的行业中，有9个行业属于制造业领域。

一方面，专精特新企业的行业集中度高，这与我国构建新发展格局、推动高质量发展的重点发展领域紧密相连，并且与专精特新企业的自身发展定位相匹配。《工业"四基"发展目录》中所列举的核心基础零部件/元器件、关键基础材料、先进基础工艺和产业技术基础，以及制造强国战略十大重点产业领域，包括新一代信息技术、高端装备制造、新能源、新材料、节能与新能源汽车等战略性新兴产业，都代表着我国未来科技创新和产业发展的方向，具有科技含量高、市场潜力大、带动能力强、综合效益好等特征，是我国产业"补短板""锻长板""填空白"的关键环节，也是专精特新企业行业布局的重点领域，发展专精特新"小巨人"企业将有助于解决现阶段"卡脖子"问题，还有助于我国强化工业基础能力，夯实制造业基础，从而实现制造强国建设。

另一方面，由于制造业在中国的重要地位决定了专精特新"小巨人"企业中大多数企业是制造业。2022年，中国制造业增加值规模为33.5万亿元，占GDP比重达27.7%。自2010年以来，中国制造业增加值连续12年位居全球第一。中国制造业企业数量众多、基数较大，这为培育出更多的专精特新企业提供了丰富的基础。专精特新"小巨人"企业与当前制造业深层性结构调整、产业转型升级发展的要求相契合。

第三节　地区分布

从区域分布来看，专精特新"小巨人"数量与各区域和各省份的整体经济发展及产业结构高度相关。现阶段，专精特新"小巨人"企业的地区分布受产业基础等因素影响，呈现出"东强西弱"的分布状态，主要集中在基础较为发达的东部和中部等地区。

目前，华东地区总体专精特新"小巨人"企业数量最多，华北地区在京津冀区域协同发展带动下，"小巨人"企业数量快速发展，华中三省的"小巨人"企业数量较多且发展较为均衡，华南、西南地区的"小巨人"数量居中，在广东、四川、重庆等首位省市的辐射带动下，发展势头较好，东北和西北地区"小巨人"数量相对较低，正迎头赶上。

截至2023年7月，五批专精特新"小巨人"企业已覆盖中国31个省份，其中有20个省份拥有100家以上的"小巨人"企业。浙江、广东、江苏三省的"小巨人"企业数量位居全国领先地位，拥有千家以上"小巨人"企业。江苏省以1 474家企业领先，其次是广东省（包括深圳）的1 466家和浙江省的1 435家。三个省份的小巨人企业总和占据全国的35.88%。

排名前10的省份依次为江苏、广东、浙江、山东、北京、上海、湖北、安徽、湖南和四川，这些省份大多位于东南沿海区域，它们的企业总量达到了全国的74.6%。专精特新"小巨人"企业整体呈现出"东强西弱"的分布状态。

第四节　城市分布

从专精特新"小巨人"企业城市分布来看，五批专精特新"小巨人"企业已覆盖300座城市，其中有13座城市拥有超过200家以上的"小巨人"企业。在"小巨人"企业数量排名前20的城市中包括4个直辖市、7个省会城市，其余9个城市均为东部经济发达地区的城市。北京、上海、深圳的专精特新"小巨人"企业数量位居全国领先地位。孕育出专精特新"小巨人"的城市通常具有明显的特征，如经济发达，技术、人才、资本等基础雄厚，或者城市本身就具有某种类型的产业积累。

苏州和宁波是排名前10的城市中既不是省会/直辖市也不是一线城市的2座城市，能够培育如此多的专精特新"小巨人"企业，一方面，其本身具有坚实的制造业基础，形成了门类齐全的制造业体系；另一方面，近年来，苏州与宁波不断加大专精特新"小巨人"培育力度，出台了一系列政策与文件，面向全市专精特新"小巨人"企业开展企业创新能力提升、上市融资辅导、创新成果转化、数字化赋能等全方位服务。在浙江宁波，当地创立"8718中小企业公共服务平台"，"8718"谐音"帮企一把"，通过这个政府主导、市场化运作的企业服务平台，整合了当地各类资源，致力于解决企业面临的实际困难。

第五节　投融资情况

专精特新"小巨人"企业具备营收增长快、毛利率高、扩张积极性强、研发投入强度高、资本开支增速高等特点，得益于国家一系列强有力的产业政策与金融政策，专精特新企业获得了更多新的融资渠道和机会，从而得以继续保持发展优势。专精特新"小巨人"投融资活跃度较高，截至2023年8

月，已有486家专精特新"小巨人"企业成功获得战略融资，300家企业获得A轮融资，但同时尚有8 802家企业未获得融资，渗透率仅为32%。

截至2023年8月，在五批次专精特新"小巨人"企业中，共有882家上市企业，且前四批次的上市企业数量仍在持续增长。专精特新"小巨人"上市企业多为成长性较好的中小市值企业，且多数处于各细分行业的领导地位。

从板块分布来看，"小巨人"上市企业主要集中在创业板（327家）和科创板（270家）。北交所成立仅两年，"小巨人"上市企业已达97家，占北交所上市企业总数的45%，北交所未来将逐渐成为专精特新"小巨人"企业上市的主阵地。

然而，"小巨人"上市企业在总体专精特新企业中所占比例仍较低，"融资难、融资贵"仍是目前专精特新中小企业普遍面临的问题。专精特新"小巨人"上市企业数量较少的原因主要在于"小巨人"企业以中小企业为主，整体规模较小，而上市对于企业规模和营收有较高要求，存在明显的门槛。同时，申请上市的流程复杂，对于中小企业而言，时间和资金成本构成较大压力，且复杂的上市流程也对中小企业形成了一定的信息壁垒。国家和地方组织市场机构开展专精特新上市辅导和培训等工作，帮助企业做好上市前的各项准备工作。2022年11月，中国证监会办公厅、工业和信息化部办公厅联合印发《关于高质量建设区域性股权市场"专精特新"专板的指导意见》，旨在提升多层次资本市场服务专精特新中小企业的能力。

第六节 成立年限

专精特新"小巨人"企业平均成立年限为15.9年，远超中国中小企业平均寿命（2.5年），反映出多数"专精特新"企业凭借过硬的技术、产品及抗风险能力，已迈过中小企业生存的关键节点，进入较为稳定的发展阶段，同时也说明，成为专精特新"小巨人"企业需要经历长时间专业能力的积累和沉淀。

2019年至2023年，五批次专精特新"小巨人"企业的平均寿命呈现递减趋势，这表明，在经济快速发展、企业快速扩张及政策的支持下，中国专精特新"小巨人"企业成长周期相比之前有所缩短，未来专精特新企业有望在短期内实现快速成长。

第七节　注册资本与营收利润

专精特新"小巨人"企业平均注册资本约为1.11亿元。其中，注册资本在1 000万~5 000万元的企业数量最多。

工业和信息化部最新数据显示，2023年前11个月，专精特新"小巨人"企业和专精特新中小企业营收利润率分别为11.1%和8.2%，比规模以上中小企业分别提高了6个百分点和3.1个百分点。

第八节　发　展　特　征

"56789"是中国中小企业的发展特征，也是目前专精特新企业的发展特征。"56789"通常用来概括民营经济在经济社会发展中的重要作用，"5"是指民营企业对国家的税收贡献超过50%；"6"是指国内民营企业的国内生产总值、固定资产投资，以及对外直接投资均超过60%；"7"是指高新技术企业占比超过了70%；"8"是指城镇就业超过80%；"9"是指民营企业对新增就业贡献率达到了90%。

对于专精特新企业而言，"56789"特征则是指50%以上的企业研发投入在1 000万元以上，60%以上的企业属于工业基础领域，70%以上的企业深耕行业10年以上，并且其平均注册时间在16年，80%以上的企业处于本省细分行业第一的位置，多数企业主营业务收入占全部营收的比重达90%以上。

这些发展特征从创新能力、专注细分领域、主导产品竞争力、成长周期等不同方面突出了现阶段专精特新企业发展的显著优势。

第九节　创 新 能 力

2023 年 11 月，专精特新中小企业创新指数达 206.6，同比增长 7.4%，创新活力持续增强。

从创新能力来看，专精特新"小巨人"企业拥有超 20 万项发明专利。户均发明专利约 17 项。此外，专精特新"小巨人"企业作为主要起草单位，制定并修订标准总计近 4 万个，户均超 3 个。从配套能力来看，专精特新"小巨人"企业普遍与大企业建立了良好合作关系，超九成为国内外知名大企业的配套企业。

第三章 我国主要省市专精特新企业 培育政策和对策建议

第一节 我国主要省市专精特新企业培育政策

我国高度重视中小企业发展，在国家政策引导下，各地各部门为了加快培育"专精特新"企业，推动产业链创新链协同发展，采取了一系列举措，具备创新能力的企业通过参与专精特新培育计划，可以快速走上专精特新发展道路，并享受到享受到政策带来的红利，如表 5 - 1 所示。

表 5 - 1 我国主要省市专精特新企业培育政策

北京市	《北京市关于促进"专精特新"中小企业高质量发展的若干措施》提出，力争到"十四五"末，北京市国家级专精特新"小巨人"企业达到 500 家，市级专精特新"小巨人"企业达到 1 000 家，市级"专精特新"中小企业达到 5 000 家。 支持企业数字化智能化绿色化转型。支持企业申请智能化、数字化和绿色化技术改造项目，对符合条件的项目给予最高 3 000 万元的奖励。定期开展企业"上云上平台"业务培训和供需对接活动。每年至少选出 30 家数字化转型标杆企业。加快"专精特新"集聚发展。要打造一批"专精特新"特色园区，鼓励北京市各区给予服务平台房租减免、运行补助等支持，对迁入本市的国家级专精特新"小巨人"企业给予一次性奖励。完善重点产业链配套。围绕龙头企业的薄弱环节，组织企业开展揭榜攻关和样机研发，根据项目投入给予最高 5 000 万元的资金支持。按产业链梳理"专精特新"企业，支持"小巨人"企业围绕产业链布局开展并购重组，吸引上下游企业在京落地。

续表

天津市	天津市财政局、市工信局修订印发的《天津市中小企业发展专项资金管理办法》明确指出，为了鼓励"专精特新"种子企业和市级"专精特新"中小企业发展壮大，培育更多国家级"小巨人"企业，对认定的各梯度"专精特新"企业新增融资给予贴息、贴保等补贴，其中在库的市级"专精特新"中小企业可获得累计不超过 50 万元的补贴，而"专精特新"种子企业可获得累计不超过 10 万元的补贴等。 《天津市"专精特新"中小企业培育工程管理办法》提出，对列入市级"专精特新"中小企业培育名单的企业择优给予最高 50 万元的一次性奖励，以支持推动中小企业转型升级，聚焦主业，增强核心竞争力，不断提高发展质量和水平，更好地促进中小企业发展。 《天津市支持"专精特新"中小企业中央财政奖补资金使用管理实施细则》提出，统筹支持公共服务示范平台为"专精特新"中小企业提供服务的奖补资金分配原则。根据中央财政下达的当年奖补资金规模，结合公共服务体系实施期内绩效目标和为专精特新企业，重点为国家级专精特新"小巨人"企业提供的服务成本，对政策、创新和技术、数字化赋能、工业设计、融资对接、管理咨询、市场开拓、培训、法律维权和其他等不同服务类型分档给予公共服务示范平台适当成本补贴。原则上每家公共服务示范平台的最高补贴为 200 万元。
上海市	《上海市助行业强主体稳增长的若干政策措施》指出，支持"专精特新"中小企业发展壮大。对入选市级、国家级的"专精特新"中小企业实现奖励全覆盖，由各区对新认定市级"专精特新"中小企业给予不低于 10 万元的奖励，对新认定的国家专精特新"小巨人"企业给予不低于 30 万元的奖励。推广"专精特新"中小企业"码上贷"，深入实施知识产权服务"专精特新"中小企业专项行动，推出"专精特新"中小企业专属服务包，在上海市企业服务云开设"专精特新"中小企业服务专窗，为"专精特新"中小企业提供"一门式"服务。
重庆市	《重庆市推进"专精特新"企业高质量发展专项行动计划（2022—2025年）》从加强"专精特新"企业孵化培育、科技支撑、金融支持、公共服务、财政政策五个方面，提出了 30 项建设任务。其中提出，到 2025 年，全市将培育创新型中小企业 2.5 万家，市级"专精特新"中小企业 2 500 家，国家专精特新"小巨人"企业 300 家，新增上市企业 25 家。 在"专精特新"企业孵化培育方面，重庆市将组建 10 个技术创新战略联盟，以推动"产、学、研"协同创新。同时，全市还将重点支持 10 家中小企业孵化器建设、重点培育 10 个市级重点关键产业园。 在科技创新方面，重庆市将推动"专精特新"企业实现数字化、智能化、绿色化发展，培育数字化车间 400 个、智能工厂 50 个、绿色工厂 100 个。

续表

河北省	《河北省促进中小企业"专精特新"发展若干措施》提出，"十四五"末，将培育4 500 家省级"专精特新"中小企业，并打造 500 家国家级专精特新"小巨人"企业，服务带动万家以上创新型中小企业向"专精特新"企业发展。 助力企业数字化转型。支持重点企业开展"制造业＋互联网"新模式、新业态应用，对自动化设备购置与改造、信息化软硬件购置、系统开发与服务等费用，按照不高于实际投入额的 10% 给予支持，单个项目不超过 100 万元。 推动企业数字化改造。开展智能制造模块、智能产线推广，帮助中小企业加快制造装备联网、关键工序数控化等数字化改造，推动其实现精益生产、精细管理和智能决策，并对智能制造标杆企业给予 100 万元的奖励。
山西省	《山西省"专精特新"中小企业培育工作方案》明确指出，将持续完善政策要素、财税要素、金融要素、创新要素、能源要素、精准服务等各类支持保障，致力于推动"专精特新"企业在成长性、创新能力和市场竞争力等方面实现大幅提升，并在数量、质量、结构、规模、效益、安全等方面取得显著突破，成为我省全方位推动高质量发展的生力军。 山西省将构建"专精特新"中小企业梯度培育体系，建立"专精特新"中小企业培育库，引导中小企业实现"三位一体"高质量发展；加大专项资金支持力度，设立 3 亿元的省级"专精特新"中小企业专项引导基金。 对通过知识产权交易，实现技术升级并申报成功的"专精特新"企业、省级专精特新"小巨人"企业、国家级专精特新"小巨人"企业，以及规下中小工业企业上规升级的，或规上中小工业企业主营业务收入提升 30% 或利润率达到 15% 以上等的交易买方，给予不超过交易金额的 20% 的资金补助，对同一企业同一年度内的知识产权交易，最高补助不超过 200 万元。
辽宁省	辽宁省发布的《进一步优化营商环境加大对中小微企业和个体工商户纾困帮扶力度的政策措施》提出，将为予科技型和"专精特新"等企业提供资金支持。统筹省科技专项资金，对新备案的省级瞪羚和独角兽企业，分别给予 20 万元和 50 万元的奖励性后补助支持。 组建提升类实质性产学研联盟，支持科技型中小企业与高校院所、人才团队开展产学研合作，根据企业研发投入比例，给予最高 50 万元的后补助支持。 统筹省优质企业培育专项资金，对新认定的国家级和省级"专精特新"中小企业、专精特新"小巨人"企业、制造业单项冠军，给予最高 100 万元的奖励。各地区可根据实际情况，为瞪羚、独角兽企业和"专精特新"企业提供政策和资金支持。

续表

吉林省	《吉林省"专精特新"中小企业培育计划（2021—2025）》提出，计划到2025年年底，培育省级"专精特新"中小企业1 000家，同时完成国家下达的国家专精特新"小巨人"企业培育任务。 《吉林省人民政府关于进一步支持民营经济（中小企业）发展若干政策措施》提出，支持"专精特新"企业加快发展；实施"专精特新"中小企业培育计划，着力培育年营业收入高于1 000万元、年研发费用投入占比不低于1.5%、对全省重点产业具有强链作用的创新型中小企业。在"十四五"期间，将累计安排1亿元省级中小企业和民营经济发展专项资金，对认定为省级以上的"专精特新"中小企业，给予贷款贴息和奖补等方面的扶持，目标是到2025年年底，培育1 000户省级"专精特新"中小企业。 《吉林省人民政府关于实施"专精特新"中小企业高质量发展梯度培育工程的意见》提出，到2025年年底，全省争创国家制造业"单项冠军"企业10户，争创国家级专精特新"小巨人"企业100户，培育省级"专精特新"中小企业1 500户、市（州）级"专精特新"中小企业3 000户，培育优质"种子企业"10 000户。到2025年年底，全省在"新三板"挂牌的"专精特新"中小企业力争达到20户，在上海、深圳、北京证券交易所上市的"专精特新"中小企业力争达到15户。
黑龙江省	《黑龙江省"隐形冠军"企业培育实施方案》提出，到2025年，力争认定100户"隐形冠军"企业，并建立"隐形冠军"企业数据库，进行重点培育，以促进中小企业"专精特新"的发展。 《推动"数字龙江"建设加快数字经济高质量发展若干政策措施》提出，推动制造业数字化转型和中小企业数字化赋能。每年将认定中小企业数字化示范标杆企业50户，省级财政对每户企业给予一次性50万元的奖励，其中对省级"专精特新"中小企业给予一次性100万元的奖励。
江苏省	江苏省多地出台了"专精特新"企业金融扶持政策，优化金融工具，赋能专精特新企业做强做优，不断提升创新能力与核心竞争力。 南京市相继出台《南京市推动专精特新中小企业高质量发展行动方案》和《关于加快发展专精特新中小企业的若干措施》，单项最高奖励800万元支持"专精特新"企业发展，并设立"专精特新保"融资担保产品，为企业融资提供增信服务。在南京金服平台上，企业可享受年度累计6 000万元额度的"零成本"民营企业转贷基金，可对授信低于2 000万元的无抵押、无质押"宁创贷"流动资金贷款申请免保费政策性担保。 针对专精特新企业，无锡市提出"小巨人"企业贷款余额年均增速不低于15%，有贷款户数持续增加，信用保险保额逐年增长的硬指标。力争到2025年年底，专精特新"小巨人"企业贷款余额突破500亿元，非上市企业的信贷覆盖率不低于80%。推动在当地中小微企业信用保证基金项下新设"专精特新贷"；鼓励银行自主开发"小巨人贷""专精特新贷""科技成果转化贷"等专属信贷产品；保险机构为专精特新"小巨人"企业提供信用保险服务。 常州市对新认定的不同层级的专精特新企业，分别给予最高200万元、100万元、50万元的奖励。同时，对市级以上"专精特新"企业专利权质押贷款低于1 000万元的，按同期LPR标准的50%给予贴息，同一企业最高贴息额为50万元。

续表

浙江省	浙江省印发的《关于大力培育促进"专精特新"中小企业高质量发展的若干意见》提出，到 2025 年，将累计培育创新型中小企业 5 万家以上、省级"专精特新"中小企业 1 万家以上、省级"隐形冠军"企业 500 家、国家专精特新"小巨人"企业 1 000 家，以及新增国家制造业单项冠军企业约 130 家，这些企业将被打造成为补链强链和引领经济高质量发展的中坚力量，从而推动"专精特新"中小企业培育发展工作继续走在全国前列。 支持"专精特新"中小企业建设企业技术中心、重点企业研究院、工程研究中心，同时还参与技术创新中心、制造业创新中心、技术创新联盟和产业创新服务综合体的建设。鼓励企业通过并购或自建方式在海外设立研发机构，研发投入总金额高于 1 000 万元的，将按核定研发投入的 5% 给予最高 500 万元的一次性奖励。
安徽省	《安徽省专精特新中小企业倍增行动方案》提出，到 2025 年，实现专精特新企业梯队"3 个倍增"，即省级专精特新企业达 5 000 家以上，国家级专精特新"小巨人"企业达 500 家，国家级单项冠军企业达 50 家。 实施"五企"培育工程。按照"创新型中小企业—省专精特新企业—省专精特新冠军企业—国家级小巨人企业—国家级单项冠军企业"的成长路径，每年培育创新型中小企业 2 000 家，遴选省专精特新企业 500 家，对省培育认定的专精特新冠军企业给予 80 万元的一次性奖补，对获得国家级专精特新"小巨人"和单项冠军称号的企业分别给予 100 万元和 200 万元的一次性奖补，鼓励各地对省认定的专精特新企业给予奖补。对迁入安徽的国家级专精特新"小巨人"企业和单项冠军企业分别给予 100 万元和 200 万元的一次性奖补。
福建省	《福建省加大力度助企纾困激发中小企业发展活力的若干意见》从提高资金奖励标准、鼓励实施技术改造、开展"专精特新八闽行"活动三方面支持"专精特新"企业发展。其中提出，对新认定的省"专精特新"中小企业和国家专精特新"小巨人"企业，由省级财政分别给予 20 万元和 50 万元的一次性奖励。
江西省	江西省促进中小企业发展工作领导小组印发的《江西省为"专精特新"中小企业办实事清单》聚焦中小企业发展痛点、难点、堵点问题，从加大财税支持、优化信贷政策、畅通融资渠道、提升创新水平、推动数字赋能、加强人才支撑、助力开拓市场、提供精准服务、形成帮扶合力九个方面提出了 25 条实事任务清单。其中包括：发挥各级中小企业发展专项资金作用，重点支持"专精特新"中小企业高质量发展及为企业提供"点对点"服务的中小企业公共服务平台建设；支持符合条件的"专精特新"中小企业上市融资；对于"专精特新"中小企业申报或牵头申报的科技研发、重大成果转化等创新类项目，在同等条件下给予优先支持，等等。

续表

山东省	山东省工信厅发布的《山东省"专精特新"中小企业培育方案》提出，到2025年，将入库培育创新型中小企业2万家以上；新培育认定省级"专精特新"中小企业4000家，累计达到约10000家；争创国家级专精特新"小巨人"企业400家，累计达到约750家，确保在全国范围内领先，力争成为"排头兵"。 　　其中提出，国家重点项目引领工程、育种扶苗工程、创新能力提升工程、产业链协同工程、数字化转型工程、资本赋能工程、双循环融入工程、人才汇聚工程8项重点任务，具体包括指导国家级专精特新"小巨人"企业创新突破，争取更多列入国家支持范围，始终保持入围数量排在前列；优选不少于1000家"专精特新"中小企业纳入全省上市后备资源库；重点组织国家级专精特新"小巨人"企业对接北交所、科创板和创业板，省级"专精特新"中小企业对接"新三板"。
河南省	河南银保监局联合河南省科技厅、工信厅、财政厅、金融局、中国人民银行郑州中心支行等单位联合印发的《河南银行业保险业支持"专精特新"中小企业高质量发展的指导意见》，分别从明确服务重点、健全体系机制、创新特色产品、强化联动合作等6个方面提出20条措施，引导金融机构进一步支持河南省"专精特新"中小企业高质量发展，带动更多中小企业走"专精特新"发展之路。其中提出，力争到2025年，对全省各级"专精特新"中小企业的金融服务覆盖率达到100%，确保单项冠军企业、国家级专精特新"小巨人"企业和省级"专精特新"中小企业在授信合作和保险保障方面的全覆盖。 　　河南省工信厅、财政厅、地方金融监管局等七部门联合推出了"专精特新贷"业务，并设立风险补偿资金池。经省级以上行业主管部门认定的专精特新"小巨人"企业、"专精特新"中小企业和创新型中小企业均属于"专精特新贷"的支持对象，单一企业在所有合作银行中"专精特新贷"业务累计授信额度上限分别为5000万元、3000万元和1000万元。
湖北省	湖北省经信厅联合中国人民银行武汉分行出台的《关于金融支持"专精特新"中小企业创新发展的指导意见》就做好金融支持"专精特新"中小企业创新发展提出13条举措，"专精特新"中小企业，被列为金融优先支持对象。其中提出，积极增加有效信贷供给，进一步提高金融支持"专精特新"中小企业高质量发展的力度和水平；力争在"十四五"期间，"专精特新"中小企业贷款增速不低于各项贷款平均增速，"专精特新"领域新增贷款350亿元以上。 　　运用大数据、云计算等技术建立风险定价模型，积极开发符合"专精特新"中小企业特点的信用贷款品种。深入推进制造业金融链链长负责制，强化对重点产业链的对接服务，深化与链上核心企业的战略合作，共同搭建产业链、供应链金融平台。完善对接机制，加大信用信息支持力度和信用培植力度，切实帮助企业实现融资。

续表

湖南省	《湖南省专精特新"小巨人"企业培育计划（2021—2025）》提出，在"十四五"期间，全省每年重点培育约300家省级专精特新"小巨人"企业，梯度培育一批省级专精特新"小巨人"企业成长为国家级专精特新"小巨人"企业、单项冠军企业，支持一批专精特新"小巨人"企业成长为上市企业，以引领和带动全省中小企业的高质量发展。 重点面向制造业中小企业，聚焦新一代信息技术、生物技术、新能源、新材料、高端装备、新能源汽车、绿色环保，以及航空航天、海洋装备等战略性新兴产业，工业新兴优势产业链、工业"四基"创新、新基建等领域的优质中小企业。
广东省	《广东省进一步支持中小企业和个体工商户纾困发展若干政策措施》提出，将积极争取中央财政支持，以促进广东省"专精特新"中小企业的发展。广东省对国家新认定的专精特新"小巨人"企业给予一次性奖励，以支持这些企业提升其创新能力和专业化水平；在用于支持先进制造业发展的专项资金中，将优先考虑对国家和省"专精特新"中小企业的支持；鼓励各市对"专精特新"中小企业给予资金支持。完善科技型中小企业、"专精特新"中小企业投融资对接机制，拓宽融资渠道，加快上市步伐，力争在5年内推动300家中小企业挂牌上市融资。 加大中小企业研发支持力度，鼓励各地制订面向科技型、创新型中小企业的研发计划，构建产业链协同创新体系，支持符合条件的"专精特新"中小企业和科技型、创新型中小企业优先参与省级以上制造业创新平台建设。
海南省	《海南省促进中小企业"专精特新"发展工作实施方案（修订）》提出，到2025年，滚动培育300家以上省级"专精特新"中小企业，30家以上国家专精特新"小巨人"企业，总结推广一批中小企业"专精特新"发展模式，打造一批在技术、市场、产品、管理等方面具有持续竞争力的中小企业群体。 聚焦旅游业、现代服务业、高新技术产业三大主导产业，以及热带特色高效农业，引导全省中小企业走"专精特新"发展之路，提升自主创新能力，加快转型升级，促进中小企业向专业化、精细化、特色化、创新型方向发展，形成滚动发展的梯度培育格局。
四川省	四川银行、重庆银行在四川省"5+1"产业金融推进会暨重点工业融资推介活动上，发布了"川银—专精特新贷""专精特新信用贷"两款专项信贷产品。 "川银—专精特新贷"是四川银行为省内优质的国家级专精特新"小巨人"和四川省级"专精特新"企业提供的信贷业务。该产品为四川省级"专精特新"中小企业提供单户贷款额度最高可达3 000万～1亿元；国家级专精特新"小巨人"企业授信额度可适当放宽，根据企业实际情况，以订单需求确定贷款额度。 "专精特新信用贷"是重庆银行针对工信部或者四川省经信厅认定的"专精特新"中小企业发放的用于满足其流动资金需求的信用贷款。该产品贷款额度最高可达1 000万元，贷款期限最长为3年。

续表

贵州省	贵州省工业和信息化厅印发的《关于支持贵州股权交易中心设立"专精特新专板"的通知》提出，支持贵州股交设立"专精特新专板"。专板的建立，旨在为全省"专精特新"小巨人企业提供专门化、专业化、专项化的资本市场服务。贵州股权交易中心将充分发挥沪深交易所贵州基地的职能，按行业、阶段为专板企业提供资本市场一对一、一站式的培育孵化服务。为企业提供债权融资、股权融资、股份制改造、上市、兼并重组等多层级的资本市场服务，以满足不同发展阶段的需求。同时，发挥贵州股权交易中心的融资路演展示功能，挖掘专板企业"专精特新"属性，强化专板企业与资本市场的对接，持续深化资本市场服务模式。
新疆维吾尔自治区	新疆多措并举推动"专精特新"中小企业进一步实现高质量发展。 　　在财税支持方面，新疆各地积极争取国家、自治区"专精特新"中小企业发展专项资金，同时地区配套对国家、自治区首次认定的专精特新"小巨人"企业和"专精特新"企业分别给予一次性奖励。 　　在信贷政策方面，新疆出台建立"专精特新"中小企业名单推送共享机制。要求落实"政银保担企"合作机制，定期向中国人民银行阿克苏地区支行和地区银保监局推送专精特新中小企业名单，中国人民银行阿克苏地区支行和地区银保监局及时将名单推送至银行业保险业金融机构，引导这些机构围绕"专精特新"中小企业的需求，量身定制金融服务方案，推出专属信贷产品，加大信贷支持力度，优化相关服务内容。
云南省	《云南省支持中小企业纾困发展若干措施》提出，对"专精特新"中小企业实施梯度分类培育，根据企业发展指标评定情况，通过省级中小企业发展专项资金择优给予一定奖补。 　　支持中小企业公共服务示范平台分层级为"专精特新"中小企业配备服务专员，定制专属服务包，提供个性化服务产品。 　　建立税务、金融、银保监、证监等部门直通"专精特新"中小企业的机制，"一企一策"提供"点对点"精细服务。建立"专精特新"企业名单推送共享机制，鼓励银行量身定制金融服务方案，打造专属信贷产品；鼓励保险机构提供信用保险服务，落实中央小微企业融资担保降费奖补政策，在云南省区域性股权市场探索设立"专精特新"专板。
陕西省	《陕西省重点产业链和"专精特新"中小企业银行贷款（工信贷）风险补偿实施细则》明确提出，"工信贷"是省工信厅会同省财政厅在"陕西省中小微企业银行贷款风险补偿资金"项目下设立的子项目。贷款对象为被纳入23条重点产业链"链主"企业供应商目录清单的省内中小微企业，以及经省级以上工业和信息化主管部门认定的"专精特新"中小企业。 　　2022年至2025年，陕西省级财政将安排3亿元以上奖补资金，分三批重点支持"专精特新"中小企业的高质量发展。此次奖补资金支持方式为：对2022年获得中央财政支持的国家级重点"小巨人"企业给予配套奖补；对"专精特新"中小企业给予最高50万元的资金支持。

青海省	青海省人民政府印发的《关于印发青海省实施工业经济高质量发展"六大工程"工作方案（2022—2025年）的通知》提出，培育一批主营业务突出、竞争能力强、成长性好、创新力强、专注细分市场的"专精特新"中小企业，计划到2025年，"专精特新"企业达到120家，其中20家成长为国内市场领先的专精特新"小巨人"企业，培育1～2家制造业单项冠军企业。 青海省对当年培育新增规上工业企业（不包括退库再次入库企业）给予20万元的一次性奖励；对被认定为创新型中小企业的，给予不高于20万元的一次性奖励；对被认定为"专精特新"中小企业的，给予不高于50万元的一次性奖励，对被认定为专精特新"小巨人"企业的，给予不高于100万元的一次性奖励。
内蒙古自治区	《内蒙古自治区"十四五"工业和信息化发展规划》提出，提升中小企业专业化能力。基于"众创业、个转企、小升规、小巨人"的企业成长路径，支持中小企业专业化发展、精细化提质、特色化竞争和新颖化改造，旨在培育一批产品质量优、创新能力强、市场占有率高、发展潜力大的中小企业。制定《"专精特新"中小企业培育方案》，按照"储备一批、培育一批、提升一批"的原则，认定和支持一批"专精特新"示范中小企业和细分领域的"小巨人"企业。鼓励中小企业发挥优势，主动融入产业链供应链，塑造分工明确、协作密切、整体竞争力稳步提升的企业集群发展良好生态。计划到2025年，培育"专精特新"示范中小企业200家、"小巨人"企业80家。 在"十四五"期间，内蒙古自治区将以促进中小企业创新发展、提质增效、转型升级为核心，坚持传统产业升级和新兴产业培育并举，聚焦政策扶持、优化环境、服务创新，加大力度培育一批产品质量优、创新能力强、市场占有率高、发展潜力大的"专精特新"中小企业，为推动内蒙古自治区经济高质量发展、构建新发展格局提供有力支撑。
甘肃省	《甘肃省为"专精特新"中小企业办实事清单》提出，重点聚焦财税支持，即省级财政对被认定为省级"专精特新"中小企业的，每家奖励30万元，被认定为国家级专精特新"小巨人"企业的，每家奖励50万元，并争取国家中小企业发展专项资金支持。建立"专精特新"中小企业名单推送共享机制，定期向金融机构推荐符合条件的"专精特新"中小企业名单；开展两次以上"专精特新"中小企业银企对接活动，力争全年为100家以上"专精特新"中小企业提供融资超过10亿元。
西藏自治区	《西藏自治区关于促进中小企业"专精特新"发展的指导意见》指出，力争到"十四五"末，自治区级"专精特新"中小企业达到约150家，其中，主营业务收入5亿元以上的"小巨人"企业20家，使之成为推动新兴产业发展的新引擎、引领中小企业转型升级的主力军。 其中包括八项重点任务：一是加强培育指导；二是增强创新能力；三是强化载体建设；四是提升质量品牌；五是完善服务体系；六是提升信息化水平；七是促进协作配套；八是提高管理水平。

续表

宁夏回族自治区	宁夏回族自治区促进民营经济和中小企业发展工作领导小组办公室印发的《自治区为"专精特新"中小企业办实事清单》，从加大财税支持力度、完善信贷支持政策、畅通市场化融资渠道、推动产业链协同创新、提升企业创新能力、推动数字化转型、加强人才智力支持、助力企业开拓市场、提供精准对接服务、开展服务帮扶活动10个方面提出31条具体工作措施。 　　在加大财税支持力度方面，自治区相关部门将积极争取中央财政资金支持，持续安排中小企业发展专项资金，加大对"专精特新"中小企业的支持力度。税务部门将开展税收服务"春雨润苗"专项行动，开通税费服务直通车，为"专精特新"中小企业提供"点对点"精细服务。
广西壮族自治区	《广西壮族自治区为"专精特新"中小企业办实事清单》《广西壮族自治区提升中小企业竞争力若干措施》《广西壮族自治区金融支持"专精特新"中小企业若干措施》《广西壮族自治区中小企业"专精特新"培育提升行动计划》共同形成支持中小企业发展的"1+3"长短政策"组合拳"，从财税支持、金融支持、产业链协同创新、创新能力提升、数字化转型、人才智力支持等多方面发力，力争到"十四五"末，实现国家级专精特新"小巨人"企业数量位列西部前三，累计培育自治区级"专精特新"中小企业800家。 　　《广西壮族自治区为"专精特新"中小企业办实事清单》提出，对被认定为国家和自治区级"专精特新"中小企业的分别给予不高于100万元和50万元的奖励。每年"桂惠贷"投向"专精特新"中小企业不低于100亿元。"专精特新"中小企业在沪、深、京交易所首次公开发行股票并上市的，分阶段给予累计600万元的奖励；在新三板挂牌的，给予一次性100万元的奖励。

第二节　专精特新企业培育政策启示

　　目前，支持优质中小企业培育的政策涉及多个方面，以下主要从提升创新能力、质量品牌建设、产业生态打造、融资担保支持、人才培育引进五个维度对中国专精特新"小巨人"企业培育政策和德国"隐形冠军"扶持政策进行对比。

一、提升创新能力

　　在我国，尚未设置中小企业创新专项基金，也未形成清晰有效的技术创新协作模式和利益分配机制，现有的产业发展基金往往不支持"种子期"创新企业，而是更倾向于为成熟型或盈利情况较好的企业"锦上添花"，这种做法可能会阻碍科技成果的转化，并且对于中小企业创新的"内生动力"激励有限。德国政府通过设立创新基金、制订创新计划以及推动产学研合作等政策助力中小企业创新。

一是通过创新基金和创新计划解决中小企业自有研发资金不足的问题。德国联邦经济技术部、复兴信贷银行（KFM）和知名企业共同设立了高科技创业基金，旨在为处于"种子期"的年轻科技型中小企业提供必要的风险投资。此外，德国还推出"EPR 创新计划""中小企业创新项目""中小企业创新核心"等创新计划，为德国中小企业创新提供补贴，加速专利成果的市场化进程。

二是通过机制创新使"产学研合作"深度赋能企业创新，德国形成了"知识创造和溢出体系—企业—政府"三位一体的培育机制。在德国，由67家学院构成的弗劳恩霍夫协会为中小企业提供有商业价值的解决方案，其采用"合同科研"方式，与企业或者政府签订科研外包合同，针对中小企业创新的不同环节，从创意阶段到样品的设计与开发、试生产、批量生产，以及进入市场的各个阶段，以定制化方式帮助客户研发商业成熟的产品和工艺。德国每年为弗劳恩霍夫协会提供2/3 的经费，其中1/3 资金由德国中央政府直接提供，1/3 资金来自政府签约的应用研究项目，剩下1/3 来自私营企业。

二、质量品牌建设

我国尚未出台专项质量品牌扶持政策，有关行业协会和联合会的作用也未能得到充分发挥。目前，我国在引导和培育中小企业质量品牌方面存在不足，然而，在《"十四五"促进中小企业发展规划》中，首次将"中小企业质量品牌提升工程"纳入重点工程，这标志着我国开始更加重视中小企业的品牌质量提升。在以往的质量品牌政策中，政策对象更多是面向所有行业、所有企业"一刀切"，缺乏针对性和适用性。未来，质量品牌相关部门应加强对中小企业的服务，更多地将资源倾向于中小企业。此外，我国行业协会和联合会在作用上存在局限，无法及时制订行业或团体标准，以规范中小企业产品质量，同时在企业品牌建设方面的指导也不够充分。

德国通过推行严格的质量标准管理制度，成功塑造了"德国制造"的品牌形象，为中小企业的质量提升提供了有力支持。自20 世纪起，德国政府通过制订严格的质量标准制度并建立一系列标准化协会以提升"德国制造"的品质。自1914年起，德国确立了"产品品质"不因经济利益而动摇的原则。1917年，又设立了标准化协会（DIN），并引入了第三方产品认证制度，对合格的产品颁发"DIN检验和检查标志"证书。如今，德国约有30万个行业协会和联合会组织，它们负责对制造业进行指导、监督，这些协会每年发布上千个行业标准，约90%的标准可以被欧洲及世界各国采用。这些标准一旦颁布，德国企业必须严格执行，并通过法律来保障效力，对于质量不合格的产品，由消费者举证后，企业将受到严厉处罚。德国的质量标准体系为"德国制造"品牌形象重塑带来了积极影响。

三、产业生态打造

目前，我国产业集群效应尚不显著，部分集群规模较小，难以对整个产业产生足够的带动作用。产业集群内外部协作存在障碍，在培育中小企业特色产业集群的过程中，部分产业集群链条较短，仅实现了形式上的空间集聚，而缺乏深度协作和配套合作，"聚而不合"现象突出。由于缺乏对产业链发展的宏观规划和具体指导，亟须完善促进龙头企业与"专精特新"中小企业之间合作共赢的产业链协同协调机制，产业链经常出现"下游不信任上游（原材料和零部件），上游找不到下游（应用场景）"的矛盾，龙头企业与"专精特新"中小企业尚未建立起长期的利益合作机制。

德国注重产业集群对中小企业创新的促进作用。德国政府并不直接挑选产业集群的资助对象，而是通过竞争的方式使具有成长潜力或已崭露头角的集群脱颖而出。鉴于新兴产业培育周期较长，国家对产业集群的资助采取了持续支持的策略。德国的产业集群不受区域限制，以具体项目为导向，设定明确的阶段性目标和最终目标，各个参与者根据自身优势在产业链条上发挥相应的作用。企业可以选择与研究所共同研究，或雇用研究所的工程师进行研发，抑或是把研发任务外包给研究所，从而形成一个从发明到实现最终产品化的整体链条，同时也可以更有效地利用资金。德国产业集群构成了创新聚集带，这种复杂的协作网络，使得公司可以与供应商、消费者、大学、研究中心、职业学校，甚至是竞争对手共同工作，实现知识和信息的共享，既包括消费者、供应商与企业之间的纵向信息共享，也包括处于产业链同一环节企业之间的横向信息共享，尤其是初创的小型公司可以在集群中分享科研成果及社会资源。

四、融资担保支持

当前，我国面向中小企业的融资服务体系尚不完善。在直接融资方面，"专精特新"中小企业主要为大企业、大项目做配套，在终端市场的知名度较低，加之生产投资大、周期长，通常难以在资本市场获得青睐。在间接融资方面，"专精特新"中小企业通常难以提供大额贷款所需要的担保物或抵押物，这使它们难以获得银行中长期信贷支持。在金融产品方面，商业银行所提供的金融产品种类有限，对专精特新"小巨人"企业的融资产品创新不足，难以满足企业对资金"小、频、急"的需求。此外，国内融资担保覆盖率仍然不足，商业担保公司的担保比例接近100%，且存在担保资金缺乏、银行和担保机构权责不明晰等问题。

德国通过建立政策性银行、提供贷款担保、创新金融服务机制等政策，完善了"隐形冠军"金融支持体系。

一是建立政策性银行支持中小企业。德国复兴信贷银行（KFW）作为一家政策性银行，为中小企业尤其是高风险的科技创新企业间接融资提供了强有力的支持。2019年，德国复兴信贷银行（KFM）向中小企业提供约360亿欧元的资金，约占其全年总投入（773亿欧元）的一半。2020年，为了缓解中小企业在疫情期间的现金流压力，德国复兴信贷银行（KFM）将总贷款额度提升至1 353亿欧元。

二是德国建立以担保银行为主体的融资担保体系，商业银行、担保银行及政府共同分担风险。目前，德国共有17家担保银行，每年为全国大约50%的中小企业信贷提供担保，其中在科创企业贷款中占比更高。德国担保银行已建立了一套成熟的风险分担机制，即商业银行和担保银行对担保贷款按照20%和80%的比例来分担风险。当担保银行发生代偿损失时，政府一般会承担其损失的65%（其中联邦政府承担39%，州政府承担26%）。

三是创新融资机制以拓展融资渠道。德国开创"转贷"机制，在一定程度上解决了开发性银行与商业银行的定位和竞争问题，从而提高了商业银行参与中小企业融资的积极性。迄今为止，参与"转贷"合作模式的商业银行累计向中小企业贷款约占市场总量的70%。为创新政府投资基金运作模式，德国政府也设立了引导类投资基金，向中小企业提供股权支持。

五、人才培育引进

我国虽已建立了完善的高等教育体系，但职业教育体系的建设仍须加强。一方面，职业教育课程设计、学校所开专业与企业用工需求之间的匹配度较低，而且学校课程体系的科技水平难以满足企业的需要；另一方面，职业教育培养的学生在质量和数量上未能满足企业的要求，高端技能人才供给存在较大缺口。尽管我国人社部联合其他部门已出台了《关于全面推行中国特色企业新型学徒制 加强技能人才培养的指导意见》，但中国式"学徒制"建设仍处于起步阶段，整体发展尚不成熟。

德国建立了完备的高等教育体系和职业教育体系，这为"隐形冠军"企业提供充足的人才储备。

一是完善的高等教育体系显著提高了德国劳动力素质并带来积极的长期效应。目前，德国政府已经建立了比较完备的多层次高等教育体系，主要包括专科学院、工业技术大学、应用科技大学和研究型大学。其中，专科学院主要培养工程实用型人才，工业技术大学和应用科技大学更重视知识体系培养，而研究型大学则主要培养研究型人才。这种差异化的培养体系有力保障了"隐形冠军"企业发展所需的多层次人才。

二是独特的"双元制"职业教育体系提高了德国技术工人的素质。"双元制"教育模式将课堂教学和企业实践密切结合，以企业需求为导向，以"职业能力"培养为核心任务。有85%参加"双元制"学习的学生在毕业后会进入中小企业，这成为"隐形冠军"企业获取技术人才的重要渠道。

第三节　我国培育专精特新企业的相关对策建议

一、持续提升企业创新能力，集聚内生发展动力

一是借鉴德国经验，探索设立中国中小企业创新天使母基金，为"种子期"中小企业提供资金支持，创新考核机制和运作方式，财政让利并承担更

大风险。通过直接投资，或投贷组合的方式，促进科研成果转化为产品，推动新设立的初创期中小企业实现"从1到10"的产品研发。

二是加大中小企业研发创新项目支持力度。在国家重点研发计划、重点专项中，单列一定预算资助"专精特新"中小企业研发活动，引导企业持续加快研发创新和关键核心技术攻关，为具有重大战略意义的科技创新、产品创新和模式创新企业提供更为有力的支持。

三是创新中小企业产学研深度融合机制，支持按行业组建专门的产学研合作机构，推动龙头企业、高校和科研院所向中小企业开放创新资源，积极吸引中小企业参与组建创新联合体，共同开展高端和前瞻技术研发，以提升整体创新能力。完善融资担保服务体系，缓解企业资金压力。首先，建立专门服务中小企业的政策性金融机构，作为支持中小企业政策性金融体系的核心。同时，明确界定国内现有三大政策性银行的职责范围，并将促进中小企业发展纳入业务重点，增加中小企业融资服务比重，创新融资模式和产品。加强政策性和商业性金融机构的协作，兼顾公平和效率。其次，建立供应链金融信息服务平台，围绕"专精特新"中小企业开展供应链金融服务。鼓励商业银行进行差异化产品创新，积极开发面向"专精特新"中小企业的专利权质押、商标专用权质押等金融产品，为"专精特新"中小企业定制专属的信贷产品和风险管理技术，并根据当地产业结构和企业特点提供个性化服务。最后，完善中小企业融资担保体系。建立多层次的中小企业信用担保制度，发挥担保机构的综合效能。构建具有中国特色和公共机构性质、能覆盖所有中小企业的担保机构，完善国家、省、市、县四级政策性再担保体系，构建损失补偿机制，推进银担分险机制，改变担保机构承担绝大部分风险的现状。

二、加大质量品牌培育力度，提升企业核心竞争力

一是推动企业实施品牌战略，聚焦主业，不断强化差异化竞争优势，塑造具有国际市场影响力的品牌。

二是引导中小企业健全内部管理机制，通过规范化、系统化的规章制度来提升企业效益，对标龙头企业的管理体系，推广先进的管理理念、系统和方

法，逐步建立精细、全面的管理制度，以提升产品性能、稳定性和质量一致性。

三是进一步加强对科学家精神、企业家精神和工匠精神的宣传与引导，塑造与"专精特新"发展相契合的社会文化价值观。提升"专精特新"中小企业的数字化应用水平。

四是支持有条件的"专精特新"中小企业建设数字化车间、智能生产线和智能工厂，打造智能化生产方式，推进数字化智能化技术在"专精特新"中小企业中的深度应用。

三、打造产业发展良好生态，推动大中小企业融通发展

一是加速培育中小企业特色产业集群。探索并建设"专精特新"产业园、"专精特新"特色产业基地等先进模式，以提升"专精特新"中小企业的产业拓展能力。依托集群运营管理机构、龙头企业、商会、协会及中小企业公共服务平台等，完善专业化配套服务体系，促进产业资源在中小企业间快速流动、高效转换，厚植中小企业成长沃土。

二是加强产业链发展的宏观规划与协调指导，打造产业链上下游分工协作的良好生态。鼓励龙头企业向"专精特新"中小企业开放场景应用、共享生产要素，吸引上游企业参与到下游企业的产品开发中。

三是推动龙头企业与"专精特新"中小企业建立利益共享、风险共担机制，探索采取战略合作、股权连接、大企业裂变、共享制造平台等模式，以促进上下游企业之间的整体配套、有机衔接。

四、优化人才培育引进机制，夯实人才智力基础

一是以培养国家急需高层次人才为导向，对高校课程体系进行改革，增加技术商业化、技术全球化和融合技术管理等新课程，提高复合型人才比例，鼓励中小企业和高校建立联合人才培养基地，定向吸纳毕业生补充急需岗位。

二是完善技术技能型人才的教育培训体系，创设校企联合人才培训制度，鼓励企业深度参与职业教育办学工作，完善产教融合型企业认证体系，壮大高水平工程师和高技能人才队伍。

三是优化高层次人才引进和认定通道，将"专精特新"中小企业高层次

人才建设纳入国家和地方人才计划，并对中小企业引进的高层次人才，在落户、子女入学、就医和购房等方面提供支持。

四是根据不同行业和区域的需求，建立"专精特新"中小企业高层次人才对接平台，广泛应用直播带岗、无接触面试等新模式，推动人才供需精准对接。

专题报告五

技术视角下各国隐形冠军企业特征研究报告

第一章　各国隐形冠军企业的来源、筛选与分析方法

第一节　各国隐形冠军企业的来源和筛选

一、德国隐形冠军企业的来源和筛选

目前，对德国隐形冠军企业的研究，其出发点之一就是市场占有率，而德国作为长时间的世界出口冠军，其企业主要是面向国际市场，因此，高出口率成为隐形冠军企业的基本条件。此外，其他两项研究并未公布其研究辨识的德国隐形冠军企业，所以本研究使用贝恩德·维诺尔为德国《经理人杂志》提供的 1 000 家出口冠军企业，作为德国隐形冠军企业的数据样本进行研究。

将这 1 000 家企业根据其所属行业进行分类，其中机械设备制造排名第一，共 301 家，其次是电子电气 96 家、汽车及零配件 89 家、其他工业产品 89 家。此外，消费品、建筑及建筑材料、媒体通讯、原材料等企业不宜归入"隐形冠军"行列，并根据德国其他类似研究，将企业的营业收入上限设定为 50 亿欧元，旨在消除国际知名的大企业集团，剩余 747 家企业。

二、日本隐形冠军企业的来源和筛选

2014 年，日本产业经济省（METI）公布了日本国内的隐形冠军企业 Global Niche Top Companies Selection 100（全球利基市场顶级企业 100）。评选的标准主要如表 6 – 1 所示。其中机械/加工行业最多，共 52 家；其后依次

为：材料化学类企业 20 家，电子电器类企业 15 家，消费品类企业 13 家，其他类企业 7 家。

表 6 - 1　日本 Global Niche Top Companies Selection 100 评选标准

评价指标	指标内容
盈利能力	每位员工的销售额营业利润率在过去 5 年中新转换为 GNT 的产品和服务的百分比
战略	GNT 产品/服务的客户数量
占有力	GNT 产品和服务的全球市场份额维持 GNT 产品和服务的全球市场份额的时期与 GNT 产品和服务相关的竞争对手数量
国际性	海外销售比率、销售国家数量

三、奥地利隐形冠军企业的来源和筛选

奥地利 Fresh View 杂志是一本专注于国际经济的杂志，由奥地利联邦经济商会（Austrian Federal Economic Chamber）主办，其中该杂志在 2015 年出版了关于隐形冠军企业的专刊，详细介绍了 200 余家奥地利的隐形冠军企业。本研究经过进一步筛选（排除合并等其他因素），最终确定了 240 家隐形冠军企业。

奥地利隐形冠军企业的筛选标准与传统筛选标准相似，主要依据销售金额和市场占有率来进行筛选。符合条件的公司通常需要拥有至少 1 500 万欧元的营业额，但在特定条件下，也允许某些正在成为隐藏冠军的公司获得较低的营业额。

四、瑞士及其他国家隐形冠军企业的来源和筛选

瑞士隐形冠军企业的研究出自 PwC 普华永道 2015 年关于瑞士冠军企业成功要素的研究——《瑞士冠军企业》。该研究主要通过案例、访谈的方法进行企业特质的研究，并列举了 18 家瑞士隐形冠军企业。此外，还通过网络收集的方式检索了瑞典、法国的隐形冠军企业，由于这些国家的隐形冠军企业数量太少，且没有较为正规的评比渠道，所以在下文分析时并未列入，仅

作为企业数据集使用。

第二节　技术视角下隐形冠军企业的分析方法

制造业建设体系如图 6-1 所示。在制造业顶端主要涉及终端产品，涵盖航天、机械、航空、轨道交通、船舶、能源装备、冶金、石化、电子、轻工、纺织、仪器仪表等诸多领域，这些领域的基础通常被称为"三基"，即关键基础材料、核心基础零部件/元器件、先进基础工艺。而制造业的基础层为产业的质量技术基础，包括计量、标准、检验检测、认证认可，它们是"三基"的基础，有助于促进经济的体质增效，推动产业转型升级。

具体来看，"三基"中的关键基础材料包括机械制造业所需的小批量、特种优质专用材料；核心基础零部件/元器件包括轴承、齿轮、液压件、液力元件、气动元件、密封件、传动连接件等；而先进基础工艺一般涉及铸造、锻压、热处理、焊接、表面工程和切削加工等方面。"三基"的产业重要性集中在以下三个方面。一是高品质的基础件、先进的基础制造工艺和优质的基础材料是主机和重大装备的基础，也是迈向高端的重要保障。二是"三基"产业辐射作用大。关键基础材料、核心基础零部件/元器件及先进基础工艺决定了主机和重大装备的性能、安全、寿命、可靠性，是装备业转型升级的基础。三是"三基"决定了制造业的定价权，在国际产业分工中，产品研发、渠道物流、关键零配件三大环节直接决定了产业的定价水平。其中，基础零部件（元器件）标准是工业基础标准体系的主体，基础材料标准是其核心，基础工艺标准是其保障，基础共性技术标准是其基石。

产业的质量技术基础贯穿"三基"发展的全过程。首先，计量支撑产业提质增效升级。产品的质量依赖于材料、工艺、技术和装备的应用和发展水平，而具体最终质量如何，则取决于产品生产过程中每个环节的掌控。这些掌控，必须依托准确可靠的计量手段和数据才能得到保障。其次，标准是产品质量的基础。质量是制造业的生命和制造强国的关键内核。无论是从技术、管理、工作等视角，从原料、材料、零部件等所有物料，还是从设计、制造、配送、使用、维护等全周期生命，产品质量的保证都依赖于一系列标准。再次，认证认可促进产业的升级。认证认可是实现转型升级的重要途径。企业通过认证机构的符合性评价，确保企业产品或服务达到或符合相关认证标准、技术规范的要求，从而实现自身产业结构的转型和技术改造升级。最后，检验检测推动产业技术创新。检测能够为科技研发提供重要的试验验证环境和条件，是"三基"的研发活动的重要支撑，检测检验技术和管理水平的提高，能够为"三基"的设计、研发、中试等活动提供准确的实验数据和可靠的实验结论，从而有效推动产业技术的创新。

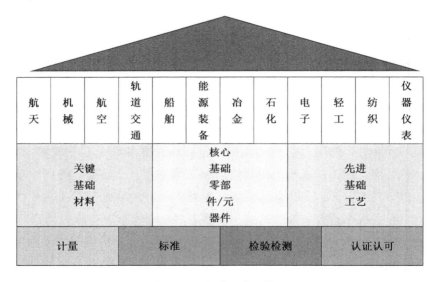

图 6 – 1　制造业建设体系

所以，本专题将分为两部分进行，第一部分探寻隐形冠军企业在工业体系中的位置，从宏观角度分析这些企业成为隐形冠军的原因；第二部分将针对最具共性的具体技术进行研究，找到隐形冠军企业在技术视角下的具体优势。

一、第一部分研究方法：隐形冠军企业在制造业的位置的研究

本研究使用专利数据进行隐形冠军企业在制造业的位置的研究，具体流程如图 6 – 2 所示。主要利用 Derwent 专利数据库（以下简称 DII 专利）的技术代码，对其具体技术进行聚类描述。DII 专利的技术代码经过数据库服务商的二次加工，为人工标引，且侧重于实际应用，较 IPC、CPC 分类更加精准，更适合进行技术分析挖掘。技术聚类的具体步骤如下：

第一步，构建专利代码的共现网络，利用公式（1）计算所有样本中任意两个专利代码的共现次数；

$$\begin{bmatrix} X_1 Y_1 \\ \vdots & \vdots \\ X_i Y_j \end{bmatrix} = \begin{bmatrix} a \\ \vdots \\ m \end{bmatrix} \tag{1}$$

X，Y 为所有专利中任意两个不同专利的技术代码，a…m 为这两个代码的共现次数。

第二步，构建技术小群体。目前，有多种方法可用于小群体的聚类计算，其中本文采用 Fast Unfolding 方法，其划分基础是基于任意两点间的权重值来计算的社区模块度（Q），使其最优。模块度简单地说，就是将连接比较稠密的点划分在一个社区中，这样模块度的值会变大。最终，模块度最大的划分是最优的社区划分。目前众多软件（如 Pajek、Gephi）都可以完成该计算。一般情况下，Q 数值在 0.3～0.7 范围内社区划分显著，结构最优。在本研究中，将第一步计算的任意两个专利代码共现的权重值代入软件计算 Q 值。

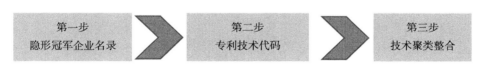

图 6 - 2　第一部分研究方法：隐形冠军企业在制造业的位置的研究

二、第二部分研究方法：隐形冠军企业优势技术的研究

隐形冠军企业主要是制造业企业，所以其生存根基在于产品，如前所述，产品的属性不仅包括所处的产业链位置，还涉及技术、标准、计量、认证等多个方面，所以在探索技术视角下的隐形冠军企业时，需要按照不同产品属性进行具体分类，具体分类参照 2017 年 11 月工信部公布的《国家工业基础标准体系建设指南》，如图 6 - 3 所示。其主要原因是，与主机产业和重点工程相比，我国工业基础发展相对滞后，核心基础零部件（元器件）、关键基础材料严重依赖进口，量大面广的基础零部件（元器件）产品质量和可靠性

难以满足需要，先进工艺技术和装备供给也显得不足。工业基础支持能力较弱，高端主机配套产品普遍存在空心化现象，严重影响了整机产品的性能质量和品牌信誉，制约了我国工业创新发展和转型升级，成为制造强国建设的短板。该指南所指工业基础标准主要包括基础零部件（元器件）、基础工艺、基础材料和基础共性技术四部分，与本研究所用的"三基"及四个基础高度契合，因此在考察各国隐形冠军企业技术时，同样采用该框架作为分析工具。之后本研究依据这些企业和产品的专利特征以及标准特征进行对比以发现隐形冠军企业的技术特征，流程如图 6-4 所示。

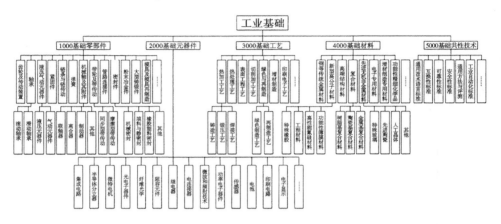

图 6-3 国家工业基础标准体系建设体系

图 6-4 第二部分研究方法：隐形冠军企业技术特征的研究

第二章　隐形冠军企业基本概况

以下我们将从分布、经营、技术三个方面对这 1 093 家隐形冠军企业进行研究，旨在能够初步发现这些企业在行业—经营中的关联关系，为之后的研究提供基本数据支撑。

第一节　隐形冠军企业的分布特征

一、隐形冠军企业的行业分布特征

表 6 – 2 是隐形冠军企业的分布情况，与出口冠军企业相似，隐形冠军企业主要集中在制造业（占总数的约 8 成，共 809 家），其次是科学研究（122 家）、零售及车辆维修业（77 家）、信息通信产业（22 家）、金融保险业（22 家）等。

表 6 – 2　本研究隐形冠军企业的分布情况

单位：家

NACE Rev. 2 行业类别	奥地利	德国	日本	总计
C- Manufacturing（制造业）	152	557	100	809
M-Professional，scientific and technical activities（科学研究）	18	103	1	122
G- Wholesale and retail trade；repair of motor vehicles and motorcycles（零售及车辆维修业）	36	36	5	77

续表

NACE Rev. 2 行业类别	奥地利	德国	日本	总计
J- Information and communication（信息通信产业）	10	12	—	22
K- Financial and insurance activities（金融保险业）	7	15	—	22
F- Construction（建筑业）	7	3	—	10
N- Administrative and support service activities（行政及服务业）	4	6	—	10
L- Real estate activities（房地产）	—	6	—	6
H- Transportation and storage（物流仓储）	3	2	—	5
B- Mining and quarrying（矿产）	1	1	1	3
D- Electricity, gas, steam and airconditioning supply（水气电基础设施）	—	3	—	3
A- Agriculture, forestry and fishing（农业）	—	1	—	1
E- Water supply; sewerage, waste management and remediation activities（供水、水处理）	1	—	—	1
Q- Human health and social work activities（社会活动）	—	1	—	1
R- Arts, entertainment and recreation（艺术、娱乐）	—	1	—	1
总计	239	747	107	1 093

二、隐形冠军企业的国别特征分布

从国别角度来看，如表6－3所示，日本的隐形冠军企业最为传统，在107家日本隐形冠军企业中，100家企业为制造业企业，占总数的93.5%，其中，机械设备制造27家，占27%，制造金属制品12家，占12%，化学品和化学产品的制造12家，占12%。德国和奥地利的隐形冠军企业多元化程度较高，其中在德国隐形冠军企业中，制造业557家，占总数的74.5%，在奥地利隐形冠军企业中，制造业152家，占63.6%。两国在科学研究、零售等其他产业中也具有较高占比，特别是在科学研究领域，德国拥有103家隐形冠军企业，说明其在企业转型、制造业转移方面具有较高占比。此外，这两个国家在制造业内部产业大类中，特点也不尽相同，德国在机械设备制造领域，占比接近50%，明显高于日本和奥地利两国；奥地利在制造业内部，各大类分布比较平均，并且在计算机、电子和光学产品的制造，制造金属制品，橡胶和塑料制品的制造这3个行业大类里，数量较为突出。

表6-3 各国不同行业大类隐形冠军企业数量

单位：家

行业大类代码	行业大类	奥地利	德国	日本	总计
28	机械设备制造	34	268	27	329
26	计算机、电子和光学产品的制造	25	72	17	114
25	制造金属制品	15	61	12	88
27	电气设备的制造	13	58	4	75
46	批发贸易	29	31	5	65
22	橡胶和塑料制品的制造	12	36	3	51
20	化学品和化学产品的制造	5	27	12	44
29	汽车、拖车和半拖车的制造	6	25	3	34
24	基本金属的制造	9	11	6	26
32	其他制造业	3	20	3	26
64	金融服务活动	7	14	—	21
13	纺织品的制造	5	8	5	18
70	总部的活动、管理咨询活动	13	5	—	18
62	计算机编程、咨询和相关活动	8	9	—	17
71	建筑和工程活动、技术测试和分析	5	11	—	16
23	其他非金属矿物制品的制造	2	12	1	15
30	其他运输设备的制造	2	7	1	10
33	机器和设备的修理和安装	2	7	1	10
—	其他	44	65	7	116
总计		195	682	100	877

三、隐形冠军企业的地理分布特征

（一）德国隐形冠军企业地理分布特征

德国隐形冠军企业主要集中在原西德地区，其中尤以北莱茵—威斯特法伦州的鲁尔工业区和位于德国西南的巴登符腾堡州的莱茵—内卡工业区为主。我们可以发现，同样是传统的工业地区，例如位于德国东南部的萨克森州在德国历史上拥有显著的工业地位，但是由于某些历史原因，其工业实力无法再和其他德国西部联邦州的企业相媲美。然而，其在高科技领域有较为突出的表现，可以看出，与一些机械、汽车等传统行业不同，高科技是后发地区的重要抓手。

（二）奥地利隐形冠军企业地理分布特征

奥地利的隐形冠军企业主要集中在两个区域：一是围绕德国拜仁州形成的上奥地利州；二是首都维也纳周边地区。从地域来看，上奥地利地区接近德国拜仁州，而拜仁州是德国工业经济最为发达的地区，具有极佳的区位优势；而维也纳作为奥地利的首都，具有金融、知识优势，成为隐形冠军企业密集地区也就不足为奇了。

（三）日本隐形冠军企业地理分布特征

日本的隐形冠军企业地理分布特征较德国和奥地利更加集中，主要分布在日本太平洋沿岸的城市群，包括京滨工业区（东京和横滨）、名古屋工业区（名古屋为中心）、阪神工业区（大阪和神户）。

我们可以看出，无论是德国还是奥地利和日本，隐形冠军企业都呈现出明显的集聚效应，大部分企业集中在传统工业区，如德国的西部鲁尔工业区和南部的莱茵内卡工业区，以及奥地利的上奥地利州等。而且这些企业基本位于工业区内大城市的附近，例如，在德国的鲁尔工业区，企业在杜塞尔多夫、科隆和比勒菲尔德高度集中，在莱茵内卡工业区隐形冠军企业紧围斯图加特，而这些大城市拥有蒂森克虏伯、大众、奔驰、保时捷、德古赛等众多世界顶级超大型德国企业。在日本，京滨工业区和阪神工业区同样是围绕东京、大阪等特大城市，这些地区从传统上就是德国、日本工业的基础所在地，为其中小企业的历史积淀提供了外部需求环境。

第二节　隐形冠军企业的经营特征

综合来看，隐形冠军企业规模普遍较小，针对这一最基本的经验特点，本研究通过对这 1 093 家企业的样本研究发现，约90%的企业营收规模低于10 亿美元，而有50%的企业营收规模甚至低于 1.25 亿美元，如表 6 - 4 所示，可见规模效应在这些细分行业的冠军中并不明显。从国家角度来看，隐形冠军企业这一概念出自德国，也最早被人们所熟知，一些隐形冠军企业已经成为各自细分领域内较为知名的企业，所以其影响力最大，德国隐形冠军企业的规模也是三者中最大的。而奥地利和日本的隐形冠军企业由于宣传力度、经营理念等其他因素，相对德国的企业规模明显更小。

表6－4　隐形冠军企业的营收规模

营收规模	奥地利		德国		日本	
	隐形冠军企业数量（家）	占比（%）	隐形冠军企业数量（家）	占比（%）	隐形冠军企业数量（家）	占比（%）
10 亿美元	5	2.1	87	11.6	7	6.5
5 亿～10 亿美元	6	2.5	74	9.9	10	9.4
2.5 亿～5 亿美元	13	5.4	95	12.7	15	14.0
1.25 亿～2.5 亿美元	32	13.4	135	18.1	4	3.7
<1.25 亿美元	183	76.6	356	47.7	71	66.4
注：未获得营收数据的企业归入最低营收类别						

表 6 - 5 统计分析了隐形冠军企业的上市情况，在 1 093 家企业中，非上市企业有 963 家，占总数的 88%，上市企业数量不到总企业数量的 10%。从国别角度来看，日本的上市企业占比最高，达到 23.4%；其次是德国，达到 9.6%；而奥地利的隐形冠军企业上市比例最低，仅为 2.5%。从行业上看，

信息和通信行业企业（行业代码 J）上市比例最高，22 家企业中有 6 家是上市公司，接近 30%；而在传统行业中，如制造业等，上市企业比例一般不超过 10%（如表 6 - 6 所示）。

如此之低的上市比例说明，企业的经营领导仍然依赖于传统的家族模式或股份模式，并没有引入新式的市场资金来维持经营领导的稳定。但是也可以发现，在一些新型技术领域，如软件和互联网行业、高科技行业、可再生能源行业，企业上市比例相对较高，表明资金引入和随之而来的快速扩张是行业发展的特点之一。

表 6 - 5　隐形冠军企业的上市情况分布

单位：家

类别	奥地利	德国	日本	总计
退市数量	7	18	2	27
上市数量	6	72	25	103
非上市数量	226	657	80	963
总计	239	747	107	1 093

表 6 - 6　不同行业隐形冠军企业的上市情况分布

单位：家

NACE Rev. 2 分类	奥地利			德国			日本		
	退市数量	上市数量	非上市数量	退市数量	上市数量	非上市数量	退市数量	上市数量	非上市数量
A- Agriculture, forestry and fishing（农业、林业和渔业）	—	—	—	—	1	—	—	—	—
B- Mining and quarrying（采矿和采石）	—	1	—	—	—	1	—	1	—
C- Manufacturing（创造业）	3	5	144	16	55	486	2	23	75
D- Electricity, gas, steam and air conditioning supply（电、煤气、蒸气和空调供应）	—	—	—	—	2	1	—	—	—

续表

NACE Rev. 2 分类	奥地利			德国			日本		
	退市数量	上市数量	非上市数量	退市数量	上市数量	非上市数量	退市数量	上市数量	非上市数量
E- Water supply; sewerage, waste management and remediation activities(供水污水处理、废物管理和补救活动)	—	—	1	—	—	—	—	—	—
F- Construction(建筑业)	—	—	7	—	—	3	—	—	—
G- Wholesale and retail trade; repair of motor vehicles and motorcycles(批发和零售贸易;机动车辆和摩托车的修理)	—	—	36	—	1	35	—	1	4
H- Transportation and storage(运输和储存)	—	—	3	—	—	2	—	—	—
J- Information and communication(信息和通信)	1	—	9	1	6	5	—	—	—
K- Financial and insurance activities(金融和保险活动)	2	—	5	—	—	15	—	—	—
L- Real estate activities(房地产活动)	—	—	—	—	—	6	—	—	—
M- Professional, scientific and technical activities(专业和科技活动)	1	—	17	1	5	97	—	—	1
N- Administrative and support service activities(行政和支助服务活动)	—	—	4	—	—	6	—	—	—

续表

NACE Rev. 2 分类	奥地利			德国			日本		
	退市数量	上市数量	非上市数量	退市数量	上市数量	非上市数量	退市数量	上市数量	非上市数量
Q- Human health and social work activities （人体健康和社会工作活动）	—	—	—	—	—	1	—	—	—
R- Arts, entertainment and recreation （艺术、娱乐和文娱活动）	—	—	—	—	—	1	—	—	—
总计	7	6	226	18	72	657	2	25	80

第三章　隐形冠军企业的技术行业特征

第一节　隐形冠军企业的技术初步分析归类

关于各国隐形冠军企业的技术特征，本研究主要通过专利数据来进行产业定位，并挖掘部分企业的技术特征。我们选择使用欧洲专利、美国专利和PCT专利数据源，主要原因在于，隐形冠军企业是经济全球化的产物，并且均为出口冠军企业，因此，其产品、技术应该得到全世界的保护，其具有相当高的技术水平，所以我们参考欧洲、美国和PCT专利，用以表征其技术的权威性。本研究使用的德温特专利数据库（Derwent Patent Index），其在欧洲专利、美国专利、PCT专利等世界主要专利中可以使用公司树的检索模式，便于检索出整个公司体系的专利。本研究将专利检索范围限定在各企业截至2018年申请的专利。

一、隐形冠军企业专利概况

由于产业本身存在技术密集型、资本密集型等特性，而创新也分为高技术创新和传统行业创新，两者的技术表现形式存在差异，所以，并不是所有企业都具有国际化的专利，而且超过一半的企业，并没有检索到上述提及的这些重要专利，这表明，通过专利表达的技术不完全代表隐形冠军的技术特征，所以在下面的内容中，我们将首先探讨行业—专利的相关关系。

本研究以德国为例（如表6-7所示），无国际化的专利在各个行业都超过了50%，特别是在其他工业产品领域，这项比例高达80%，在机械设备制造、化工化学、重型机械、软件和互联网领域比例也都超过了70%，在其他行业相对较低，但也在50%～60%之间。但如果我们按照有专利的企业计算每个企业拥有的国际性专利数量，会发现这些企业的专利数量非常可观，正如前文所述，德国的隐形冠军企业大多数规模较小，但它们的专利数量却非常多，平均每个企业有410项专利，说明企业之间存在明显的两极分化，那些依赖专利优势的企业需要持续不断地进行创新。从行业角度来看，除了由于行业特点所决定的软件互联网行业外，多样化和控股企业专利数量最高，达到了676件，这主要说明，控股企业由于较强的资本运作能力，通过专利进行技术、产品的控制操作是其主要扩展模式，在德国的传统优势领域，如机械设备制造、电子电气和其他工业产品领域，专利数量反而最低。此外，从行业平均专利数量来看，多样化和控股企业专利最多且最为明显，而其他工业产品和机械设备制造领域的专利数量则相对较少，这表明，不同行业要想通过专利成为隐形冠军的路径并不相同，作为多样化和控股企业必须掌握大量技术专利，以实现对市场的控制。而在工业产品、重型机械、机械设备制造领域，专利技术的优势并不是十分明显。换句话说，隐形冠军并不完全依赖专利技术来实现其市场地位。而在医药技术、汽车及零配件、高科技等领域，专利技术扮演的角色较之前几类更为重要。

表6-7 不同行业专利数量比较

行业	有专利（家）	无专利（家）	总数（家）	无专利比例（%）	平均专利数量（US + WO + EP）（有专利企业）（个）	平均专利数量（US + WO + EP）（行业所有企业）（个）
机械设备制造	71	231	302	76.5	343.0	80.6
电子电气	34	62	96	64.6	403.2	142.8
其他工业产品	17	71	88	80.7	233.5	45.1
汽车及零配件	35	43	78	55.1	501.8	228.1
医药技术	16	29	45	64.4	538.9	191.6
化工化学	9	31	40	77.5	562.9	126.7
高科技	15	18	33	54.5	392.9	178.6
重型机械	7	22	29	75.9	279.7	67.5
多样化的控股企业	10	14	24	58.3	676.1	281.7

续表

行业	有专利（家）	无专利（家）	总数（家）	无专利比例（%）	平均专利数量（US + WO + EP）（有专利企业）（个）	平均专利数量（US + WO + EP）（行业所有企业）（个）
软件和互联网	2	7	9	77.8	38.7	30.1
可再生能源	2	6	8	75.0	653.0	163.3
平均					410.4	

　　如果按企业所属的行业中类（本研究使用欧盟 NACE Rev. 2 国民经济行业代码）来分析平均专利数量（如表 6 – 8 所示），我们可以发现，最依赖专利技术支撑的分别是电子元件和电路板的制造、医疗和牙科器械和用品的制造、汽车零件和附件的制造这三个领域，其企业平均专利数量分别为 338.6 个、260.1 个和 241.1 个。而在金属制品的制造、制造其他通用机械、塑料制品的制造这些领域，即使没有大量专利，企业也能成为隐形冠军。这表明，在技术含量较高的行业，如电子设备、医疗器械、检测器具等领域，专利技术是企业生存和成功的关键。而在一些成熟制品领域，由于设备、工艺已经较为成熟，专利技术的作用相对降低，企业的成功更多地依赖于稳定的产品质量，而非专利技术。

表 6 – 8　技术密集型行业及相应行业隐形冠军企业的专利数量概况

排名	行业代码（中类）	代码含义	企业数量（家）	平均专利数量（个）
1	261	电子元件和电路板的制造	22	338.6
2	325	医疗和牙科器械和用品的制造	15	260.1
3	293	汽车零件和附件的制造	15	241.1
− 3	259	金属制品的制造	18	20.9
− 2	282	制造其他通用机械	57	28.8
− 1	222	塑料制品的制造	27	38.9

　　由以上分析可知，专利与行业、企业经营、战略选择之间存在相关关系，但也能看出，每个行业都有专利数量较多的企业，所以通过专利进行行业关系的辨析是合理的。之后，本研究也将针对不同产业、不同产品，用两个产

业案例进行技术视角下隐形冠军企业特征的深入研究。

二、各国隐形冠军企业专利分类及技术分析

（一）各国隐形冠军企业的专利分类（覆盖面）分析

本研究使用数据库中的德温特专利分类代码（Derwent Class Code）和技术代码（Derwent Manual Code）对各国隐形冠军企业的技术特征进行分析，其主要原因在于，德温特的技术分类和技术代码是按照学科进行分类的，其符合实际人们的认知习惯，相比专利局按照功能分类的方法具有明显优势。另一个重要原因是，从专利分类来看，由于其覆盖面广，有助于揭示产业的关联关系或依赖程度。隐形冠军企业的专利分类范围如表6-9所示，技术专利最多的依次是数据处理、汽车电子、工业电气设备、工程测量设备等，说明这些技术是隐形冠军企业的主要技术覆盖面。此外，一些看似比较小的零部件，也是隐形冠军技术的重要组成部分，如消毒、注射器，机电传感器和小型器械等。

表6-9　隐形冠军企业按专利分类的数量的排序

排名	DWPI 分类代码	数量（个）	表示含义
1	T01E	8 176	数据处理
2	X22E	6 870	汽车电子
3	X25E	4 651	工业电气设备
4	S02E	4 447	工程测量
5	A88C	4 414	机械工程与工具
6	V04E	4 362	电路和连接器
7	Q51N	4 087	内燃机
8	S05E	3 369	电气医疗设备
9	J01C	3 278	化工分离
10	Q17N	3 157	车辆结构、配件、动力
11	P31N	3 028	诊断、手术
12	S03E	2 754	科学物性测量

续表

排名	DWPI 分类代码	数量（个）	表示含义
13	L03C	2 542	电化学
14	P34N	2 427	消毒、注射器
15	V06E	2 418	机电传感器和小型器械

此外，本研究对所有专利按照分类进行了聚类和技术共现，如图6-5所示，可以看出，隐形冠军企业的技术具有较强的聚类关系。同时，某些技术存在重要交叉应用（在不同区域间出现的节点），表6-10对主要技术分类进行了解读。

表 6 - 10　隐形冠军企业技术涵盖

技术区域	代表技术分类	代表企业	解读
1 工程机械	Q41、Q42、Q49	HERRENKNECHT AG BOMAG AG BAUER MASCHINEN GMBH	钻孔、采矿、建造机械类技术，这部分技术和其他领域交叉最少，类别较为孤立
2 聚合物材料	A97、A14、G02	Cognis GmbH Rohm GmbH Altana Chemie AG	聚合物技术，这部分技术与区域3医药检测交叉较多，为其提供基材
3 医药检测	S03、A96、B07	SARTORISM AG BIOTRONIK GMBH & CO BRAUN（B.）MELSUNGEN AG	医药、检测技术，医药与检测是最为密切的两个技术应用，而且该领域结合了大量工业电气设备和数据处理技术
4 自动化设备	A32、A92、Q35	KRONES AG KORBER AG WINDMOLLER & HOLSCHER GMBH	包装、印刷、自动化设备技术，这部分技术应用到其他领域的技术较少，相对孤立，但是需要其他领域的技术，如工业电气设备、数据处理技术和检测测量技术

续表

技术区域	代表技术分类	代表企业	解读
5 工业测量	T01、X25、S02	TRUMPF GMBH & CO KG	工业电气设备、工程测量设备，这部分技术与其他技术连接最多，为其他技术提供基础，该领域涉及的企业有机床、测量元件、半导体元件、光学元件企业等
		KUKA AG	
		JENOPTIK AG	
6 电化学元件	L03、V04、A85	SCHOTT AG	电化学技术、电子元件技术，这部分技术与其他技术连接也较多
		PHOENIX CONTACT GMBH & CO KG	
		EPCOS AG	
7 汽车零部件	A88、J01、Q17	FREUDENBERG & CO.	这部分主要是汽车零部件企业，这部分技术从图中看相对孤立，只是一些化工用品作为零部件的材料有部分交叉
		MAHLE GMBH	
		MAHLE GMBH	

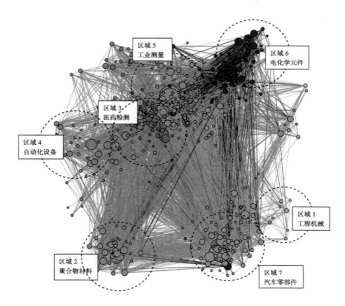

图6-5　隐形冠军企业专利共现谱图

上文从定性的角度，分析了各个技术领域的交叉程度和技术基础，本部分将利用介数中心度（Betweenness Centrality）定量地考察其互相作用。介数中心度的数学意义为：两个社区中任意两个节点间最短距离经过某个节点的次数，该数值越大，表示在社区间的中介地位越明显，是核心中介技术，也是两个技术最为明显的交叉地带。我们计算各个社区的各个节点，如表 6 - 11 所示，发现在技术区域 1 的介数中心度最低，其主要是一些勘探、钻井机械，说明其主要技术在集成，而基础在于提供其零部件的技术。目前，国内基于此类技术的突破报道较多，如国产施工机械，盾构机的国产化新闻不绝于耳。但按照专利来看，零部件技术还有待提升。技术区域 4 的情况与技术区域 1 类似，主要是自动化集成设备，其同样需要其他领域的支撑，而该技术社区本身并不提供其他社区的交叉技术。相反，技术区域 5 的主要技术是工业电气设备、工程测量设备，该领域涉及的企业有机床、测量元件、半导体元件、光学元件企业等，这些零部件企业是其他众多行业的基础，所以其介数中心度最高，这部分也是我们之后研究的重点。技术区域 3 和技术区域 7 的介数中心度也较高，区域 3 含有大量检测技术，同样是工业的主要基础；而区域 7 中主要是汽车零部件企业，汽车产业作为隐形冠军主要来源国德国的支柱产业之一，有较大交叉并不足为奇。

表 6 - 11　技术区域的介数中心度

技术区域	介数中心度总和	介数中心度均值
1	2 294 . 9649	143. 4353063
2	17 990 . 66119	260. 7342202
3	20 868 . 64652	386. 456417
4	11 190 . 67658	219. 4250309
5	54 993 . 38349	528. 7825336
6	20 424 . 23922	279. 7840989
7	41 980 . 57782	333. 179189

（二）各国隐形冠军企业的专利技术分析

正如上文所述，由于专利分类对技术的覆盖程度较大，所从该角度可以看出技术的关联和依托，但是对于企业技术层面特性的研究，较大的覆盖程度就显得过于粗糙了。本部分将利用德温特技术代码（Derwent Manual Code）针对企业层面，对各国隐形冠军企业进行研究。德温特手工代码是德温特专利数据库的特色之一，其由专业技术人员手工标引，不仅符合科学技术的层次关系，而且能体现其技术的新颖性和独特性。我们将检索到的专利利用手工代码的共现关系查看隐形冠军企业在技术方面的专业分布。如图6-6所示，企业的专利形成多个小团簇和小领域，说明每个企业或几个企业形成了各自特有的技术领域和技术专长，也同时佐证了隐形冠军企业都是在最为细分的市场上的领先者。

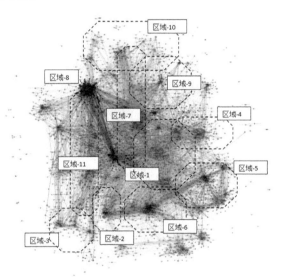

图6-6 技术区域的划分

专利代码和企业在经过聚类之后，可以划分出较为明显的技术群体。根据技术的交叉、交集，可以判断出在这些具体技术中，技术的应用广度、深度及相关技术的依赖性。本研究使用度中心度（Degree Centrality）来计算每个技术社区的中心节点，这部分节点表示社区中最重要的核心节点，即核心技术、核心企业，如表6-12所示。

如前所述，从技术专利角度来看，工业技术的基础包括化工化学基材、电子电路技术、检测控制技术及关键部件的技术。从表6-12中罗列的主要隐形冠军企业来看，其主要产品行业也是这些领域，在化学化工领域包括在机车、车辆、电路和小型电机设备上使用的聚合物技术；在电子电路技术上，隐形冠军企业并不多，但是其具有行业针对性，基本是针对车辆和机械设备的电源管理系统；在小型电机设备上，存在较多优势企业，如 Festo、Diehl、EBM Papst 等，其在电磁技术方面拥有显著的技术优势；在检测、测量行业，同样有较多的优势企业，如 QIAGEN、LEICA MICROSYSTEMS AG、SARTORISM AG、EPPENDORF AG、SICK AG、JOHANNES HEIDENHAIN GMBH 等。此外，隐形冠军企业在光学技术上具有较强实力，其在车床、汽车和航空器的照明、检测领域都有关联体现，显示了其较强的技术实力。

表 6－12　不同技术领域的代表性技术和企业

区域	主要技术代码	技术含义	主要企业
1	A12－H、A12－T04D、A12－T04C、A11－C01A、A12－W12F、A09－D03	聚合物在机械领域的应用、聚合物在车辆上的成型技术、聚合物在车辆发动机上的应用、设备用工艺聚合物的应用、用于冶金成型的聚合物、设备控制、安全技术	FREUDENBERG & CO. Mahle GmbH MANN + HUMMEL GMBH HUF HULSBECK & FURST GMBK & CO KG REHAU AG & CO DURR AG
2	B04－C03、B04－E01、B04－N04、D05－H09、B11－C06、B12－K04	天然聚合物材料、一般核酸化合物、蛋白质多肽、微生物检测技术、检测用容器技术、诊断测试技术	QIAGEN LEICA MICROSYSTEMS AG SARTORISM AG EPPENDORF AG
3	U24－H、X12－C01E、U24－F02、X13－A03、X12－J02B、U24－D05	弱电系统、配电变压、极限过电流/电压、开关运行和驱动机构、中间交流技术、直流交流变换	DIALOG SEMICONDUCTOR PLC SMA SOLAR TECHNOLOGYAG PREH GMBH

区域	主要技术代码	技术含义	主要企业
4	A11－B12A、Q35－B、A11－A04、A09－D01、Q34－B、A11－B10	注塑技术、回收输送技术、分开的聚合物生产技术、注塑技术的控制与安全、包装技术、聚合物成型技术	KRONES AG
			WINDMOLLER & HOLSCHER GMBH
			KRAUSSMAFFEI TECHNOLOGGIESGMBH
			KORBER AG
5	J04－E04A、J04－E09A、G02－A04A、D08－B、G02－A03D、Q17－E09	氧化还原催化剂、废物处理设备、印刷和书写油墨、用于涂料的无机颜料、排气系统	ALTANA CHEMIE AG
			J EBERSPACHER GMBH & CO KG
			ROHM GMBH
			SUD-CHEMIE AG
6	A12－V01、B14－R01、B10－E02、B04－A10、B14－N17、B05－A01B	聚合物的医药应用、化妆品、酚类产品技术、植物萃取技术、无机物与皮肤作用技术、金属化合物药业技术	SYMRISE GMBH & CO. KG
			LTS LOHMANNTHERAPIE SYSTEME
			GOLDSCHMIDT AG
7	T01－S03、T01－J07D1、T01－J06A、T01－J07B、W01－C01D3C、T01－J10B2	产品的软件技术、车辆微处理器系统、医疗设备和信息系统、工业机器的计算机控制和质量控制技术、移动无线通信技术、图像处理技术	KNORR－BREMSE GMBH、BRAUN（B.）MELSUNGEN AG
			ROHDE & SCHWARZ GMBH & CO. KG
			DRAEGERWERK AG
8	V04－P05、V04－A04C、V04－B01、V04－M05、V04－B05A、V04－D03	用于连接器制造组装和测试、修理的装置和方法、使用弹簧、夹子或弹性构件、端子条和块、端子安装在底座上、印刷电路连接器、连接器元件	PHOENIX CONTACT GMBH & CO KG
			HARTING TECHNOLOGY GROUP
			BEHR GMBH + CO.
			ROSENBERGER GMBH

续表

区域	主要技术代码	技术含义	主要企业
9	X26 – U07、X24 – D03、V07 – F01A1、M23 – D05、 V07 – F02A、M23 – G	照明应用技术、激光束焊接或切割、光纤技术、激光技术、镜头、反射器、折射技术、检查和控制方法	TRUMPF GMBH & CO KG
			HELLA KG
			JENOPTIK AG
			AIXTRON AG
10	T04 – K03B、W06 – A04A1、S02 – A03、A12 – E13、W02 – B05、W06 – A04G7	RFID/转发器技术、目标位置探测技术、光学测量技术、仪器仪表测量技术、空中阵列技术、天线和天线控制技术	SICK AG
			KATHREIN WERKE KG
			JOHANNES HEIDENHAIN GMBH
			GRIESHABER
			PEPPERL & FUCHS GMBH
11	A12 – E08B、V06 – U03、X11 – U02、X11 – J01A、V06 – M10、V06 – M09	磁性组合物/装置、应用特色的电机技术、磁路装置、小电机机械能处理技术、小电机支撑外罩	RHEINMETALL AG
			SEW – EURODRIVE GMBH & CO. KG
			DIEHL STIFTUNG & CO.
			ENERCON GMBH
			EBM PAPST GMBH & CO. AG
			FESTO AG & CO. KG

（三）专利较少的隐形冠军企业的特征案例分析

如前所述，专利数量较少的行业领域主要是金属制品的制造行业、制造通用机械行业、塑料制品的制造等。针对这些企业，本研究选取部分企业作为研究样本，探索其成功的因素。这些金属制品、通用机械、塑料制品包括金属容器、铸造零件、通用五金机具、塑料管材、塑料容器等，我们选取 Huber 公司、Otto Junker 公司和 Rose Plastic 公司作为样本代表，根据其企业历史、产品范围探求其成功的关键。

Huber 公司是德国生产金属容器的公司，成立于 1871 年，截至目前，已经是家族的第五代运营该公司，在德国本土、瑞士、匈牙利、法国、芬兰等 7 个国家拥有 8 个工厂，在全欧洲占有重要的市场地位。其金属容器制品以高品质著称，特别是该公司的危险物品容器符合联合国陆运/海运/空运标准，拥有较强的市场竞争力。

Otto Junker 公司是德国一家金属铸造企业，成立于 1924 年，目前仍然是 Junker 家族的家族企业，在德国大型金属冶炼行业企业普遍面临困境的同时，类似 Otto Junker 的小型冶炼铸造企业却得到了较大发展，观察其产品可以发现，高品质的定制产品是这类企业的生存之道，该公司提供不同金属元素配比的特种钢材、标准砝码产品、按需的零部件的设计定制等服务。Otto Junker 公司与国际知名的亚琛工业大学合作，为客户提供从技术到工艺的全方位服务。

Rose Plastic 公司是一家拥有 65 年历史的德国塑料制片企业，产品涵盖管材、型材等。在美国、中国、巴西、印度、英国等全球主要市场都有其分支机构，到目前为止共有 10 个工厂，其主要经营策略就是贴近客户的设计服务，而不是简单地重复生产通用产品，在每年销售超过 500 万件的产品中，有大约 4 000 类，可见其产品的多样性和定制特性。

第二节　德国隐形冠军企业特征的总结

不同行业和企业对专利技术的要求也不同。最需要专利技术支撑的分别是电子元件和电路板的制造、医疗和牙科器械和用品的制造、汽车零件和附件的制造这三个领域，说明在相关行业中需要大量技术支撑并且需要通过专利进行保护，从而也体现该行业具有强大的市场竞争力。而最无须专利也能成为隐形冠军的是金属制品的制造、其他通用机械和塑料制品的制造，而这部分技术从专利体现的程度较少，长时间的积累或许是成功的关键。

测量技术、元件、电气技术等是工业的基础，是专利型隐形冠军企业成功的关键。通过对所有企业的专利按照专利代码的共现技术进行社区聚类，发现这些领域的零部件技术是其他领域的主要基础和支撑，具有较强的中介中心特性，说明技术与竞争强烈并存，而在该类别中，德国拥有大量专利，体现了其具有极强的工业基础技术。

在通用工业产品领域中，技术并没有体现在专利之中。在一些通用工具、金属铸件、塑料制品等行业，高质量的产品是成功的基础，此外，企业还需要提供与竞争对手不同的定制化技术服务，这是另一个关键因素。同时如第一点所述，这部分的专利相对较少，所以其技术往往不能体现在专利中，本研究将在下章结合案例分析这部分企业在技术视角下的特征。

第四章　隐形冠军企业技术
优势的案例分析

本研究通过两个产业链案例对隐形冠军企业的技术特征进行分析，如前文所述，隐形冠军企业在产业中具有技术特征及专利数量上的优势，所以本章选取机床行业和半导体行业作为案例，具体分析隐形冠军企业的技术特征。选择这两个行业作为研究对象的原因在于：半导体行业是技术最为密集的行业，如在芯片制造领域，从芯片的材料、设计、制造到上下游辅助产业均体现了高度的技术性。而机床行业则具有机械设备领域高创新和传统创新集成的特质。

第一节　机床行业隐形冠军的技术特征分析

一、机床行业产业链特征

机床作为一种技术密集型产品，随着智能化的发展，其技术含量日益增加。同时，从《国家工业基础标准体系建设指南》来看，机床产业包含大部分所列零部件、元器件，这些既有高技术的检测设备，也包括大量如导轨、金属件等常规通用部件，对于分析隐形冠军企业的技术特征具有较好的效果。

数控机床就组成而言，主要分为机床主体、传动系统和数控系统三大部分，如图6-7所示。

（一）机床主体

机床主体作为机床的主要组成部分，它不仅是机床的硬件，也是机床的重要机械附件，同时，机床主体是机床中最直观可见的部分，包括床身及底座铸件、主轴及变速箱、导轨及滑台、润滑、排屑及冷却等多个关键部分。

（二）传动系统

传动系统是数控机床的重要"脉络"，主导机床各部分有序运行，确保机床能够高效完成加工任务，其中包括刀具、传动机械和辅助动力系统。第一，就刀具部分而言，包括保护装置、刀库和换刀装置；第二，传统机械作为传动系统的第二大组成部分，包括滚珠丝杆、直线导轨和蜗杆副三部分；第三，辅助动力系统则包括液压系统和启动系统两部分，它们是数控机床的动力所在。

（三）数控系统

数控系统，无疑是数控机床的灵魂所在，是机床完成各项功能和作业的精髓所在。数控系统基本分为两类：一是驱动装置，包括高速主轴、力矩电机、直线电机、普通电机和步进电机；二是控制及检测装置，包括 CNC 系统、可编程序控制器、进给伺服控制模块、位置检测模块等。

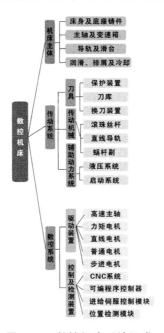

图 6 - 7　数控机床系统组成

二、机床行业产业技术特征

利用专利信息德温特技术代码进行归类，机床企业专利的主要技术代码，如表 6 – 13 所示。排在第一位的是 X22 – C05A（动力转向），其次是 T06 – D06（机床控制）、M23 – D05（激光束）、X25 – A03F（工具控制）等。从技术类别来看，主要涉及机床的控制、工具控制、滑动运行、驱动系统、定位系统、测量系统、接头齿轮等。

表 6 – 13　机床隐形冠军企业主要技术代码

技术代码	技术代码数量	技术代码意义
X22 – C05A	1 585	动力转向包括速度响应式动力辅助转向、电机/齿轮装置和动力转向控制
T06 – D06	629	机床控制包括对便携式电动螺丝或螺母设置的控制
M23 – D05	624	激光束
X25 – A03F	595	控制与以上代码结合使用，可用于不同的工具类型，包括工业自动化系统的详细信息
V06 – U03	562	车辆
X24 – D03	444	与激光束焊接或切割有关激光控制的详细信息，请参见相应的 V08 代码。 整形，光学系统，控制
T01 – J07B	417	生产/工业计算机控制机器和质量控制（QC），包括计算机辅助制造（CAM）和计算机化的机器人技术/机电一体化
T01 – J07D1	412	车辆微处理器系统（T01 – J07C），包括航空航天、运输，另请参见 T01 – J06B（2002 年之前），T01 – J07D3 和 T06 – B01 以获取车辆引导信息，另请参阅 X22 代码和 2002 年之前的 T01 – J07C1
V06 – N	255	控制小型电机包括对低功率电动机，执行器和发电机的控制

续表

技术代码	技术代码数量	技术代码意义
S02 - F02	238	测量扭矩、功，机械功率或效率马达，引擎，制动器，测功机，发电机
A12 - H03	235	齿轮、轴承表面和类似接头
T06 - A04A3	229	定位或轮廓控制系统，还包括刀具对中，用于加工的测量工件，游隙和其他类型的误差补偿以及速度控制等
X25 - A03	229	工具类包括螺丝拧紧器和工具的一般方面；有关机床的一般控制（参阅 T06 - D06）；用于清洁工作空间的系统，例如组合式打磨和除尘机（另见 X25 - H05）；工件定位，工作台，换刀，卡盘，转塔
X24 - D03A	219	用于金属加工使用激光束（并具有足够的电含量），覆盖工作金属的所有方面（参见 X25 - A 代码中的相应代码），例如用于切割本身；将激光焊接和激光焊接相结合的激光混合焊接；电弧焊（参阅 X24 - B06）和机器人激光焊接
其他	22372	—
总计	29 045	—

机床的性能指标主要来自设备所涉及的产品标准，标准检索使用中科院文献情报中心慧眼系统，检索范围包括中国、德国、英国、日本、法国、美国等主要技术发达国家，可以代表产品性能的先进性，检索目标为关键词，出现次数结果如表 6-14 所示。从机床零部件角度来看，出现最多的是电动机、车刀、轴承、电气控制等；从属性角度来看，出现最多的是噪声、压力、速度、振动等；此外，空气、程序、可靠性、运动也是机床重要的内外部条件和性能表现形式。在下文中，本研究将分部件进行详细讨论。

表 6-14 标准关键词共现

关键词	频次	关键词	频次	关键词	频次
机床	1 454	压力	22	交流	9
木工	111	工具	22	产品检验	9
几何	57	电动机	19	车削	9

续表

关键词	频次	关键词	频次	关键词	频次
方法	55	测试	18	运动	9
金属	51	程序	15	速度	9
切削	43	车刀	13	磨削	7
测量	43	产品	12	铣削	7
噪声	40	可靠性	12	振动	6
设备	40	木材加工	12	电气控制	6
空气	30	轴承	10	钻削	6

（一）轴承

轴承作为国家基础工业的重要部件，在各类旋转结构中都具有至关重要的作用。图6–8是通过CNKI检索到的CSCD论文中关于轴承研究主题的分布情况。在热点研究方面，轴承的故障检测、动态性能研究较多；在材料研究方面，轴承钢是研究的重点；在性能研究方面，轴承的临界速度是研究的重点。

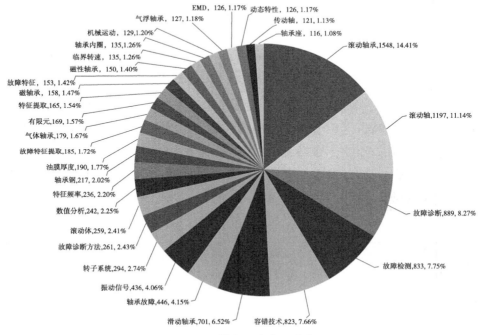

图6–8　轴承研究主题分布

一是在高速性能方面，国外名牌产品的 DmN 值达 4.0×106 mm. r/min，而我国轴承仅为 2.0×106 mm. r/min。

二是在振动、噪声与异音方面，日本已推出静音和超静音轴承，而我国轴承的振动（加速度）极值水平与日本产品相比，一般要相差 10dB 以上。

三是在寿命与可靠性方面，以深沟球轴承为例，国外知名品牌产品的寿命一般为计算寿命的 8 倍以上（最高可达 30 倍以上），可靠性超过 98%（或追求与主机等寿命），而我国轴承的寿命一般仅为计算寿命的 $3 \sim 5$ 倍，可靠性约为 96%。

（二）传感器

在数控机床中，常用的传感器包括旋转编码器、霍尔传感器、旋转变压器、感应同步器、光栅式传感器、磁栅式传感器。本部分以位移传感器为例进行探讨。

一是对基础技术和制造工艺的研究不足，一些影响可靠性的关键技术，如精密加工技术、密封技术、焊接技术等至今仍未得到很好的解决。现有国内高档产品的可靠性指标（平均无故障时间）与国外产品相比，大致相差 $1 \sim 2$ 个数量级。

二是现有国内测量产品在测量精度和功能上与国外产品相比还具有一定差距。如，适应复杂、小尺寸零件测量；抗干扰能力强、高可靠性的测量技术。由于在线测量的特点是测量环境相对恶劣，所以合理地采用误差补偿技术将会受到重视并投入更多的研究。英国 Renishaw 公司生产的 MLIO GOLD 激光干涉测量系统、环境补偿装置，显著提升了测量精度，其稳频精度可达 0.05×10^{-6}，线性测量精度为 0.7×10^{-6}，分辨率高达 1nm。德国 SIOS 公司的小型激光干涉仪系列产品，包括微型平面干涉仪、激光干涉测头等，能够与多种用户测量系统相结合，特别适用于执行各种小尺寸范围的纳米测量任务。

（三）伺服电机

伺服系统已由传统的步进伺服系统、直流伺服系统发展到以永磁同步电机、感应电机作为执行机构的新一代交流伺服系统。尤其在伺服系统快速发展的今天，交流伺服电机正朝着全数字化、高性能化、小型化和集成化等方向发展，这些发展更需要高精度、高可靠性、高速的精密传感装置与技术来获取高精度的转子位置信息。光电编码器通过检测光电码盘反射的光信号数量来确定电机转子的转动角度；而磁电编码器则通过磁场感应元器件感应电机转子转动所带来的磁场变化来确定电机转子的位置。

编码器技术作为伺服系统的核心技术之一，高精度编码器研发难度非常大，目前，国内和国外的伺服系统大部分厂商都是匹配第三方编码器。目前世界上编码器龙头企业是德国 Heidenhain 公司，其产品选型范围广，品种齐全。比较著名的公司还有日本的 Nikon 和 Canon，它们凭借在光学仪器生产中积累的经验，生产的光电式编码器具有性能稳定、精度高、使用寿命长等优点。随着国内研发投入的不断提高，部分国内企业已经掌握了编码器技术，比如汇川技术已经能够生产出达到国际领先水平的 23 位编码器。德国 Heidenhain 公司光栅尺的分辨率高达 1nm，光栅尺的精度高达 ±0.1μm，角度编码器精度高达 ±0.2″，绝对式角度编码器位数为 27 位。

（四）导轨系统

支承和引导运动构件沿着一定轨迹运动的零件称为导轨副，也常简称为导轨。运动部件的运动轨迹有直线、圆或曲线，滚动圆导轨可归入滚动推力轴承，曲线导轨在机械中极少应用。导轨是机器中至关重要的部件，尤其在机床中，其重要性更为突出。机床的加工精度与导轨精度有直接的联系，小批量生产的精密机床，导轨的加工工作量占整个机床加工工作量的约 40%。而且，导轨一旦损坏，维修十分困难。主要技术要求包括导向精度、精度保持性、运动精度、刚度特性、耐磨特性等。目前，我国导轨精度已能够达到国际同类水平，但精度保持性和耐磨性与国外仍有较大差距，精度保持性和耐磨性已成为制约我国高精度机床研发的技术瓶颈之一。一台机床的重复定位精度如果能达到 0.005mm（ISO 标准、统计法），就是一台高精度机床，以加工中心加工典型件的尺寸精度和形位精度为例对比国内外的水平，国内大致为 0.008～0.010mm，而国际先进水平为0.002～0.003mm。

第二节　半导体行业隐形冠军企业的技术特征分析

一、半导体行业产业链分析

半导体行业与机床行业相比，存在一定差异，其很多技术可以通过专利的数量进行表征。我们根据专利权人、专利技术代码的相关系数，将企业按照技术领域进行分类，主要专利权人可以分为 3 个领域（芯片、设备、材料）共 8 组，如表 6－15 所示，依据行业领域不同，取值范围也有所区别。其中，芯片领域相关度最高，尤其是第一组的几家公司，专利范围高度集中，而第三组，相关系数具有较宽范围，主要体现在组内企业的相似度具有交叉关系，形成了若干小型相似集团，而与其他小集团外的企业的相似度又较低，说明这些企业虽然都是芯片企业，但是芯片类型用途存在较大差别。设备厂商的相关度较芯片企业要低，但是层次较为分明，形成 3 个子细分领域；相关程度最低的是材料类企业。

相似度差异的主要原因是，各个企业在半导体行业所处领域的不同，芯片行业在基础技术上具有较高的统一性，并且各自在数据处理功能上有不同特点，因此相似度较高，但略有差别；而设备企业往往会涉足较多领域生产设备的研发和生产，这导致它们的相似度较芯片企业要低；材料企业涉及的领域比设备企业还要多，所以相似程度会更低一些。通过上述分析可以看出，在半导体行业中，主要技术来自芯片、设备和所用材料。然而，这些分析结果还不足以识别所属产业的关键技术。我们需要进一步针对产业细分后的行业技术领域进行关联分析，才能辨识出产业的技术优势。

表 6-15　主要专利权人技术领域细分类别

领域	主要专利权人
芯片 1	Qualcomm、Intel、AMD、SONY
芯片 2	Toshiba、Canon、Kyocera、Samsung
芯片 3	Infineon、Xilinx、Sk-Hynix、Nvidia、Texas Instrument、Micron、Renesas Eletronics Corporation、Hitachi、Cavium、Cree、Nanya、Teradyne、Omivision、Sanken
设备 1	Zeiss、ASML、Kla Tencor、Gigaphoton
设备 2	Shinko、Amkor、ASML
设备 3	Brooks Automation、Furukawa、Rofin、Hammatsu
材料 1	Toray、Adeka、Nitto Denko、Tokyo Tanso、Wacker Chemie、Tokyo Ohka
材料 2	Applied Material、Tokyo Electron、Entegris、ASM、LAM

依照本书第 115 页的公式（1）将全体样本中任意两个专利代码的共现次数带入 Gephi，计算 Q 值，得出 Q＝0.548，符合在 0.3～0.7 的范围内社区划分显著的标准，聚类结果如图 6-9 所示，共划分为 7 个区域，并可同时针对各个区域，依照度中心度的计算结果查找专利社区的核心代码，并根据技术代码手册的解释归纳其具体技术类别，如表 6-16 所示。

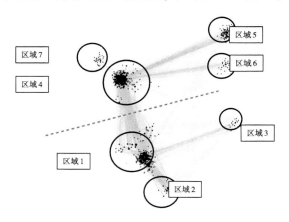

图 6-9　半导体行业技术代码共现图谱

从图6-9中可以看出，半导体行业技术主要分为两部分：以区域1（半导体行业生产工艺、设备）为核心的半导体生产区域和以区域4（半导体行业主要产品）为核心的半导体产品区域。这两个区域面积最大，技术代码最为密集，是半导体行业技术的核心区域，而且这两个区域拥有丰富的共现技术和关联技术，并且与其他区域也有广泛的技术共现，表明这两个区域内的技术对其他区域影响最大，是产业的基础。

同时，在构建全产业链关键中介技术代码之前，要将细分技术领域进行上下游的区分，其中区域2和区域3包含半导体生产的基础材料和检测设备，几乎只与区域1有共现关系，即包含了区域1所应用的技术，因此，中介技术代码主要存在于上游的区域2与区域3中；而区域4是半导体主要产品区域，它的上游技术主要为区域1，即半导体的生产工艺、设备，其主要制约技术也存在于区域1中；而在区域5至区域7，主要是半导体作为零部件的技术，其关联关系主要指向区域4，说明其主要使用半导体行业产品（如芯片、存储器等）作为自己的零部件，区域4所代表的半导体产品是其他三个区域的重要支撑，因此，其核心中介技术代码主要存在于区域4中。

二、半导体行业技术特征分析

按照本章节所述方法，以各自核心代码区域为出发点，分别计算其他社区与该社区节点的介数中心度，以确定在其关联区域的核心中介技术，即其上游关联代码以确定产业链上游核心技术，同理，也可以找到制约下游的核心技术的代码，并将该代码列入表6-16中，以形成专利代码的行业关系全景。

表6-16 技术社区的专利核心代码（列出前5为例）

区域	核心代码	中介技术代码	备注
半导体生产、工艺设备	L04-F03、U11-C09X、L04-C12、U11-C05C、U11-C05B4	—	—

区域	核心代码	中介技术代码	备注
聚合物、催化剂设备、工艺	A12－W11A、F02－C01、N06－F、J04－E04A、N07－L02C	F02－C01、N06－F、J04－E04A、A04－E08、A11－C05A	半导体行业生产过程
半导体材料检测、电路检测	U11－F01C3、U11－F01B3、S01－G02B、S03－E06B1、S01－G02B1	U11－F01C3、U11－F01B3、S02－A03、S01－G02B、U11－F01B1	半导体行业生产过程
数据处理、信息传输、电子设备	T01－S03、T01－N02A3C、W01－C01D3C、W01－C01P2、T01－C03C	A12－E07C、L04－F03、L04－C11C、L04－E15、U14－A03B7	半导体行业主要产品
打印系统、成像系统	S06－K99C、S06－K99D、S06－K07A、S06－K01A、P84－A02	T01－S03、W01－C01D3C、W01－A06C4、T01－C03C、T01－J10D	半导体零部件
电动汽车、电池系统	X21－A01D、X21－A01F、X16－B01F1、X21－B01A、L03－E03	T01－S03、W01－C01D3C、T01－J07D1、T01－M06A1、T01－C03C	半导体零部件
医药工艺、诊断设备、微生物、天然材料检测设备	D05－H09、B12－K04、B04－E01、B11－C11、B04－F01	T01－S03、W01－C01D3C、W01－A06C4、T01－J05B4P、T01－C03C	半导体零部件

从表6－16和图6－9可以看出，半导体行业的主要技术集中在半导体的生产、工艺设备和以数据处理、信息传输为代表的电子设备上。从行业技术角度看，半导体生产的核心技术包括 U11－C05（半导体制层技术）、U11－C04（光刻技术）、L04－F03（半导体元件组装技术）、L04－C12（半导体绝缘钝化技术）等，主要是半导体上游生产工艺和设备技术；行业中、下游的主要核心技术包括 T01－S03（数字计算机用软件技术）、T01－N02（数字计算机用通信和控制技术）、T03－C03（数据交互技术）、W01－C01（通讯、数据传输技术），从中可以看出，这部分的核心技术就是用于处理数据或是存储数据的芯片技术。

此外，辅助技术还涉及生产过程中化学化工技术，主要包括 A12 – W11（纯化用反渗透膜技术）、F02 – C01（半导体环化过程技术）、J04 – E04（催化剂技术）、N07 – L02（催化剂应用技术）等，以及生产检测技术，包括 U11 – F01（物性测量技术）、S01 – G02（失效检测技术）、S03 – E06（材料性质检测技术）等。而且，这两个辅助技术区域的核心技术代码和与主区域连接最为明显的中介技术代码具有高度一致性，除了 A04 – E08（聚四氟乙烯技术）、S02 – A03（光学测量技术）单独出现在中介技术中，其他类别的核心与中介技术代码基本一致，说明这些辅助技术与半导体生产过程高度契合，对于生产至关重要。

与之相反，在区域 5、6、7 中，区域核心技术与中介技术基本都不相同，如 X21 – A01（电推进技术）、D05 – H09（微生物检测技术）等，说明这些区域的核心技术主要是利用半导体制品作为零部件的实际应用，与半导体技术本身无关，所以涉及半导体的关键中介技术都较为类似，主要包括 T01 – S03（数字计算机用软件技术）、W01 – C01（无线数据传输技术）、T01 – C03（数字交互技术）、T01 – J07（数据处理技术）、T01 – M06（数据处理架构技术）等。

正如表 6 – 15 所示，行业内的企业从事的专业领域划分明显，许多企业从专利技术代码的角度看具有非常高的重合度，为了区分并筛选出具有技术垄断的企业和技术，研究使用两个优势指标（TSA 和 TSS）并结合在上一节所识别的技术领域进行计算，如表 6 – 17 所示。

技术的价值最终需要通过市场得以实现，企业的优势技术也可以通过企业的专利优势地位所表征。德国专利信息学者 Ernst 把企业的专利优势地位利用技术份额指标来体现。技术份额指标主要包括两部分，分别为基于技术领域的份额指标（TSA）和基于专利强度的份额指标（TSS）。

基于技术领域的份额指标（TSA）：

$$\text{TSA} = \frac{PA_{iF}}{\sum_{i=1}^{n} PA_{F}} \tag{2}$$

基于专利强度的份额指标（TSS）：

$$\text{TSS} = \frac{PS_{iF}}{PS_{F}}，\text{其中 } PS_{iF} = (Q_1 + Q_2 + Q_3) \times PA_{iF} \tag{3}$$

在公式（3）中，PA_{iF} 代表企业 i 在技术代码领域 F 的专利申请数量；PS_{iF} 代表企业 i 在技术代码领域 F 的专利强度；$Q1$、$Q2$ 和 $Q3$ 分别为企业 i 在技术代码领域 F 的技术广度（代码数量）、影响范围（同族专利数）和被引次数。这些指标已在国内得到广泛应用。基于以上识别的行业技术代码，本章节采用这两个指标分别计算出企业—技术—优势的关系，用以对企业的优势技术进行判断识别，从而找到在行业技术上的垄断地位。

表 6 – 17　基于技术领域的份额优势（TSA）和基于专利
强度的份额优势（TSS）的计算结果（部分）

代码 \ 企业	Applied Material		ASML		CANON		Zeiss		CREE	
	TSA	TSS	TSA	TSS	TSA	TSS	TSA	TSS	TSA	TSS
S01 – E01D	0.000	0.000	0.000	0.000	0.044	0.086	0.000	0.000	0.000	0.000
T01 – C05A	0.003	0.004	0.000	0.000	0.685	0.651	0.000	0.000	0.001	0.001
A12 – E13	0.007	0.011	0.003	0.004	0.098	0.084	0.011	0.007	0.000	0.000
A12 – L03	0.000	0.000	0.006	0.003	0.084	0.065	0.044	0.027	0.100	0.086
T05 – L03C1	0.009	0.008	0.000	0.000	0.012	0.010	0.000	0.000	0.000	0.000
T01 – J07B2	0.021	0.019	0.074	0.075	0.045	0.040	0.009	0.005	0.000	0.000
U13 – A01	0.022	0.018	0.001	0.001	0.216	0.207	0.008	0.004	0.008	0.012
L04 – C14A	0.042	0.041	0.000	0.000	0.012	0.015	0.000	0.000	0.000	0.000
U11 – C18B5	0.081	0.079	0.049	0.046	0.014	0.017	0.002	0.001	0.000	0.000
W02 – K04	0.000	0.000	0.000	0.000	0.000	0.000	0.000	0.000	0.000	0.000
U12 – A01A	0.012	0.009	0.003	0.002	0.087	0.171	0.006	0.002	0.356	0.312

依据企业在不同领域的竞争力优势计算结果，可以建立企业—技术的二维图表，用以判断各个技术领域包括核心技术领域和关键中介技术领域的优势企业，由于企业数量众多，篇幅较大，为了便于阅读，本章节将具有垄断优势的企业在相应的区域内进行了打钩标记（截取存在较多技术垄断的部分），如表 6 – 18 所示。

从表 6 – 18 中可以发现，不同细分领域的企业在优势技术上呈现出不同的特点。在半导体材料生产工艺、设备区域（区域 1、区域 2 和区域 3）中，优势企业较多，技术较为分散，不同企业在不同领域有各自的专有技术。在半导体主要产品区域（区域4）明显存在技术集中企业，个别企业集中掌握大量专利，覆盖面大；而在半导体产品作为零部件应用的区域（区域5、区域6和区域7）虽然和上一个区域有类似的现象，即大量专利集中在个别企业，但由于行业中的部分大型企业既生产半导体零部件又制造下游产品，而只制造下游产品的企业则未被包含在该检索中，从而导致市场被单一企业主导的假象，且其领域内部的代码并不是本章节讨论的范畴，通过之前的分析，我们已经了解到，这部分的关键技术取决于区域4的技术，所以以下只对区域1至区域4进行具体分析。

表 6 – 18　技术—企业优势领域图表（部分）

企业名称	ASM	Can	Zei	Ent	HIT	INT	KLA	LAM	MIC	NIT	Qua	Tos	SkH	TOK	Wac
区域 1	√	√	√		√			√						√	
区域 2				√						√					√
区域 3			√		√		√								
区域 4					√	√			√		√	√	√		
区域 5		√													
区域 6					√							√			
区域 7					√							√			
注：因篇幅原因，企业名称仅使用前三位字母															

表 6 – 19 归纳了半导体行业的关键技术以及在上下游制约行业的核心中介技术。从半导体生产工艺、设备来看，ASML（阿斯麦公司）的光刻设备、Canon（佳能公司）的半导体氧化涂层技术、LAM（泛林公司）的电导层制备技术和 Tokyo Electron（东京电子公司）的等离子蚀刻技术是该领域的寡头技术，从行业特点来看，主要是制造加工半导体的工艺与设备。在行业上游，制约技术主要为用于半导体密封的 Wacker（瓦克化学公司）的缩聚物胶黏剂、用于半导体密封防腐的 Nitto Denko（日东电工）的四氟乙烯均聚物以及用于半导体材料超纯化工艺反渗透膜技术；而在生产检测仪器中，关键技术为 Carl Zeiss（卡尔蔡司公司）粗糙测量仪器、Hitachi（日立公司）的辐射物性检测仪器和 KLA Tencor（科磊公司）的晶圆芯片材料失效故障检测技

术。在主要半导体产品中，处理器芯片技术主要被 Intel（英特尔公司）和 Qualcomm（高通公司）所主导，特别是在便携设备的处理器技术上，Qualcomm（高通公司）具有显著优势，其 TSA、TSS 值可以达到 0.8 以上，具有极强的垄断优势；而在存储器芯片技术上，则由 MICRON（美光）等 4 家存储器芯片企业共同占据市场份额；此外，在该区域，核心中介技术主要涉及工艺设备类技术，包括 ASML（阿斯麦公司）的光刻设备，以及 LAM（泛林公司）和 Tokyo Electron（东京电子公司）的半导体工艺的溅射、气相沉积、等离子体等设备。

从半导体行业整体特点来看，该行业具有较高的垄断特性。在处理器芯片领域，Qualcomm（高通公司）和 Intel（英特尔公司）在各自领域内具有显著的垄断地位，而在存储器芯片技术上则具有高度竞争性，4 家企业既是核心技术的拥有者，又是竞争者。在生产设备上，主要核心技术掌握的企业有 ASML（阿斯麦公司）、Tokyo Electron（东京电子公司）、LAM（泛林公司）。其中 ASML（阿斯麦公司）是光刻领域的绝对核心，据查，其掌握了全球光刻机领域近 70% 的份额。KLA – Tencor（科磊公司）与 ASML 类似，其晶圆、芯片在线检测技术几乎在所有生产线上都需要配备，近年来，与该公司有关的多次企业收购、并购都被美国司法部以反托拉斯法案制止，这进一步凸显了其技术的统治地位。在半导体材料方面，核心技术主要是硅的表面处理技术和在半导体行业中应用的合成材料。而在制约产业下游产品的技术上主要为以上分析得出处理器芯片技术和存储器芯片技术。

表6-19　半导体行业寡头企业及技术一览表

区域	企业	技术	对应代码	企业	中介技术	对应代码
半导体材料、生产工艺	ASML	光刻设备	U11－C04E1	—	—	—
	LAM	电导层的制备	U11－C05C6			
	Tokyo Electron	等离子蚀刻设备	U11－C09C			
	Canon	半导体氧化涂层技术	L04－C12A			
	Gigaphoton	光刻光源	V05－E03			
聚合物、催化剂设备、工艺	—			Wacker	缩聚物胶粘剂	G03－B02E
				Entegris	硅表面活性剂	E10－A22G
				Wacker	环化过程设备、纤维生产	E11－A01、A12－S05L
				Nitto Denko	四氟乙烯均聚物、反渗透膜	A04－E08、A12－W11A

续表

区域	企业	技术	对应代码	企业	中介技术	对应代码
半导体材料检测、电路检测	—	—	—	Carl Zeiss	粗糙测量仪器	S02 – A10B
				Hitachi	辐射物性检测仪器	S02 – A05A、S03 – E06B1、V05 – F01A1B
				KLA – Tencor	晶圆芯片的故障检测	S01 – G02B1
数据处理系统、互联网信息传输、电子设备电子播放、程控设备及便携设备等	Qualcomm	便携式设备处理器、交换器领域全面优势	W01 – C01D1A、W02 – K07C……	ASML	光刻设备	U11 – C04E1、U11 – C01J2
	Intel	数据处理程序控制装置	T01 – F06	LAM、Tokyo Electron	半导体工艺的溅射、气相沉积、等离子体等设备	U11 – C09X
	MICRON、Samsung、Toshiba、Sk – Hynix	存储器芯片	T01 – H01B3D			

参 考 文 献

[1] 邢新朋，鲍菁铭，关昊，等．专精特新企业与非专精特新企业数字创新多重组态路径研究 ［J/OL］．科技进步与对策，1 – 10 ［2024 – 01 – 28］．http：//kns. cnki. net/ kcms/detail/42. 1224. G3. 20240112. 1410. 014. html.

[2] 韩洪灵，彭瑶，刘强．技术进步与就业增长并存？——基于专精特新"小巨人"企业认定政策的研究 ［J/OL］．科学学研究，1 – 19 ［2024 – 01 – 28］．https：//doi. org/ 10. 16192/j. cnki. 1003 – 2053. 20240002. 001.

[3] 李桂兰，谭嘉慧，杨亦民．政府补助对中小企业"专精特新"转型的影响——基于门槛回归模型的研究 ［J］．会计之友，2024 （01）：139 – 147.

[4] 丁子军，郑慧彬，戴靓，等．中国专精特新企业的时空格局与区位因素 ［J/OL］．资源开发与市场，1 – 12 ［2024 – 01 – 28］．http：//kns. cnki. net/kcms/detail/ 51. 1448. N. 20231226. 1632. 006. html.

[5] 李晓梅，李焕焕，王梦毫．人工智能时代"专精特新"企业高质量发展进化机制 ［J］．科学管理研究，2023，41 （06）：106 – 114. DOI：10. 19445/j. cnki. 15 – 1103/ g3. 2023. 06. 013.

[6] 唐孝文，姚欣岑，于岚婷．数字化背景下"小巨人"企业创新路径研究 ［J］．科研管理，2023，44 （12）：10 – 20. DOI：10. 19571/j. cnki. 1000 – 2995. 2023. 12. 002.

[7] 赵建．后工业化、中国制造业升级与商业银行转型：问题、机理与对策 ［J］．新金融，2023，（12）：8 – 13.

[8] 郑怀林．创新"专精特新"企业主办行制度 ［J］．中国金融，2023，（24）：110.

[9] 唐春勇，金登科，赖彦钊，等．高管团队经历与企业"专精特新"战略选择 ［J/ OL］．软科学，1 – 14 ［2024 – 01 – 28］．http：//kns. cnki. net/kcms/detail/ 51. 1268. G3. 20231214. 1309. 004. html.

[10] 汝绪伟，张晓月，张雷，等．"专精特新"中小企业数字化转型政策体系、机遇挑

战及路径选择——基于山东省的研究 [J].科技管理研究，2023，43（23）：113 - 120.

[11] 丁建军，胡定国，冷志明.长三角地区专精特新企业空间分布及影响因素的尺度效应——基于缓冲区与 MGWR 的分析 [J].地理科学进展，2023，42（11）：2099 - 2112.

[12] 冯学良，周桢，戚馨雨.金融科技发展与科技中小企业成长——来自专精特新"小巨人"企业的证据 [J].技术经济，2023，42（11）：103 - 112.

[13] 荆浩，张耀耀，马佳，等.数字化转型背景下"专精特新"企业双元能力提升组态路径研究 [J].科技管理研究，2023，43（22）：164 - 174.

[14] 杨林，徐培栋.有无相生：数字化背景下"专精特新"单项冠军企业双元创新的前因组态及其效应研究 [J/OL].南开管理评论，1 - 26 [2024 - 01 - 28].http：//kns. cnki. net/kcms/detail/12. 1288. f. 20231117. 1629. 002. html.

[15] 曾宪聚，曾凯，任慧，等.专精特新企业成长研究：综述与展望 [J].外国经济与管理，2024，46（01）：62 - 76. DOI：10. 16538/j. cnki. fem. 20230912. 101.

[16] 杨濛，刘嫱.国有股权参股能否助力民营中小企业"专精特新"转型？ [J/OL].审计与经济研究，1 - 10 [2024 - 01 - 28]. http：//kns. cnki. net/kcms/detail/32. 1317. F. 20231114. 1016. 002. html.

[17] 荆浩，曲贵民."专精特新"企业实现高绩效的组态效应研究——基于 NCA 与 QCA 的结合分析 [J].财会通讯，2023（22）：88 - 95. DOI：10. 16144/j. cnki. issn1002 - 8072. 2023. 22. 019.

[18] 王建平，陈柏峰，赵录.多层次资本市场赋能"专精特新"企业 [J].中国金融，2023（21）：22 - 24.

[19] 赵甜，窦钱斌.中国"专精特新"企业创新效率评价 [J].技术经济与管理研究，2023（10）：31 - 36.

[20] 王海花，李树杰，王莹，等.我国国家级专精特新"小巨人"企业科技创新效率评价及其分五大城市群的创新效率对比 [J].科技管理研究，2023，43（20）：65 - 74.

[21] 刘淑春，金洁.数字化重塑专精特新企业价值创造力——理论、机理、模式及路径[J].财经问题研究，2023（11）：3 - 14. DOI：10. 19654/j. cnki. cjwtyj. 2023. 11. 001.

[22] 许晖，李阳，刘田田，等."专精特新"企业如何突破专业化"锁定"困境？——创新搜寻视角下的多案例研究 [J].外国经济与管理，2023，45（10）：3 - 19. DOI：10. 16538/j. cnki. fem. 20230131. 101.

[23] 夏清华，朱清."专精特新"企业突破式创新的组态分析与范式选择 [J].外国经

济与管理，2023，45（10）：20－34. DOI：10. 16538/j. cnki. fem. 20230318. 104.

［24］王伟光，韩旭. 国际化速度、双元创新与"专精特新"企业绩效——基于115家中国制造业单项冠军上市企业的实证研究［J］. 外国经济与管理，2023，45（10）：51－67. DOI：10. 16538/j. cnki. fem. 20230405. 101.

［25］曹钰华，张延莉，石蓉荣，等. 数字化转型驱动的专精特新"小巨人"组织韧性前因组态研究——基于上市企业年报文本挖掘的 fsQCA 分析［J］. 外国经济与管理，2023，45（10）：68－83. DOI：10. 16538/j. cnki. fem. 20230318. 103.

［26］曹梦弋，夏青. 产业政策与"专精特新"企业全要素生产率［J］. 外国经济与管理，2023，45（10）：84－100. DOI：10. 16538/j. cnki. fem. 20230318. 102.

［27］陈岩，高程，杜慧林. 专精特新中小企业高层管理者认知对精一创业能力影响机理研究［J］. 科技进步与对策，2023，40（21）：151－160.

［28］唐春勇，金登科，赖彦钊，等. 比较视角下产学融合对专精特新企业创新能力的差异化影响［J］. 科技管理研究，2023，43（19）：107－117.

［29］丁黎黎，张亚康，赵忠超. 资管新规、企业金融化与中小企业"专精特新"发展［J］. 金融监管研究，2023（09）：77－95. DOI：10. 13490/j. cnki. frr. 2023. 09. 003.

［30］蔡程，许志勇. "专精特新"中小企业内部控制问题与对策［J］. 财会通讯，2023（18）：131－134. DOI：10. 16144/j. cnki. issn 1002－8072. 2023. 18. 013.

［31］彭泗清，高原，王锐. 中国专精特新制造企业国际化路径探究：基于安索夫矩阵的多案例研究［J］. 华东师范大学学报（哲学社会科学版），2023，55（05）：154－169＋174. DOI：10. 16382/j. cnki. 1000－5579. 2023. 05. 014.

［32］韩凤芹，杨小强. 构建我国中小微企业高质量发展生态体系——温州模式研究［J］. 当代经济管理，2023，45（11）：17－22. DOI：10. 13253/j. cnki. ddjjgl. 2023. 11. 003.

［33］李树文，罗瑾琏，张志菲. 从定位双星到布局寰宇：专精特新企业如何借助关键核心技术突破实现价值共创？［J/OL］. 南开管理评论，1－19［2024－01－28］. http：//kns. cnki. net/kcms/detail/12. 1288. F. 20230830. 1315. 002. html.

［34］任缮，高婷婷，石鑫，等. 数字普惠金融与中小企业"专精特新"发展——效应分析及机制检验［J/OL］. 软科学，1－11［2024－01－28］. http：//kns. cnki. net/kcms/detail/51. 1268. G3. 20230825. 1640. 002. html.

［35］辛琳，边婉婷. 数字化转型维度与"专精特新"企业创新［J］. 会计之友，2024，（03）：50－57.

［36］赵晶，孙泽君，程栖云，等. 中小企业如何依托"专精特新"发展实现产业链补链强链——基于数码大方的纵向案例研究［J］. 中国工业经济，2023（07）：180－

200. DOI：10. 19581/j. cnki. ciejournal. 2023. 07. 010.

[37] 娄小亭，朱祖平，黄若谷，等. 多重制度逻辑对中小企业向专精特新升级的影响研究 [J]. 经济与管理研究，2023，44（08）：74 – 88. DOI：10. 13502/j. cnki. issn 1000 – 7636. 2023. 08. 005.

[38] 夏清华，朱清. 增量提质：营商环境生态与专精特新企业——基于模糊集定性比较分析 [J]. 经济与管理研究，2023，44（08）：126 – 144. DOI：10. 13502/ j. cnki. issn1000 – 7636. 2023. 08. 008.

[39] 陈游. 提升专精特新"小巨人"企业创新能力的路径研究——基于与德国隐形冠军企业的比较分析 [J]. 西南金融，2023（08）：73 – 84.

[40] 张远记，韩存. 企业数字化转型、技术创新与市场价值——来自"专精特新"上市企业的经验证据 [J]. 统计与决策，2023，39（14）：163 – 167. DOI：10. 13546/ j. cnki. tjyjc. 2023. 14. 030.

[41] 王保忠，刘张童，史官清，等. 新中国成立以来我国纺织业政策演进脉络及启示 [J]. 棉纺织技术，2023，51（10）：111 – 117.

[42] 王彦林，王莉. 新发展格局下"专精特新"企业创新能力提升的困境与出路 [J]. 当代经济管理，2023，45（09）：21 – 27. DOI：10. 13253/j. cnki. ddjjgl. 2023. 09. 003.

[43] 宋晓云，卢新生，洪业应. 数字经济赋能商贸流通企业"专精特新"发展的机理与政策建议 [J]. 商业经济研究，2023，（14）：138 – 143.

[44] 辛灵，高鹏飞. 新发展格局下产业链现代化的路径 [J]. 宏观经济管理，2023（07）：33 – 39. DOI：10. 19709/j. cnki. 11 – 3199/f. 2023. 07. 004.

[45] 潘士远，陈秀茂，任晓猛，等. 优化减税降费结构：提振民营经济发展的重要路径 [J]. 经济学家，2023（07）：97 – 107. DOI：10. 16158/j. cnki. 51 – 1312/f. 2023. 07. 012.

[46] 秦静. 智能制造产业集群空间布局特征与规划响应 [J]. 规划师，2023，39（07）：1 – 8.

[47] 罗进辉，闫家铭. 亲清政商关系如何助力地区培育"专精特新"企业——以宁波市为例 [J]. 财会月刊，2023，44（14）：14 – 24. DOI：10. 19641/j. cnki. 42 – 1290/ f. 2023. 14. 002.

[48] 王雨平. "专精特新"上市公司融资扶持政策及优化建议 [J]. 会计之友，2023（14）：60 – 67.

[49] 金成晓，于家齐. "专精特新"政策是否提高了中小企业的贷款可得性？——基于精确断点回归的分析 [J]. 金融论坛，2023，28（06）：3 – 14. DOI：10. 16529/ j. cnki. 11 – 4613/f. 2023. 06. 005.

［50］郭奕，刘雅琼．基于项目全生命周期管理的财务数字化转型实践——以高新技术企业 Z 公司为例［J］.财务与会计，2023（11）：65－68.

［51］黄树民，宋敬波，周琼，等．"专精特新"中小企业上市培育税收政策及服务研析——基于重庆市"专精特新"中小企业的调查［J］.税务研究，2023（06）：44－49. DOI：10.19376/j. cnki. cn11－1011／f. 2023.06.008.

［52］龙岳辉．税收视角下促进"专精特新"中小企业高质量发展问题研究——基于浙江"专精特新"中小企业的调查［J］.税务研究，2023（06）：38－43. DOI：10.19376/j. cnki. cn11－1011/f. 2023.06.007.

［53］张米尔，任腾飞，黄思婷．专精特新小巨人遴选培育政策的专利效应研究［J］.中国软科学，2023（05）：33－43＋53.

［54］伍中信，黄滢滢，伍会之．专精特新政策会促进中小企业高质量发展吗？——来自全要素生产率的证据［J］.中南大学学报（社会科学版），2023，29（03）：129－140.

［55］郭彤梅，李倩云，张玥，等．专精特新企业数字化转型与创新绩效的关系研究［J］.技术经济，2023，42（05）：68－78.

［56］罗党论，林传文，何坤，等．北交所发展：问题、原因与对策［J］.财会月刊，2023，44（12）：12－21. DOI：10.19641/j. cnki. 42－1290/f. 2023.12.002.

［57］张晓辉，赵爱民．加快专精特新中小企业国际化发展［J］.宏观经济管理，2023（05）：39－45＋52. DOI：10.19709/j. cnki. 11－3199/f. 2023.05.011.

［58］王力军，潘则辰，霍娅南.2022 中国新三板公司投资者保护评价报告［J］.财务与会计，2023（09）：12－15.

［59］丁永健，吴小萌．"小巨人"企业培育有助于提升制造业中小企业创新活力吗——来自"专精特新"政策的证据［J］.科技进步与对策，2023，40（12）：108－116.

［60］侯伟凤，李健．深化"专精特新"企业金融服务［J］.中国金融，2023（09）：27－28.

［61］石月珍，赵冰，刘平，等．以"专精特新"为目标引领的特色专刊专栏建设——以《长沙理工大学学报（自然科学版）》为例［J］.编辑学报，2023，35（02）：214－218. DOI：10.16811/j. cnki. 1001－4314. 2023.02.020.

［62］安家骥，刘国亮．营商环境驱动专精特新企业创新的路径选择——基于 FsQCA 的定性比较分析［J］.科学管理研究，2023，41（02）：101－110. DOI：10.19445/j. cnki. 15－1103/g3. 2023.02.013.

［63］本刊作者，蒋颖：履职建言　专业报国　为推进中国式现代化贡献力量［J］.财务

与会计，2023，（08）：20 – 21.

[64] 张司飞，陈勇岐. "专精特新"中小企业创新绩效提升路径研究 [J/OL]. 科学学研究，1 – 16 [2024 – 01 – 28]. https：//doi. org/10. 16192/j. cnki. 1003 – 2053. 20230419. 001.

[65] 谢菁，关伟. 北京市"专精特新"企业支持政策现状、问题及建议 [J]. 北京社会科学，2023（04）：25 – 39. DOI：10. 13262/j. bjsshkxy. bjshkx. 230403.

[66] 余澳，张羽丰，刘勇. "专精特新"中小企业数字化转型关键影响因素识别研究——基于1625家"专精特新"中小企业的调查 [J]. 经济纵横，2023（04）：79 – 89. DOI：10. 16528/j. cnki. 22 – 1054/f. 202304079.

[67] 丁建军，王淀坤，刘贤. 长三角地区专精特新"小巨人"企业空间分布及影响因素研究 [J]. 地理研究，2023，42（04）：1009 – 1028.

[68] 敦帅，毛军权. 营商环境如何驱动"专精特新"中小企业培育？——基于组态视角的定性比较分析 [J]. 上海财经大学学报，2023，25（02）：78 – 92. DOI：10. 16538/j. cnki. jsufe. 2023. 02. 006.

[69] 罗福凯，狄盈馨，李启佳. "专精特新"战略、家族涉入与技术创新 [J]. 科技进步与对策，2023，40（16）：130 – 141.

[70] 葛宝山，赵丽仪. 创业导向如何影响专精特新企业绩效？——创业拼凑和组织韧性的多重中介作用 [J/OL]. 科学学研究，1 – 14 [2024 – 01 – 28]. https：//doi. org/10. 16192/j. cnki. 1003 – 2053. 20230316. 001.

[71] 程燕兵，赵团结. "专精特新"企业的财务战略研究——以灿勤科技为例 [J]. 中国注册会计师，2023（03）：106 – 109. DOI：10. 16292/j. cnki. issn 1009 – 6345. 2023. 03. 012.

[72] 赵泓维. 国家专精特新"小巨人"评到了第四批，影像 AI 企业凭何入围？ [J]. 中国医学计算机成像杂志，2023，29（01）：86. DOI：10. 19627/j. cnki. cn31 – 1700/th. 2023. 01. 002.

[73] 王伟楠，王凯，严子淳. 区域高质量发展对"专精特新"中小企业创新绩效的影响机制研究 [J]. 科研管理，2023，44（02）：32 – 44. DOI：10. 19571/j. cnki. 1000 – 2995. 2023. 02. 004.

[74] 栾淋渝，丁盛，潘越，等. 基于DBaaS视角谈"专精特新"中小企业的财务数字化 [J]. 财务与会计，2023（04）：72.

[75] 胡海峰，窦斌. 产业链安全视角下专精特新企业培育的现状、挑战与对策 [J]. 中州学刊，2023（02）：31 – 36.

[76] 谢菁. 我国"专精特新"企业支持政策的现状、不足与优化建议 [J]. 科技管理研究, 2023, 43 (03): 44 - 52.

[77] 周婷婷, 李孟可. 硬科技创新、行业科技自立自强与专精特新企业跨量级发展 [J]. 软科学, 2023, 37 (11): 57 - 64. DOI: 10. 13956/j. ss. 1001 - 8409. 2023. 11. 09.

[78] 蒋亮, 罗幼强, 何明圆. 新发展格局下商业银行赋能中小企业高质量发展路径研究——来自专精特新企业的启示 [J]. 西南金融, 2023 (01): 16 - 28.

[79] 朱小艳. "专精特新"企业数字化转型: 现实意义、制约因素与推进策略 [J]. 企业经济, 2023, 42 (01): 53 - 59. DOI: 10. 13529/j. cnki. enterprise. economy. 2023. 01. 006.

[80] 蔡双立, 郭嫱. 专精特新企业学术型高管与企业持续创新——企业激励机制与风险承担水平的双调节效应 [J]. 浙江工商大学学报, 2023 (01): 120 - 134. DOI: 10. 14134/j. cnki. cn33 - 1337/c. 2023. 01. 011.

[81] 毛军权, 敦帅. "专精特新"中小企业高质量发展的驱动路径——基于 TOE 框架的定性比较分析 [J]. 复旦学报 (社会科学版), 2023, 65 (01): 150 - 160.

[82] 朱峻质. "专精特新"企业在创新实践中持续发展——评《"专精特新"企业成长之道》[J]. 经济问题, 2023 (02): 129. DOI: 10. 16011/j. cnki. jjwt. 2023. 02. 016.

[83] 蒋志文, 郑惠强. 基于实证的"专精特新"企业培育路径及政策影响分析 [J]. 中国软科学, 2022 (S1): 63 - 70.

[84] 汪合黔, 陈开洋. 创新支持政策对企业研发投入和经营绩效的影响——来自专精特新"小巨人"企业的微观证据 [J]. 南方金融, 2022 (11): 22 - 35.

[85] 王瑶, 曾德明, 李健, 等. 桥接科学家创始人与企业技术创新绩效——基于专精特新"小巨人"企业的分析 [J]. 科学学研究, 2023, 41 (09): 1690 - 1701. DOI: 10. 16192/j. cnki. 1003 - 2053. 20221110. 002.

[86] 曹虹剑, 张帅, 欧阳峣, 等. 创新政策与"专精特新"中小企业创新质量 [J]. 中国工业经济, 2022 (11): 135 - 154. DOI: 10. 19581/j. cnki. ciejournal. 2022. 11. 012.

[87] 辛琳. 知识网络、融资约束与"专精特新"企业创新绩效 [J]. 上海对外经贸大学学报, 2022, 29 (06): 18 - 38. DOI: 10. 16060/j. cnki. issn 2095 - 8072. 2022. 06. 002.

[88] 刘晨, 崔鹏. 国内中小企业从"专精特新"到"隐形冠军"的成长路径研究 [J]. 西南金融, 2022 (11): 29 - 42.

[89] 李旭红, 薛敏. 国外支持中小企业发展的增值税政策及借鉴 [J]. 税务研究, 2022 (11): 89 - 93. DOI: 10. 19376/j. cnki. cn11 - 1011/f. 2022. 11. 007.

[90] 丁建军, 刘贤, 王淀坤, 等. 国家级专精特新"小巨人"企业空间分布及其影响因素 [J]. 经济地理, 2022, 42 (10): 109 - 118. DOI: 10. 15957/j. cnki. jjdl. 2022. 10. 013.

［91］陈武元，蔡庆丰，程章继．高等学校集聚、知识溢出与专精特新"小巨人"企业培育［J］.教育研究，2022，43（09）：47－65.

［92］孙欣蕾，李亢．德国"隐形冠军"背后的金融支撑［J］.中国金融，2022（18）：82－84.

［93］李万利，潘文东，袁凯彬．企业数字化转型与中国实体经济发展［J］.数量经济技术经济研究，2022，39（09）：5－25.DOI：10.13653/j.cnki.jqte.2022.09.001.

［94］严小成．新时代核心素养培育的辩证自觉［J］.社会科学战线，2022（09）：260－264.

［95］王洪章．推动东北地区"专精特新"企业发展［J］.中国金融，2022（17）：21－22.

［96］贺晋．银行理财布局"专精特新"赛道［J］.中国金融，2022（17）：34－35.

［97］王勇．金融服务"专精特新"新赛道［J］.中国金融，2022（17）：91－92.

［98］陈文晖，王婧倩．中小企业创新发展的金融政策及长期制度选择［J］.宏观经济管理，2022（08）：65－71.DOI：10.19709/j.cnki.11－3199/f.2022.08.005.

［99］江胜名，张本秀，江三良．"专精特新"中小企业发展的态势与路径选择［J］.福建论坛（人文社会科学版），2022（08）：78－91.

［100］刘宝．"专精特新"企业驱动制造强国建设：何以可能与何以可为［J］.当代经济管理，2022，44（08）：31－38.DOI：10.13253/j.cnki.ddjjgl.2022.08.006.

［101］王楷伦，郑炫圻，朱毅．商业银行支持专精特新企业的思考［J］.西南金融，2022（05）：16－28.

［102］闫敏．宏观经济运行实现"开门稳"［J］.中国金融，2022（09）：39－40.

［103］田利辉．北交所对中国资本市场创新发展的影响分析［J］.人民论坛，2022（08）：62－65.

［104］韩晶．推动"专精特新"中小企业持续健康发展［J］.人民论坛，2022（07）：90－93.

［105］刘晨．我国瞪羚企业发展现状与金融支持［J］.西南金融，2022（04）：19－30.

［106］刘志彪．产业政策转型与专精特新中小企业成长环境优化［J］.人民论坛，2022（03）：40－43.

［107］陆岷峰，徐阳洋．构建我国中小企业高质量发展体制与机制研究——基于数字技术应用的角度［J］.西南金融，2022（01）：65－75.

［108］刘志彪，徐天舒．培育"专精特新"中小企业：补链强链的专项行动［J］.福建论坛（人文社会科学版），2022（01）：23－32.

[109] 张璠，王竹泉，于小悦．政府扶持与民营中小企业"专精特新"转型——来自省级政策文本量化的经验证据［J］.财经科学，2022（01）：116－132.

[110] 李琼，汪德华．支持中小微企业创新的财政税收政策梳理与借鉴［J］.财经问题研究，2022（03）：72－82. DOI：10.19654/j. cnki. cjwtyj. 2022.03.008.

[111] 孙海洋．保险护航"专精特新"企业之路［J］.中国金融，2021（24）：29－30.

[112] 葛洪英．"互联网＋"赋能农村中小企业数字化转型升级［J］.中国果树，2021（11）：127.

[113] 林江．培育和扶持更多专精特新"小巨人"企业［J］.人民论坛，2021（31）：58－63.

[114] 张晓燕．北交所新规如何助力"专精特新"中小企业发展［J］.人民论坛，2021（29）：72－75.

[115] 杨松林，房正国．"十四五"时期江苏工业现代化建设路径分析［J］.现代管理科学，2021（07）：52－61.

[116] 周毅彪．江苏提升产业基础能力的实践与思考［J］.现代管理科学，2021（07）：3－8.

[117] 董志勇，李成明．"专精特新"中小企业高质量发展态势与路径选择［J］.改革，2021（10）：1－11.

[118] 李金华．我国"小巨人"企业发展的境况与出路［J］.改革，2021（10）：101－113.

[119] 张明，从海燕．构建江苏工业经济双循环新发展格局［J］.现代管理科学，2021（01）：31－34.

[120] 黄雪婷．新时期传统出版社发展之路探析——以广西美术出版社为例［J］.出版广角，2020（16）：35－37. DOI：10.16491/j. cnki. cn45－1216/g2. 2020.16.008.

[121] 张国良，张琼．新时代中小微企业科技创新理念与发展对策研究［J］.科学管理研究，2018，36（03）：72－74＋79. DOI：10.19445/j. cnki. 15－1103/g3. 2018.03.019.

[122] 陈峰，张薇．从"美国301调查"看国家竞争情报产品的特征及形成条件［J］.情报杂志，2018，37（06）：1－5.

[123] 张睿，石晓鹏，陈英武．"专精特"小巨人企业培育路径研究——以苏南地区为例［J］.中国工程科学，2017，19（05）：97－102.

[124] 叶文洁，贺小刚．"隐形冠军"的微创新战略及其形成机制：双童公司的纵向案例研究［J］.外国经济与管理，2024，46（05）：65－85.

［125］甘世恒．"专精特新"的再思考——中小型大学出版社转型的困境与路径［J］.现代出版，2017（03）：28 - 30.

［126］刘昌年，梅强．"专精特新"与小微企业成长路径选择研究［J］.科技管理研究，2015，35（05）：126 - 130.

［127］云峰．坚持走"专、精、特、新"之路［J］.出版广角，2014（16）：4. DOI：10. 16491/j. cnki. cn45 - 1216/g2. 2014. 16. 011.

［128］张兵，梅强，李文元．江苏省中小企业专精特新发展影响因素研究——以镇江市为例［J］.科技管理研究，2014，34（11）：80 - 83.

［129］王佳宁，罗重谱．中国小型微型企业发展的政策选择与总体趋势［J］.改革，2012（02）：5 - 17.

［130］高伟，陈劲．中国工业母机产业基础能力、国家产业治理结构共同演化与"链创耦合"机理研究［J］.中国软科学，2023（12）：1 - 15.

［131］陈晓红，张静辉，汪阳洁，等．数字技术赋能中国式创新的机制与路径研究［J］.科研管理，2024，45（01）：13 - 20. DOI：10. 19571/j. cnki. 1000 - 2995. 2024. 01. 002.

［132］徐金海，夏杰长．全力提升产业链供应链现代化水平：基于全球价值链视角［J］.中国社会科学院大学学报，2023，43（11）：48 - 63 + 133 - 134.

［133］张各兴．中国式"隐形冠军"培育：位势跃迁、能力进阶与政策建议——基于中小企业梯度培育体系与德国"隐形冠军"的比较分析［J］.财政科学，2023（11）：84 - 97.

［134］贾依帛，苏敬勤，张雅洁．全球价值链下我国隐形冠军企业形成过程的多案例研究［J］.外国经济与管理，2023，45（10）：35 - 50. DOI：10. 16538/j. cnki. fem. 20230318. 101.

［135］应洪斌，李苏静，邹益民，等．微创新视角下隐形冠军企业成长机制研究［J/OL］.南开管理评论，1 - 14［2024 - 01 - 28］. http：//kns. cnki. net/kcms/detail/12. 1288. f. 20230913. 1245. 002. html.

［136］李志刚，洪孟，刘金，等．裂变创业企业如何发展成为精一赢家？——基于易来智能与百灵科技的双案例研究［J］.管理案例研究与评论，2023，16（04）：413 - 427.

［137］葛宝山，赵丽仪，叶丹．精一创业领导力对隐形冠军绩效的影响研究——一个有调节的中介模型［J］.科研管理，2023，44（10）：141 - 152. DOI：10. 19571/j. cnki. 1000 - 2995. 2023. 10. 015.

[138] 张海，杜宇玮. 实施产业基础再造工程的金融支撑：逻辑机制、国际经验与中国方略 [J]. 现代经济探讨，2023（06）：107 – 115. DOI：10. 13891/j. cnki. mer. 2023. 06. 004.

[139] 贾依帛，苏敬勤. 全球价值链下隐形冠军治理角色研究——基于知识权力视角 [J]. 科研管理，2023，44（03）：123 – 132. DOI：10. 19571/j. cnki. 1000 – 2995. 2023. 03. 013.

[140] 欧阳桃花，曹鑫. 推动企业技术创新能力和创新主体地位——基于数字化资源视角 [J]. 北京航空航天大学学报（社会科学版），2023，36（02）：115 – 123. DOI：10. 13766/j. bhsk. 1008 – 2204. 2022. 0904.

[141] 杜晶晶，万晶晶，郝喜玲，等. 中国"隐形冠军"企业产业多元化战略的形成路径研究——基于模糊集的定性比较分析 [J]. 研究与发展管理，2023，35（03）：78 – 90. DOI：10. 13581/j. cnki. rdm. 20211493.

[142] 蔡庆丰，舒少文. 金融发展赋能城市"小巨人"企业培育及创新——从金融集聚到金融科技 [J/OL]. 财贸经济，1 – 17 [2024 – 01 – 28]. https：//doi. org/10. 19795/j. cnki. cn11 – 1166/f. 20240008. 005.

[143] 王雪原，高宇琳. 我国隐形冠军制造企业技术阶梯优势提升机理 [J]. 科学学研究，2023，41（09）：1581 – 1593. DOI：10. 16192/j. cnki. 1003 – 2053. 20220628. 001.

[144] 徐建伟. 全球产业链分工格局新变化及对我国的影响 [J]. 宏观经济管理，2022（06）：22 – 29. DOI：10. 19709/j. cnki. 11 – 3199/f. 2022. 06. 011.

[145] 俞彬，蔡凯星，钱美芬，等. 多元研发模式对企业价值影响动态演进研究——基于光学制造隐形冠军的案例 [J]. 管理世界，2022，38（06）：139 – 157 + 190 + 158 – 160. DOI：10. 19744/j. cnki. 11 – 1235/f. 2022. 0084.

[146] 赵剑波. 构建"科创 + 制造"双元动力——国际城市经济发展经验对北京的启示 [J]. 经济与管理研究，2022，43（04）：15 – 25. DOI：10. 13502/j. cnki. issn 1000 – 7636. 2022. 04. 002.

[147] 曹鑫，欧阳桃花，张思萱，等. 晨光生物的企业边界稳定与突破之道 [J]. 管理学报，2022，19（04）：475 – 485.

[148] 解学梅，韩宇航. 本土制造业企业如何在绿色创新中实现"华丽转型"？——基于注意力基础观的多案例研究 [J]. 管理世界，2022，38（03）：76 – 106. DOI：10. 19744/j. cnki. 11 – 1235/f. 2022. 0043.

[149] 盛朝迅，李子文，徐建伟，等. 产业基础再造的国际经验与中国路径研究 [J]. 宏观经济研究，2022（02）：137 – 146 + 154. DOI：10. 16304/j. cnki. 11 – 3952/

f. 2022. 02. 009.

[150] 金永花. 新发展机遇期我国新能源汽车产业链水平提升研究 [J]. 经济纵横, 2022 (01): 83 - 90. DOI: 10. 16528/j. cnki. 22 - 1054/f. 202201083.

[151] 葛宝山, 赵丽仪. 创业导向、精一战略与隐形冠军企业绩效 [J]. 外国经济与管理, 2022, 44 (02): 117 - 135. DOI: 10. 16538/j. cnki. fem. 20210827. 401.

[152] 苏钟海. 企业战略分析: 反思与新框架 [J]. 科技管理研究, 2021, 41 (23): 228 - 234.

[153] 刘志彪, 凌永辉. 在主场全球化中构建新发展格局——战略前提、重点任务及政策保障 [J]. 产业经济评论, 2021 (06): 5 - 13. DOI: 10. 19313/j. cnki. cn10 - 1223/f. 2021. 06. 001.

[154] 刘泽岩, 林汉川, 黄冠华. 专业化与"隐形冠军"企业出口绩效: 制度环境的调节作用 [J]. 技术经济, 2021, 40 (11): 71 - 83.

[155] 葛宝山, 赵丽仪. 隐形冠军精一创业能力生成机理及路径研究 [J]. 科学学研究, 2022, 40 (10): 1821 - 1833. DOI: 10. 16192/j. cnki. 1003 - 2053. 20211116. 002.

[156] 刘泽岩, 林汉川, 张思雪. 城市数字技术、创新异质性与"隐形冠军"企业出口产品技术复杂度 [J]. 当代财经, 2021 (10): 103 - 116. DOI: 10. 13676/j. cnki. cn36 - 1030/f. 2021. 10. 010.

[157] 杨莎莎, 陈思静, 刘洪民, 等. 浙江省隐形冠军企业的驱动模式和政策成效 [J]. 科技管理研究, 2021, 41 (18): 87 - 95.

[158] 贾依帛, 苏敬勤, 马欢欢, 等. 全球价值链嵌入下隐形冠军企业知识权力演化机理研究 [J]. 南开管理评论, 2022, 25 (03): 62 - 74.

[159] 韩美琳. 新工业革命浪潮下我国产业转型升级的日德经验借鉴 [J]. 当代经济研究, 2021 (08): 70 - 78.

[160] 汪建新, 杨晨. 促进国内国际双循环有效联动的模式、机制与路径 [J]. 经济学家, 2021 (08): 42 - 52. DOI: 10. 16158/j. cnki. 51 - 1312/f. 2021. 08. 006.

[161] 盛朝迅, 徐建伟, 任继球. 实施产业基础再造工程的总体思路与主要任务研究 [J]. 宏观质量研究, 2021, 9 (04): 64 - 77. DOI: 10. 13948/j. cnki. hgzlyj. 2021. 04. 005.

[162] 任保全, 周玲. 我国制造业隐形冠军技术创新演变趋势及区域异质性研究 [J]. 工业技术经济, 2021, 40 (07): 36 - 42.

[163] 张欣, 崔日明. 西部地区嵌入"双循环"新发展格局的策略研究 [J]. 云南民族大学学报（哲学社会科学版）, 2021, 38 (03): 128 - 135. DOI: 10. 13727/

j. cnki. 53 – 1191/c. 2021. 03. 016.

[164] 李长安. 中国企业如何塑造更多的隐形冠军 [J].人民论坛，2021（10）：82 – 85.

[165] 李君，邱君降. 2014—2019 中国两化融合发展演进与进展成效研究 [J].科技管理研究，2020，40（21）：175 – 184.

[166] 杨丽丽，李华，贾鑫龙. 本土制造业"隐形冠军"自主创新动力机制研究——基于模糊集的定性比较分析 [J].科技进步与对策，2021，38（13）：82 – 89.

[167] 葛宝山，王治国. 隐形冠军企业创业研究述评及展望 [J].外国经济与管理，2020，42（11）：20 – 32. DOI：10. 16538/j. cnki. fem. 20200904. 401.

[168] 刘志迎. 面向 2035 年科技创新支撑现代化经济体系 [J].中国科技论坛，2020（06）：1. DOI：10. 13580/j. cnki. fstc. 2020. 06. 003.

[169] 武亚平. 2019 年中德关系大事记 [J].德国研究，2020，35（01）：148 – 158.

[170] 方炜，孙泽华，唐路路. 军民融合创新研究综述与展望 [J].科研管理，2020，41（03）：61 – 71. DOI：10. 19571/j. cnki. 1000 – 2995. 2020. 03. 007.

[171] 李森，吴德龙，夏恩君，等. 国外隐形冠军研究综述与展望 [J].技术经济，2020，39（01）：10 – 18 + 42.

[172] 杜晶晶，胡登峰. 制造业"隐形冠军"培育与区域创新生态系统构建 [J].中国高校社会科学，2020（01）：54 – 61 + 157.

[173] 刘志彪. 产业链现代化的产业经济学分析 [J].经济学家，2019（12）：5 – 13. DOI：10. 16158/j. cnki. 51 – 1312/f. 2019. 12. 001.

[174] 王军，韩笑梅. "德国制造"品牌形象重塑的经验及借鉴 [J].宏观经济管理，2019（08）：68 – 74. DOI：10. 19709/j. cnki. 11 – 3199/f. 2019. 08. 012.

[175] 马浚洋，黄朝峰，汤薪玉. 军民融合"隐形冠军"企业创新：动因、形式与组织 [J].科技管理研究，2019，39（07）：1 – 6.

[176] 马浚洋，蒋培，雷家骕. 军民融合"隐形冠军"企业创新：特征、做法与建议 [J].情报杂志，2019，38（05）：201 – 207.

[177] 张富禄. 德国制造业转型发展的基本经验及启示 [J].中州学刊，2019（03）：29 – 34.

[178] 刘诚达. 制造业单项冠军企业研发投入对企业绩效的影响研究——基于企业规模的异质门槛效应 [J].研究与发展管理，2019，31（01）：33 – 43. DOI：10. 13581/j. cnki. rdm. 2019. 01. 005.

[179] 李金华. 中国冠军企业、"独角兽"企业的发展现实与培育路径 [J].深圳大学学报（人文社会科学版），2019，36（01）：68 – 76.

［180］朱巍，陈慧慧，陈潇宇．隐形冠军：国际竞争视野下科技型中小企业培育变革趋势与策略［J］．科技进步与对策，2019，36（03）：77 - 82.

［181］汤薪玉，黄朝峰，马浚洋．军民融合"隐形冠军"企业创新特征研究［J］．科技进步与对策，2019，36（05）：123 - 129.

［182］刘志彪．在全球价值链路径上建设制造强国［J］．学习与探索，2018（11）：94 - 101 + 192 + 2.

［183］杨华森．创新强国密钥的找寻——德国专题培训沉思录［J］．前线，2018（02）：92 - 94.

［184］林桂军．夯实外贸发展的产业基础向全球价值链高端攀升［J］．国际贸易问题，2016（11）：3 - 11. DOI：10. 13510/j. cnki. jit. 2016. 11. 001.

［185］徐宏宇，陈超．基于竞争情报研究的中国隐形冠军判定与评价方法［J］．情报理论与实践，2015，38（03）：30 - 34. DOI：10. 16353/j. cnki. 1000 - 7490. 2015. 03. 007.

［186］杨震宁，范黎波，李东红．是"腾笼换鸟"还是做"隐形冠军"——加工贸易企业转型升级路径多案例研究［J］．经济管理，2014，36（11）：68 - 80. DOI：10. 19616/j. cnki. bmj. 2014. 11. 009.

［187］汪洋，许宏杰．基于隐形冠军角度的创业企业战略选择研究［J］．经济与管理研究，2014（08）：88 - 95. DOI：10. 13502/j. cnki. issn1000 - 7636. 2014. 08. 013.

［188］赵柯．工业竞争力、资本账户开放与货币国际化——德国马克的国际化为什么比日元成功［J］．世界经济与政治，2013（12）：140 - 155 + 160.

［189］孙治宇，孙文远，樊士德．高端攀升抑或专业垄断：中小企业升级路径的"隐形"与"显形"抉择［J］．产业经济研究，2013（06）：12 - 18 + 47. DOI：10. 13269/j. cnki. ier. 2013. 06. 011.

［190］赵驰，周勤．中国奇迹还是小富即安？——兼论中国隐形冠军企业成长［J］．产业经济研究，2013（03）：55 - 63. DOI：10. 13269/j. cnki. ier. 2013. 03. 011.

［191］尚林．隐形冠军发展天花板的多元化突破——从"安索夫矩阵"得到的启示［J］．工业技术经济，2012，31（04）：102 - 107.

［192］李永发．隐形冠军企业发展战略的钻石五要素分析——以广东非常小器·圣雅伦有限公司为例［J］．云南财经大学学报，2010，26（03）：121 - 125. DOI：10. 16537/j. cnki. jynufe. 2010. 03. 017.

［193］王华．隐形冠军是怎样练成的［J］．企业管理，2009（11）：55 - 58.

［194］李庆华，李春生．"隐形冠军企业"研究：战略逻辑、经营模式与关键成功要素［J］．东南大学学报（哲学社会科学版），2008（06）：40 - 45 + 134. DOI：

10. 13916/j. cnki. issn1671 － 511x. 2008. 06. 025.

［195］肖文旺．实现三大提升，温州企业做大做强的必由之路——2007 温州市百强企业排行榜解读［J］.经济纵横，2008（06）：66 － 68. DOI：10. 16528/j. cnki. 22 － 1054/f. 2008. 06. 019.

［196］李伟．隐形冠军促进区域产业集群发展［J］.生产力研究，2008（03）：107 － 108. DOI：10. 19374/j. cnki. 14 － 1145/f. 2008. 03. 039.

［197］王兆峰，湛伍良．论我国中小企业核心竞争力的培育和提升［J］.经济与管理研究，2007（02）：89 － 92.

［198］胡宗良．重点集中战略：隐形冠军、精耕者和游牧者［J］.经济管理，2004（15）：52 － 54. DOI：10. 19616/j. cnki. bmj. 2004. 15. 013.

［199］许惠龙，康荣平．隐形冠军：全球最优秀的公司［J］.管理世界，2003（07）：150 － 152. DOI：10. 19744/j. cnki. 11 － 1235/f. 2003. 07. 023.

［200］徐士元，齐欢．在"狭窄"市场，做"隐形冠军"［J］.企业管理，2002（11）：30.

［201］李伟.隐形冠军与区域经济的发展［J］.珠江经济，2006（10）：2 － 6.

［202］汪洋，许宏杰.基于隐形冠军角度的创业企业战略选择研究［J］.经济与管理研究，2014（08）：88 － 95.

［203］Rasche C. Was zeichnet die "Hidden Champions" aus Erfolgreich im Schatten der Großen［M］. Berlin：Kolleg für Leadership und Management，2003. 217 － 237.

［204］Yoon B. How do hidden champions differ from normal small and medium enterprises （SMEs）in innovation activities？［J］. J Appl Sci Res，2013，9（13）：6257 － 6263.

［205］Kaudela-Baum S，Kocher PY，Scherrer SInnovationen fördern Die Gestaltung von Freiräumen als Führungsaufgabe von Hidden Champions［J］. Zeitschrift Für Führung Und Organisation，2014（2）：74 － 79.

［206］Audretsch DB，Lehmann EE，Schenkenhofer J. Internationalization strategies of hidden champions：lessons from Germany［J］. Multinatl Bus Rev，2018，26（1）：2 － 24.

［207］Rant MB，Černe SK. Becoming a hidden champion：from selective use of customer intimacy and product leadership to business attractiveness［J］. South East Eur J Econom Business，2017，12（1）：89 － 103.

［208］Voudouris I，Lioukas S，Makridakis S，Spanos Y. Greek hidden champions：lessons from small，little-known firms in Greece［J］. Eur Manag J，2000，18（6）：663 － 674.

［209］WooJin K. Structural Features and Mechanisms of The Korean Powerhouses：What Makes These Niche Companies Leaders in The Global Market？［J］. Journal of Economics and

Political Economy, 2016（3）: 284 – 308.

[210] Petraite M, Dlugoborskyte V. Hidden Champions from Small Catching-Up Country: Leveraging Entrepreneurial Orientation, Organizational Capabilities and Global Networks'. Global Opportunities for Entrepreneurial Growth: Coopetition and Knowledge Dynamics within and across Firms [M]. Leeds: Emerald Publishing Limited, 2017. 91 – 122.

[211] Kinkel S, Schemmann B, Lichtner R. Critical Competencies for the Innovativeness of Value Creation Champions: Identifying Challenges and Work-integrated Solutions [J]. Procedia Manufacturing, 2017（9）: 323 – 330.

[212] Witt A. Global Hidden Champions: The Internationalisation Paths, Entry Modes and Underlying Competitive Advantages of Germany's and Britain's Global 'top three' Niche Players [M]. Edinburgh: University of Edinburgh, 2015.

[213] Yu H, Chen Y. . Factors Underlying Chinese Hidden Champions in China : Case Study [D]. Halmstad: University Halmstad, 2009.

[214] Merrilees B, Blackburn J, Tiessen J, Lindman M. Hidden（SME）champions: the role of innovation and strategy [R]. In S. C. and B. Collins（Ed. ）: 2001.

[215] Welter F. Contextualizing entrepreneurship—conceptual challenges and ways forward [J]. Entrepr Theory Pract, 2011, 35（1）: 165 – 184.

[216] Hee-Woon Cheong. Education Model of Technology Management for Promoting SMEs to Hidden Champion [J]. Procedia Computer Science, 2016（91）: 478 – 481.

附　录

附录1 国际隐形冠军企业名单

隐形冠军企业	全球拥有者	网站	国家
KION GROUP AG	KION GROUP AG	www. kiongroup. com	德国
B. BRAUN MELSUNGEN AG	LUDWIG G. BRAUN GMBH U. CO. KG	www. bbraun. de	
HELLA GMBH & CO. KGAA	HUECK FAMILY	www. hella. com	
RHEINMETALL AG	RHEINMETALL AG	www. rheinmetall. com	
ENERCON GMBH	ALOYS WOBBEN STIFTUNG	www. enercon. de	
UNITED INTERNET AG	UNITED INTERNET AG	www. einsundeins. com	
LEONI AG	LEONI AG	www. leoni. com	
WACKER CHEMIE AG	DR. ALEXANDER WACKER FAMILIEN GMBH	www. wacker. com	
GEA GROUP AG	GEA GROUP AG	www. geagroup. com	
EBERSPAECHER GRUPPE GMBH & CO. KG	EBERSPAECHER GRUPPE GMBH & CO. KG	www. eberspaecher. com	
DIEHL STIFTUNG & CO. KG	DIEHL STIFTUNG & CO. KG	www. diehl. com	
MAHLE BEHR GMBH & CO. KG	MAHLE-STIFTUNG GMBH	www. mahle. com	

续表

隐形冠军企业	全球拥有者	网站	国家
L. POSSEHL & CO. MBH	POSSEHL-STIFTUNG	www. possehl. de	德国
CLAAS KGAA	CLAAS KGAA	www. claas. com	
KRONES AG	FAMILIE KRONSEDER	www. krones. de	
DURR AG	DURR AG	www. durr. com	
JUNGHEINRICH AG	JUNGHEINRICH AG	www. jungheinrich. de	
WEBASTO SE	WEBASTO BETEILIGUNGS-VERWALTUNG GBR	www. webasto. de	
ROLLS-ROYCE POWER SYSTEMS AG	ROLLS-ROYCE HOLDINGS PLC	www. rrpowersystems. com	
DEMAG CRANES & COMPONENTS GMBH	KONECRANES OYJ	www. demagcranes. de	
KUKA AG	MIDEA GROUP CO. , LTD.	www. kuka. com	
TRUMPF GMBH ＋ CO. KG	TRUMPF GMBH ＋ CO. KG	www. trumpf. com	
SYMRISE AG	SYMRISE AG	www. symrise. com	
STIHL HOLDING AG & CO. KG	STIHL HOLDING AG & CO. KG	www. stihl. de	
KOERBER AG	KÖRBER-STIFTUNG	www. koerber. de	
OTTO FUCHS KG	OTTO FUCHS KG	www. otto-fuchs. com	
DMG MORI AG	DMG MORI CO. , LTD.	www. dmgmori. com	
HEIDELBERGER DRUCKMASCHINEN AG	HEIDELBERGER DRUCKMASCHINEN AG	www. heidelberg. com	
DRAGERWERK AG & CO. KGAA	DRÄGER FAMILY	www. draeger. com	
FUCHS PETROLUB SE	SCHUTZGEMEINSCHAFT FUCHS GBR	www. fuchs. de	

续表

隐形冠军企业	全球拥有者	网站	国家
WIRTGEN INVEST GMBH	DEERE & CO	www. wirtgen. de	
FRIEDHELM LOH STIFTUNG & CO. KG	MR FRIEDHELM KARL GEORG LOH	www. friedhelm-loh-group. com	
M + W GROUP GMBH	MILLENNIUM PRIVATSTIFTUNG	www. mwgroup. net	
ALTANA AG	MRS SUSANNE KLATTEN	www. altana. com	
PHOENIX CONTACT GMBH & CO. KG	PHOENIX CONTACT GMBH & CO. KG	www. phoenixcontact. de	
MUHR UND BENDER KG	MUHR UND BENDER KG	www. mubea. com	
KSB SE & CO. KGAA	KSB SE & CO. KGAA	www. ksb. com	
REHAU AG + CO.	REHAU AG + CO.	www. rehau. com	
SCHOTT AG	CARL-ZEISS-STIFTUNG	www. schott. com	
ALFRED KAERCHER SE & CO. KG	ALFRED KAERCHER SE & CO. KG	www. karcher. com	德国
ROHDE & SCHWARZ GMBH & CO. KG	ROHDE & SCHWARZ GMBH & CO. KG	www. rohde-schwarz. com	
ROECHLING SE & CO. KG	ROECHLING SE & CO. KG	www. roechling. com	
GRAMMER AG	NINGBO JIHONG INVESTMENT CO. , LTD.	www. grammer. com	
SCHUETZ-WERKE GMBH & CO. KG	SCHUETZ-WERKE GMBH & CO. KG	www. schuetz. net	
DEUTZ AG	DEUTZ AG	www. deutz. de	
KARL STORZ SE & CO. KG	KARL STORZ SE & CO. KG	www. karlstorz. com	
TDK ELECTRONICS AG	TDK CORPORATION	www. tdk-electronics. tdk. com	

续表

隐形冠军企业	全球拥有者	网站	国家
BAUER AG	BAUER AG	www. bauer. de	德国
ELRINGKLINGER AG	LECHLER FAMILY TRUST	www. elringklinger. de	
WACKER NEUSON SE	WACKER NEUSON SE	www. wackergroup. com	
SICK AG	MRS RENATE SABINE SICKGLASER	www. sick. com	
SARTORIUS AG	SARTORIUS AG	www. sartorius. com	
BPW BERGISCHE ACHSEN KG	BPW BERGISCHE ACHSEN KG	www. bpw. de	
KAEFER ISOLIERTE-CHNIK GMBH & CO. KG	KAEFER ISOLIERTECHNIK GMBH & CO. KG	www. kaefer. com	
GERRESHEIMER AG	GERRESHEIMER AG	www. gerresheimer. com	
DR. JOHANNES HEIDENHAIN GMBH	DR. JOHANNES HEIDENHAINSTIFTUNG GMBH	www. heidenhain. de	
MANN + HUMMEL GMBH	MANN + HUMMEL INTERNATIONAL GMBH & CO. KG	www. mann-hummel. com	
SCHULER AG	ANDRITZ AG	www. schulergroup. com	
HERRENKNECHT AG	DR. MARTINHERRENKNE-CHT STIFTUNG	www. herrenknecht. de	
WILO SE	WILO-FOUNDATION	www. wilo. de	
KOENIG & BAUER AG	KOENIG & BAUER AG	www. koenig-baner. com	
SEW-EURODRIVE GMBH & CO. KG	BV BETEILIGUNG GMBH & CO. KG	www. sew-eurodrive. de	
GROB-WERKE GMBH & CO. KG	MR FLORIANGROB	www. grobgroup. com	

续表

隐形冠军企业	全球拥有者	网站	国家
H&R GMBH & CO. KGAA	H&R HOLDING GMBH	www. hur. com	
KWS SAAT SE	FAMILIEN BÜCHTING/AREND OETKER/GIESECKE	www. kws. com	
KRAUSS-MAFFEI WEGMANN GMBH & CO. KG	KMW + NEXTER DEFENSE SYSTEMS N. V.	www. kmweg. de	
E. G. O. BLANC UND FISCHER & CO. GMBH	MR MATTHIAS KLEIN	www. egoproducts. com	
SGL CARBON SE	SGL CARBON SE	www. sglgroup. com	
SCHUNK GMBH	LUDWIG-SCHUNK-STIFTUNG E. V.	www. schunk-group. com	
DIALOG SEMICONDU-CTOR GMBH	DIALOG SEMICONDUCTOR PLC	www. dialog-semicon-ductor. com	
HUF HUELSBECK & FUERSTGMBH & CO. KG	HUF BETEILIGUNGEN GMBH	www. huf-group. com	德国
AUTOMOTIVE LIGHTING REUTLINGEN GMBH	FIAT CHRYSLER AUTOMOBILES N. V.	www. al-lighting. com	
MONDI CONSUMER PACKAGING INTER-NATIONAL GMBH	MONDI PLC	www. mondigroup. com	
VINNOLIT GMBH & CO. KG	TTWFGP LLC	www. vinnolit. de	
LEOPOLD KOSTAL GMBH & CO. KG	MR ANDREAS KOSTAL	www. kostal. com	
BROSE FAHRZEUGT-EILE GMBH & CO. KG, COBURG	BROSE FAHRZEUGTEILE GMBH & CO. KG, COBURG	www. brose. de	
HIRSCHVOGEL HOLDING GMBH	MR MARCHIRSCHVOGEL	www. hirschvogel. com	

续表

隐形冠军企业	全球拥有者	网站	国家
BIG DUTCHMAN AG	CAL GMBH	www. bigdutchman. de	德国
LAPP HOLDING AG	LAPP HOLDING AG	www. lappgroup. com	
MHM HOLDING GMBH	MHM HOLDING GMBH	www. hubergroup. com	
KIEKERT AG	GOLD GRACE INVESTMENTS LIMITED	www. kiekert. de	
VOSSLOH AG	VOSSLOH AG	www. vossloh. com	
HOLMER MASCHINENBAU GMBH	FAMILLE BALLU	www. holmer-maschinenbau. com	
SOFTWARE AG	SOFTWARE AG	www. softwareag. com	
JENOPTIK AG	JENOPTIK AG	www. jenoptik. com	
BIOTRONIK SE & CO. KG	MR MAX ULRICH SCHALDACH	www. biotronik. de	
KAMAX HOLDING GMBH & CO. KG	KAMAX HOLDING GMBH & CO. KG	www. kamax. com	
MAGNA PT B. V. & CO. KG	MAGNA INTERNATIONAL INC	www. getrag. de	
RATIONAL AG	RATIONAL AG	www. rational-ag. com	
SMA SOLAR TECHNOLOGY AG	SMA SOLAR TECHNOLOGY AG	www. sma. de	
GROZ-BECKERT KG	GROZ-BECKERT KG	www. groz-beckert. com	
SOLARWORLD AG	SOLAWORLD INDUSTNPS GMBH	www. solarworld. de	
ROSENBERGER HOCHFREQUENZTE CHNIKGM-BH & CO. KG	ROSENBERGER HOCHFREQUENZTECHNIK GMBH & CO. KG	www. rosenberger. de	
JOST WERKE AG	JOST WERKE AG	www. jost-world. com	
HUGO KERN UND LIEBERS GMBH & CO. KG PLATINEN-UND FEDERNFABRIK	HUGO KERN UND LIEBERS GMBH & CO. KG PLATINENUND FEDERNFABRIK	www. kern-liebers. de	

续表

隐形冠军企业	全球拥有者	网站	国家
LEONHARD KURZ STIFTUNG & CO. KG	LEONHARD KURZ STIFTUNG & CO. KG	www. kurz. de	德国
SIRONA DENTAL SYSTEMS GMBH	DENTSPLY SIRONA INC.	www. sirona. de	
BIZERBA SE & CO. KG	KRAUT FAMILY	www. bizerba. de	
WINDMOELLER & HO-ELSCHER KG	WINDMOELLER & HOELS-CHER KG	www. wuh-lengerich. de	
BRUECKNER VERWAL-TUNGSGESELLSCHAFT MBH	MR GERNOT BRUCKNER	www. brueckner. com	
SENNHEISER V + V GMBH & CO. KG	SENNHEISER V + V GMBH & CO. KG	www. sennheiser. com	
KAESER KOMPRESSOREN SE	MR FRANZ THOMAS JOSEF KASER	www. kaeser. de	
PEPPERL + FUCHS GMBH	PEPPERL + FUCHS GMBH	www. pepperl-fuchs. com	
KRAUSSMAFFEI TECHNOLOGIES GMBH	CHINA CHEMICAL SCIENCE RESEARCH INSTITUTE CO. , LTD.	www. krausmaffei. de	
OXEA GMBH	GOVERNMENT OF OMAN	www. oxea-chemicals. com	
NORD DRIVESYSTE-MS KG	NORD DRIVESYSTEMS KG	www. nord. com	
PUTZMEISTER HOLDING GMBH	SANY HEAVY INDUSTRY CO. , LTD.	www. putzmeister. de	
TTS TOOLTECHNIC SYSTEMS HOLDING AG	TTS TOOLTECHNIC SYSTEMS AG & CO. KG	www. tts-holding. com	
PFEIFFER VACUUM TECHNOLOGY AG	BUSCH GBR	www. pfeiffer-vacu-um. de	
MARQUARDT GMBH	J. & J. MARQUARDT KG	www. marquardt. de	

续表

隐形冠军企业	全球拥有者	网站	国家
BITZER KUEHLMAS-CHINENBAU GMBH & CO. HOLDING KG	BITZER KUEHLMASCHINEN-BAU GMBH & CO. HOLDING KG	www. bitzer. de	德国
LOHMANN GMBH & CO. KG	LOHMANN GMBH & CO. KG	www. lohmann-tapes. com	
DIEBOLD NIXDORF AG	DIEBOLD NIXDORF, INC	www. dieboldnixdorf. com	
EPPENDORF AG	ACEG BETEILIGUNGSGE-SELLSCHAFT MBH	www. eppendorf. com	
GIESECKE + DEVRIENT GMBH	MC FAMILIENGESELLSCHAFT MBH	www. gi-de. com	
DR. SCHNEIDER HOLDING GMBH	DR. SCHNEIDER HOLDING GMBH	www. dr-schneider. com	
SYNTHOMER DEUTSCHLAND GMBH	SYNTHOMER PLC	www. synthomer. com	
VETTER PHARMA-FERTIGUNG GMBH & CO. KG	VETTER HOLDING GMBH & CO. KG	www. vetter-pharma. com	
HARTING STIFTUNG & CO. KG	HARTING STIFTUNG & CO. KG	www. harting. com	
KAUTEX TEXTRON GMBH & CO. KG	TEXTRON INC	www. kautex. de	
G. SIEMPELKAMP GMBH & CO. KG	G. SIEMPELKAMP GMBH & CO. KG	www. siempelkamp. com	
EJOT HOLDING GMBH & CO. KG	EJOT HOLDING GMBH & CO. KG	www. ejot. de	
WITTE AUTOMOTIVE GMBH	WITTEAUTOMOTIVE GMBH	www. witte-automotive. de	
IGUS GMBH	MR FRANK BLASE	www. igus. de	

续表

隐形冠军企业	全球拥有者	网站	国家
SCHALTBAU HOLDING AG	SCHALTBAU HOLDING AG	www. schaltbau. com	
IFM ELECTRONIC GMBH	IFM STIFTUNG & CO.　KG	www. ifm. com	
HAVER & BOECKER OHG	HAVER & BOECKER OHG	www. haverboecker. com	
WITZENMANN GMBH	WITZENMANN GMBH	www. witzenmann. de	
OTTOBOCK SE & CO. KGAA	MR GEORG NADER HANS	www. ottobock. com	
SAF-HOLLAND GMBH	SAF-HOLLAND S. A	www. safholland. com	
EMAG GMBH & CO. KG	EMAG GMBH & CO.　KG	www. emag. com	
ADVA OPTICAL NETWORKING SE	ADVAOPTICAL NETWORKING SE	www. advaoptical. com	
ERICH NETZSCH GMBH & CO. HOLDING KG	ERICH NETZSCH GMBH & CO.　HOLDING KG	www. netzsch. com	德国
SCHERDEL GMBH	SIGMUND SCHERDEL GMBH & CO.　KG	www. scherdel. de	
LAEPPLE AG	LAEPPLE AG	www. laepple. de	
SÜD-CHEMIE AG	CLARIANT LTD	—	
WIKA ALEXANDER WIEGAND SE & CO. KG	MR ALEXANDER WIEGAND	www. wika. de	
RENOLIT SE	JM HOLDING GMBH & CO. KGAA	www. renolit. com	
SCHENCK PROCESS HOLDING GMBH	BCP PINOT S. A R. L.	www. schenckprocess. com	
ALLGAIERWERKE GMBH	ALLGAIER WERKE GMBH	www. allgaier-group. com	

续表

隐形冠军企业	全球拥有者	网站	国家
COPERION GMBH	HILLENBRAND, INC.	www. coperion. com	德国
MAHLE GMBH	MAHLE-STIFTUNG GMBH	www. mahle. com	
EDAG ENGINEERING GMBH	DR. LUTZ HELMIG	www. edag. de	
KRAIBURG HOLDING GMBH & CO. KG	KRAIBURG HOLDING GMBH & CO. KG	www. kraiburg. com	
FOCKE & CO. (GMBH & CO. KG)	FOCKE & CO. (GMBH & CO. KG)	www. focke. com	
WEINIG INTERNATIONAL AG	WEINIG INTERNATIONAL AG	www. weinig. com	
ZOLLERN GMBH & CO. KG	ZOLLERN GMBH & CO. KG	www. zollern. de	
NEMETSCHEK SE	NEMETSCHEK SE	www. nemetschek. com	
SEMIKRON ELEKTR-ONIK GMBH & CO. KG	SEMIKRON INTERNATIO-NAL DR. FRITZ MARTIN GMBH & CO. KG	www. semikron. com	
REFRATECHNIK HOLDING GMBH	ALEXANDER TUTSEK-STIFTUNG	www. refra. com	
WIRTHWEIN AG	WIRTHWEIN AG	www. wirthwein. de	
MULTIVAC SEPP HAGGENMUELLER SE & CO. KG	MULTIVAC SEPP HAGGENMUELLER SE & CO. KG	www. multivac. com	
ZIEHL-ABEGG SE	ZIEHL-ABEGG SE	www. ziehl-abegg. de	
BHS CORRUGATED MASCHINEN- UND ANLAGENBAU GMBH	BWV-WELLPAPPENMA-SCHINEN VERTRIEBS-GMBH	www. bhs-world. com	
STEULER HOLDING GMBH	STEULER HOLDING GMBH	www. steuler. de	
WASHTEC AG	WASHTEC AG	www. wesumat. de	

续表

隐形冠军企业	全球拥有者	网站	国家
LMT LEADING METALWORKING TECHNOLOGIES GMBH & CO. KG	LMT LEADING METALWORKING TECHNOLOGIES GMBH & CO. KG	www. lmt-tools. com	德国
MASCHINENFABRIK-BERTHOLD HERMLE AG	MASCHINENFABRIK BERTHOLD HERMLE AG	www. hermle. de	
SHW AG	MR STEFAN PIERER	www. shw. de	
BIOTEST AG	CREAT GROUP CO., LTD	www. biotest. de	
VOSS HOLDING GMBH + CO. KG	HANS HERMANN VOSSSTIFTUNG	www. voss. de	
SIEGWERK DRUCKFARBEN AG & CO. KGAA	NEHMAG BETEILIGUNGS GMBH & CO. KG	www. siegwerk. com	
WANZL METALLWAR-ENFABRIK GMBH	WANZL GMBH & CO. HOLDING KG	www. wanzl. com	
REICHENECKER HOLDING GMBH & CO. KG.	REICHENECKER HOLDING GMBH & CO. KG.	www. storopack. de	
MAGNET-SCHULTZ GMBH & CO. KG	MAGNET-SCHULTZ GMBH & CO. KG	www. magnet-schultz. com	
HEITKAMP & THUMANN KG	HEITKAMP & THUMANN KG	www. ht-group. com	
PFISTERER HOLDING AG	PFISTERER HOLDING AG	www. pfisterer. com	
VECTOR INFORMATIK GMBH	VECTOR STIFTUNG	www. vector-informatik. com	
AUMA RIESTER GMBH & CO. KG	AUMA RIESTER GMBH & CO. KG	www. auma. com	
WILLIAM PRYM HOLDING GMBH	ARMIRA HOLDING GMBH	www. prym-fashion. de	

续表

隐形冠军企业	全球拥有者	网站	国家
LOESCHE GMBH	MR THOMAS LOSCHE	www. loesche. com	
SCHEIDT & BACHMA-NN GMBH	SCHEIDT & BACHMANN GMBH	www. scheidt-bachmann. de	
WREDE INDUSTRIEHOLDING GMBH & CO. KG	WREDE STIFTUNG	www. wrede. de	
PRETTL PRODUKTI-ONS HOLDING GMBH	PRETTL PRODUKTIONS HOLDING GMBH	www. prettl. com	
DIEFFENBACHER HOLDING GMBH + CO. KG	DIEFFENBACHER VERMÖGENSVERWALTUNGS GMBH + CO. KG	www. dieffenbacher. de	
KONTRON AG	—	www. kontron. com	
ROTHENBERGER AG	DR. HELMUT ROTHENBE-RGER-PRIVATSTIFTUNG	www. rothenberger. com	
CARCOUSTICS INTE-RNATIONAL GMBH	FUXIN DARE AUTOMOTIVE PARTS CO. , LTD.	www. carcoustics. com	德国
STABILUS GMBH	STABILUS S. A.	www. stabilus. de	
HEINZ-GLAS GMBH & CO. KGAA	MRS CARLETTA STEINERHEINZ	www. heinz-glas. com	
HAWE HYDRAULIK SE	MR KARL HAUSGEN	www. hawe. com	
ROFA INDUSTRIAL AUTOMATION AG	ROFA INDUSTRIAL AUTOMATION AG	www. rofa-group. com	
LEISTRITZ AG	LEISTRITZ AG	www. leistritz. de	
WITTENSTEIN SE	WITTENSTEIN SE	www. wittenstein. de	
WEBER-HYDRAULIK GMBH	WEBER-HYDRAULIK GMBH	www. weber-hydraulik. com	
MAG IAS GMBH	FAIR FRIEND ENTERPRISE CO. , LTD.	www. mag-ias. com	
HENGST HOLDING SE & CO. KG	MR JENS ROTTGERING	www. hengst. de	

续表

隐形冠军企业	全球拥有者	网站	国家
TESTO SE & CO. KGAA	TESTO SE & CO. KGAA	www. testo. de	
KAVO DENTAL GMBH	DH VERWALTUNGS GMBH	www. kavo. de	
PROMINENT GMBH	MR ANDREAS DULGER	www. prominent. com	
CERAMTEC AG INNO-VATIVE CERAMIC ENGINEERING	CERAMTEC AG INNOVATIVE CERAMIC ENGINEERING	www. ceramtec. com	
WEBER AUTOMOTI-VE GMBH	DIRIGEANTS ET SALARIES	www. weber-automotive. com	
KROMBERG & SCHUBERT GMBH & CO. KG KABEL-AUTOMOBILTECHNIK	MR HANS OTTO KROMBERG	www. kromberg-schubert. com	
BRAINLAB AG	BRAINLAB AG	www. brainlab. com	
EUROIMMUN MEDIZ-INISCHE LABORDIA-GNOSTIKA AG	PERKINELMER INC	www. euroimmun. de	德国
H. STOLL AG & CO. KG	H. STOLL AG & CO. KG	www. stoll. com	
MANZ AG	MANZ AG	www. manz. com	
HERBERT KANNEGI-ESSER GMBH	MARTIN KANNEGIESSER FAMILIENSTIFTUNG	www. kannegiesser. de	
WALTER AG	SANDVIK AB	www. walter-tools. com	
GRENZEBACH MASCHINENBAU GMBH	MRS SONJA GRENZEBACHPROLLER	www. grenzebach. com	
SENNEBOGEN MASCHINENFABRIK GMBH	SENNEBOGEN ERICH HOLDING GMBH & CO. KG	www. sennebogen. com	
MEKRA LANG GMBH & CO. KG	MEKRA LANG GMBH & CO. KG	www. mekra-lang. com	

续表

隐形冠军企业	全球拥有者	网站	国家
NILES-SIMMONS-HEGENSCHEIDT GMBH	MR JOHN OLIVER NAUMANN	www. niles-simmons. de	
R STAHL AG	FAMILIENGRUPPE STAHL UND ZAISER	www. stahl. de	
ELMOS SEMICONDU-CTOR AG	ELMOSSEMICONDUCTOR AG	www. elmos. de	
AIXTRON SE	AIXTRON SE	www. aixtron. com	
JOWAT SE	JOWAT SE	www. jowat. de	
BERGER HOLDING GMBH & CO. KG	BERGER HOLDING GMBH & CO. KG	www. aberger. de	
SAMSON AG	SAMSON AG	www. samson. de	
HANWHA QCELLS GMBH	HANWHA CORP.	www. q-cells. de	
OPTIMA PACKAGING GROUP GMBH	OPTIMA-MASCHINENFAB-RIK DR. BÜHLER GMBH & CO. KG	www. optima-packaging-group. com	德国
ENSINGER GMBH	ENSINGER HOLDING GMBH & CO. KG	www. ensinger-online. com	
MAUSER-WERKE GMBH	STONE CANYONINDUSTR-IES HOLDINGS INC	www. mausergroup. com	
VON ARDENNE HOLDING GMBH	VON ARDENNE HOLDING GMBH	www. vonardenne. biz	
SKW STAHL-METALLURGIE HOLDING AG	STW STAHL & METALLBAU GMBH	www. skw-steel. com	
K. A. SCHMERSAL HOLDING GMBH & CO. KG	K. A. SCHMERSAL HOLDING GMBH & CO. KG	www. schmersal. com	
MAGNA POWERTRA-IN BAD HOMBURG GMBH	MAGNA INTERNATIONAL INC	www. magnapowertrain. com	

续表

隐形冠军企业	全球拥有者	网站	国家
GLATT GMBH	MRS MARTINA NOWAK-GLATT	www. glatt. com	德国
ALD VACUUM TECHNOLOGIES GMBH	AMG TECHNOLOGIES GMBH	www. ald-vt. de	
KARL MAYER TEXT-ILMASCHINENFABRIK GMBH	KARL MAYERHOLDING GMBH & CO. KG	www. karlmayer. com	
ZEPPELIN SYSTEMS GMBH	STADT FRIEDRICHSHAFEN	www. zeppelin-systems. de	
ZWICKROELL AG	MR JAN STEFAN ROLL	www. zwick. de	
SAFRAN CABIN GERMANY GMBH	SAFRAN S. A.	www. zodiacaerospace. com	
BAUERFEIND AG	PROF. HANS BAUERFEIND-FAMILIENSTIFTUNG	www. bauerfeind. com	
CARL STAHL GMBH	CARL STAHL GMBH	www. chipster. de	
SCHWING GMBH	STATE-OWNED ASSETS SUPERVISION AND ADMINIS-TRATION COMMITTEE OF XUZHOU MUNICIPAL GOVERNMENT	www. schwing. de	
KASSBOHRER GEL-ANDEFAHRZEUG AG	MR LUDWIG MERCKLE	www. pistenbully. com	
XING SE	HUBERT BURDA MEDIA HOLDING KG	www. xing. com	
PFEIFER HOLDING GMBH & CO. KG	MR GERHARD PFEIFFER	www. pfeifer. de	
LTS LOHMANN THERAPIESYSTEME AG	DIEVINI HOPP BIOTECH HOLDING GMBH & CO. KG	www. ltslohmann. de	
KURTZHOLDING GMBH & CO. BETEILIGUNGS KG	KURTZ HOLDING GMBH & CO. BETEILIGUNGS KG	www. kurtzersa. de	

续表

隐形冠军企业	全球拥有者	网站	国家
RICHARD WOLF GMBH	RICHARD UND ANNEMARIE WOLF-STIFTUNG	www. richard-wolf. com	
HOSOKAWA ALPINE AG	HOSOKAWA MICRON CORPORATION	www. hosokawa-alpine. com	
CENTROSOLAR GROUP AG	CENTROSOLAR GROUP AG	www. centrosolar. de	
SAERTEX GMBH & CO. KG	MR BRUNO LAMMERS	www. saertex. com	
TECHNOTRANS AG	TECHNOTRANS AG	www. technotrans. de	
ENVITEC BIOGAS AG	ENVITEC BIOGAS AG	www. envitec-biogas. de	
HAKO GMBH	POSSEHL-STIFTUNG	www. hako. com	
ROTHINDUSTRIES GMBH & CO. KG	ROTH INDUSTRIES GMBH & CO. KG	www. roth-industries. com	
GERHARD SCHUBERT GMBH	GERHARD SCHUBERT GMBH	www. gerhard-schubert. de	德国
MEYER BURGER (GERMANY) GMBH	MEYER BURGER TECHNOLOGY AG	www. meyerburger. com	
MITEC AUTOMOTIVE AG	MITEC AUTOMOTIVE AG	www. mitec-automotive-ag. com	
HARRO HOEFLIGER VERPACKUNGSMAS-CHINEN GMBH	HARRO HOEFLIGER VERPACKUNGSMASCHINEN GMBH	www. hoefliger. com	
ZIEMANN HOLVRIEKA GMBH	LUZHOU CITY COMMERCIAL BANK	www. ziemann-holvrieka. com	
FLENSBURGER SCHIFFBAU-GESELLSCHAFT M. B. H. & CO. KG	SAPINDA HOLDING B. V.	www. fsg-ship. de	
DEMMEL AG	DEMMEL AG	www. demmel. de	
SUSPA GMBH	PAVA HOLDING	www. suspa. com	

续表

隐形冠军企业	全球拥有者	网站	国家
IPSEN INTERNATION-AL HOLDING GMBH	QUADRIGA CAPITAL PRIVATE EQUITY IIIA L. P.	www. ipsen. de	德国
SCHAUENBURG INTER-NATIONAL GMBH	MR FLORIAN GEORG SCHAUENBURG	www. schauenburg. com	
SUSS MICROTEC SE	SUSS MICROTEC SE	www. suss. com	
SCHOTTEL GMBH	SCHOTTEL INDUSTRIES GMBH	www. schottel. de	
GOLDHOFER AG	ALOIS GOLDHOFER STIFTUNG	www. goldhofer. de	
PANASONIC LIGHTING EUROPE GMBH	PANASONIC CORPORATION	www. vossloh-schwabe. de	
VARTA MICROBATTE-RY GMBH	DR. MICHAEL TOJNER	www. varta-microbattery. com	
BAUER COMP HOLDING GMBH	MRS MONIKA BAYAT	www. bauergroup. com	
WAFIOS AG	WAFIOS AG	www. wafios. de	
FRIMO GROUP GMBH	DBAG FUND VI (GUERNSEY) L. P.	www. frimo. com	
LINDAUER DORNIER GMBH	PETER DORNIER HOLDING GMBH	www. lindauerdornier. com	
ERBE ELEKTROMEDIZIN GMBH	ERBE GMBH & CO. GRUN-DSTÜCKSVERWALTUNG KG	www. erbe-med. com	
MOTORENFABRIK HATZ GMBH & CO. KG	ANDREAS ZIEGENHAGEN UND MICHAEL HELM	www. hatz-diesel. de	
BSNMEDICAL GMBH	ESSITY AKTIEBOLAG (PUBL)	www. bsnmedical. de	
GREBE HOLDING GMBH	MRS GLORIA SAHLER	www. weilburger. com	
CARL SCHLENK AG	CARL SCHLENK AG	www. schlenk. de	
FLOTTWEG SE	FLOTTWEG SE	www. flottweg. com	

续表

隐形冠军企业	全球拥有者	网站	国家
ABEKING & RASMUSSEN SCHIFFS-UND YACHTWERFT SE	ABEKING & RASMUSSEN SCHIFFS-UND YACHTWERFT SE	www. abeking. com	
NABALTEC AG	NABALTEC AG	www. nabaltec. de	
CHEMETALL GMBH	BASF SE	www. chemetall. com	
HUBER PACKAGING HOLDING GMBH + CO. KG	HUBER PACKAGING HOLDING GMBH + CO. KG	www. huber-packaging. com	
DUERR DENTAL SE	DUERR DENTAL SE	www. duerr. de	
MUEHLBAUER GMBH & CO. KG	MÜHLBAUER HOLDING AG	www. muehlbauer. de	
DUERKOPP ADLER AG	SHANG GONG GROUP CO. , LTD.	www. duerkopp-adler. com	
ALMATIS GMBH	TURKISH ARMED FORCES FOUNDATION	www. almatis. com	德国
GEBR. BECKER GMBH	GEBR. BECKER GMBH	www. becker-international. com	
BORSIG GMBH	KNM GROUP BERHAD	www. borsig. de	
PHP FIBERS GMBH	MR. ALOKE LOHIA AND FAMILY	www. php-fibers. com	
VSM . VEREINIGTE SCHMIRGEL-UND MASCHINEN-FABRIKEN AG	VSM . VEREINIGTE SCHMIRGEL-UND MASCHINEN-FABRIKEN AG	www. vsmabrasives. com	
BELLMER GMBH	BELLMER GMBH	www. bellmer. de	
NORD-MICRO GMBH & CO. OHG	UNITED TECHNOLOGIES CORPORATION	www. nord-micro. de	
KNORR-BREMSE AG	MR HEINZ HERMANN THIELE	www. knorr-bremse. com	

续表

隐形冠军企业	全球拥有者	网站	国家
WEBER MASCHINENBAU GMBH BREIDENBACH	WEBER MASCHINENBAU GMBH BREIDENBACH	www. weberweb. com	德国
SAARSCHMIEDE GMBH FREIFORMSCHMI-EDE	MONTAN STIFTUNG SAAR	www. saarschmiede. com	
ERICSSON TELEKOM-MUNIKATION GMBH	TELEFONAKTIEBOLAGET LM ERICSSON	www. ericsson. com	
KOEMMERLING CHEMISCHE FABRIK GMBH	REPUBLIC SERVICES INC	www. koe-chemie. de	
MONTANHYDRAULIK GMBH	MONTANHYDRAULIK GMBH	www. montanhydraulik. com	
PROBAT-WERKE VON GIMBORN GMBH	PROBAT-WERKE VON GIMBORN GMBH	www. probat. com	
ERWIN JUNKER MASCHINENFABRIK GMBH	FABRIKANT ERWIN JUNKER STIFTUNG	www. junker-group. com	
BUEHLER GMBH	BÜHLER FAMILY	www. buhlergroup. com/de	
KALLE GMBH	SIXTEEN MARIGOLD SARL	www. kalle. de	
COOPER STANDARD GMBH	COOPER-STANDARD HOLDINGS INC.	www. cooperstandard. com	
MANROLAND SHEETFED GMBH	MR ANTHONY JOHN LANGLEY	www. manroland-sheetfed. com	
GEKA GMBH	SULZER AG	www. geka-world. com	
STORSACK HOLDING GMBH	STORSACK HOLDING GMBH	www. storsack. com	

续表

隐形冠军企业	全球拥有者	网站	国家
ISRA VISION AG	ISRA VISION AG	www. isravision. com	
TMD FRICTION GMBH	NISSHINBO HOLDINGS INC.	www. tmdfriction. com	
HARTMETALL WERKZEUGFABRIK PAUL HORN GMBH	MR MARKUS HORN	www. phorn. de	
BRABUS GMBH	MR CONSTANTIN BUSCH-MANN	www. brabus. com	
VOLLMER WERKE MASCHINENFABRIK GMBH	SIEGLINDE VOLLMER STIFTUNG	www. vollmer-group. com	
BADER GMBH & CO. KG	BADER GMBH & CO. KG	www. bader-leather. com	
BASLER AG	BASLER BETEILIGUNGS-GMBH & CO. KG	www. baslerweb. com	
BOLL & KIRCH FILTERBAU GMBH	BOLL & KIRCH FILTERBAU GMBH	www. bollfilter. de	德国
NBHX TRIM GMBH	NINGBO HUAXIANG ELEKTRON GMBH	www. nbhx-trim. de	
ECKERT & ZIEGLER STRAHLEN-UND MED-IZINTECHNIK AG	ECKERT & ZIEGLERSTRAH-LEN-UND MEDIZINTECHNIK AG	www. ezag. de	
CENTROTHERM INTERNATIONAL AG	MR ROBERT MICHAEL HARTUNG	www. centrotherm. de	
GEBR. FASSMER AG	GEBR. FASSMER AG	www. fassmer. de	
TRUETZSCHLER GMBH & CO KG	TRUETZSCHLER GMBH & CO KG	www. truetzschler. com	
SAACKE GMBH	MR HANS-HERBERT SAACKE	www. saacke. de	
KOMET DEUTSCHLAND GMBH	CERATIZIT SA	www. kometgroup. com	

续表

隐形冠军企业	全球拥有者	网站	国家
ROFIN-SINAR LASER GMBH	COHERENT INC	www. rofin. com	德国
HOTTINGER BALDWIN MESSTECHNIK GMBH	SPECTRIS PLC	www. hbm. com	
LEICA BIOSYSTEMS NUSSLOCH GMBH	DANAHER CORP	www. leicabiosystems. com	
KREMPEL GMBH	AUGUST KREMPEL SÖHNE GMBH & CO. KG	www. krempel. com	
HENNECKE HOLDING II GMBH	POLYUSUS LUX VII SARL	www. hennecke. com	
PULS GMBH	MR HANS BERNHARD ERDL	www. pulspower. com	
IKA-WERKE GMBH & CO. KG	IKA-WERKE GMBH & CO. KG	www. ika. net	
OTTO JUNKER GMBH	OTTO JUNKER STIFTUNG	www. otto-junker. com	
MMM MUENCHENER MEDIZIN MECHANIK GMBH	MR MICHAEL KOLLER	www. mmmgroup. com	
PAUL VAHLE GMBH & CO. KG	PAUL VAHLE GMBH & CO. KG	www. vahle. de	
BAERLOCHER GMBH	MR TOBIAS ROSENTHAL	www. baerlocher. com	
KTR SYSTEMS GMBH	KTR SYSTEMS GMBH	www. ktr. com	
J. SCHMALZ GMBH	J. SCHMALZ GMBH	www. schmalz. de	
GEA BREWERY SYSTEMS GMBH	GEA GROUP AG	www. gea. com	
DSPACE DIGITAL SIGNAL PROCESSING AND CONTROL ENGINEERING GMBH	DSPACE GMBH	www. dspace. de	

续表

隐形冠军企业	全球拥有者	网站	国家
SCHNEIDER GMBH & CO. KG	SCHNEIDER GMBH & CO. KG	www. brunnen. de	德国
SONOCO CONSUMER PRODUCTS EUROPE GMBH	SONOCOPRODUCTS CO	www. sonocoeurope. com	
DEVOLO AG	MR HEIKO HARBERS	www. devolo. de	
WALDEMAR LINK GMBH & CO. KG	RUBIA WALEWSKA LINK-LESNIEWICZ	www. linkhh. de	
AUGUSTA TECHNOLOGIE AG	AUGUSTA AG	www. augusta-ag. de	
KAUTEX MASCHINENBAU GMBH	KAUTEX MASCHINENBAU GMBH	www. kautex-group. com	
PHYSIK-INSTRUM-ENTE（PI）GMBH & CO. KG	PHYSIK-INSTRUMENTE（PI）GMBH & CO. KG	www. physikinstrumente. de	
DR. HOENLE AG	DR. HOENLE AG	www. hoenle. de	
SINGULUS TECHNOLOGIES AG	SINGULUS TECHNOLOGIES AG	www. singulus. de	
TESLA GROHMANNA-UTOMATION GMBH	TESLA, INC.	www. teslagrohmanna-utomation. de	
J. WAGNER GMBH	WAGNER INTERNATIONAL AG	www. wagner-group. de	
GEBR. SCHMID GMBH	CHRISTIAN SCHMID & ANETTE SCHMID ERBENGEMEINSCHAFT VON DIETER SCHMID	www. schmid-group. com	
POLY-CLIP SYSTEM GMBH & CO. KG	MR FRANK NIEDECKER	www. polyclip. com	
KOLBUS GMBH & CO. KG	KOLBUS GMBH & CO. KG	www. kolbus. de	

续表

隐形冠军企业	全球拥有者	网站	国家
THOMAS MAGNETE GMBH	THOMAS HOLDING MANAGEMENT GMBH & CO. KG	www. thomas-magnete. com	德国
YXLON INTERNATIONAL GMBH	COMET HOLDING AG	www. yxlon. de	
CATALENT GERMANYEBERBACH GMBH	CATALENT, INC.	www. catalent. com	
IMA KLESSMANN GMBH HOLZBEARBEITUNGSSYSTEME	IMA SCHELLING GROUP GMBH	www. ima. de	
LPKF LASER & ELECTRONICS AG	LPKF LASER & ELECTRONICS AG	www. lpkf. de	
ILLIG MASCHINENBAU GMBH & CO. KG	ILLIG MASCHINENBAU GMBH & CO. KG	www. illig. de	
MAHA MASCHINENBAU HALDENWANG GMBH & CO. KG	GEMEINNÜTZIGE STIFTUNG FAMILIE RAUCH	www. maha. de	
POLYTAN GMBH	SPORT GROUP TOPCO GMBH	www. polytan. de	
ALPMA ALPENLAND MASCHINENBAU GMBH	ALPMA HAIN GMBH & CO. KG	www. alpma. de	
GLOBAL SAFETYTEXTILES GMBH	HYOSUNG CORPORATION	www. global-safety-textiles. com/de	
PARI MEDICAL HOLDING GMBH	MAX 7 STIFTUNG	www. pari. de	
QIOPTIQ PHOTONICS GMBH & CO. KG	AEA ADVISENS HOLDINGS LP	www. qioptiq. com	
DEMATIC GMBH	DH SERVICES GMBH	www. dematic. com	
KLASMANN-DEILMANN GMBH	C. DEILMANN GMBH & CO. KG	www. klasmann-deilmann. com	

续表

隐形冠军企业	全球拥有者	网站	国家
HIMA PAUL HILDEB-RANDT GMBH	MR PHILIPP STEFFEN	www. hima. com	
PTV PLANUNG TRANS-PORT VERKEHR AG	FAMILIEN PORSCHE/PIECH	www. ptvgroup. com	
XYLEM WATER SOLUTIONS DEUTSCHLAND GMBH	SENSUSWORLDWIDE HOLDINGS LIMITED	www. lowara. de	
BAUMUELLER NUERNBERG GMBH	BAUMÜLLER INDUSTRIE GMBH & CO. KG	www. baumueller. de	
MIWE MICHAEL WENZ GMBH	MIWE MICHAEL WENZ GMBH	www. miwe. com	
RAYTHEON ANSCHUETZ GMBH	RAYTHEON COMPANY	www. raytheon-anschuetz. com	
DOPPSTADT CALBE GMBH	MR FERDINAND DOPPSTADT	www. doppstadt. com	
LEWA GMBH	NIKKISO CO LTD	www. lewa. de	德国
PILLER GROUP GMBH	MR ANTHONY JOHN LANGLEY	www. piller. com	
KHD HUMBOLDT WEDAG INTERNATI-ONAL AG	CHINA-PEOPLE'S REP.	www. khd. com	
ZAHORANSKY AG	ZAHORANSKY AG	www. zahoransky. com	
ALFRED H. SCHUETTE GMBH & CO. KG	ALFRED H. SCHUETTE GMBH & CO. KG	www. schuette. de	
HAMMELMANN GMBH	INTERPUMP GROUP SPA	www. hammelmann. de	
KARL MARBACH GMBH & CO. KG	MR PETER GUNTER KARL MARBACH	www. marbach. com	
BERICAP GMBH & CO KG	MRCHRISTIAN KRAUTKRAMER	www. bericap. com	

续表

隐形冠军企业	全球拥有者	网站	国家
KAMPF SCHNEIDUND WICKELTECHNIK GMBH & CO. KG	MR JAN KLEINEWEFERS	www. kampf. de	德国
EMZ-HANAUER GMBH & CO. KGAA	EMZ-HANAUER GMBH & CO. KGAA	www. emz-hanauer. de	
ACHENBACH BUSCHHUETTEN INDUSTRIEANLAGEN GMBH & CO. KG	ACHENBACH BUSCHHUETTEN INDUSTRIEANLAGEN GMBH & CO. KG	www. achenbach. de	
ERHARDT + LEIMER GMBH	DOCTOR MICHAEL PROLLER	www. erhardt-leimer. com	
GIENANTH GMBH	DBAG FUND VI (GUERNSEY) L. P.	www. gienanth. com	
BHS-SONTHOFEN GMBH	BHS-SONTHOFEN GMBH	www. bhs-sonthofen. de	
OTTO MAENNER GMBH	BARNES GROUP INC	www. maenner-group. com	
RENA TECHNOLOGIES GMBH	CAPVIS EQUITY IV L. P.	www. rena. com	
TURBON AG	MR HOLGER BRUCKMANN-TURBON	www. turbon. de	
KACO NEW ENERGY GMBH	KACO NEW ENERGY GMBH	www. kaco-newenergy. de	
BUEHLER ALZENAUGMBH	BÜHLER FAMILY	www. buhlergroup. com	
KAPP WERKZEUGMA-SCHINEN GMBH	KAPP GMBH & CO. KG	www. kapp-niles. com	
FORBO SIEGLING GMBH	FORBO HOLDING AG	www. forbo-siegling. com	

续表

隐形冠军企业	全球拥有者	网站	国家
VISCOM AG	HPC VERMÖGENSVERWA-LTUNG GMBH	www. viscom. de	德国
LECHLER GMBH	LECHLER STIFTUNGSTIFTUNG DES BÜRGERLICHEN RECHTS	www. lechler. de	
SBS-FEINTECHNIK GMBH & CO. KG	MR THOMAS JOSEF BURGER	www. sbs-feintechnik. com	
ROBERT BUERKLE GMBH	AUCTUS IV GMBH & CO. KG	www. buerkle-gmbh. de	
PVA TEPLA AG	PVA TEPLA AG	www. pvatepla. com	
SPINNER GMBH	MRSKATHARINA KONIG	www. spinner-group. com	
OTTO DUNKEL GMBH	OTTO DUNKEL GMBH	www. odu. de	
WENZEL GROUP GMBH & CO. KG	MRS WENZEL HEIKE	www. wenzel-group. com	
KROHNE MESSTECH-NIK GMBH & CO. KG	LUDWLG KROHNE GMBH & CO. KG	www. krohne. de	
BECKER MARINE SYSTEMS GMBH	HÖPEN GMBH	www. becker-marine-systems. com	
KOCHER-PLASTIK MASCHINENBAU GMBH	KOCHER-PLASTIK H. BÖHMER GMBH + CO.	www. kocher-plastik. de	
KEBA INDUSTRAIL AUTOMATION GERMANY GMBH	KLH BETEILIGUNGS GMBH	www. lt-i. com	
KIROW ARDELT GMBH	KIROW MARKETING & BETEILIGUNG GMBH	www. kirow. de	
MASCHINENFABRIK KOEPPERN GMBH & CO. KG	MASCHINENFABRIK KOEPPERN GMBH & CO. KG	www. koeppern. de	

续表

隐形冠军企业	全球拥有者	网站	国家
B + M SURFACE SYSTEMS GMBH	BM HOLDING GMBH & CO. KG	www. bm-systems. com	德国
MACGREGOR GERMANY GMBH & CO. KG	CARGOTEC OYJ	www. hatlapa. de	
WEMHOENER SUR-FACE TECHNOLOGIES GMBH & CO. KG	MR HEINRICH (HEINER) WEMHONER	www. wemhoener. de	
GERB SCHWINGUNG-SISOLIERUNGEN GMBH & CO. KG	GERB SCHWINGUNGSISO-LIERUNGEN GMBH & CO. KG	www. gerb. com	
EISENMANN SE	GRUBENHAUS AG	www. eisenmann. com	
ATS AUTOMATION TOOLING SYSTEMS GMBH	ATSAUTOMATION TOOLING SYSTEMS INC.	www. atsmunich. de	
ELERO GMBH	MR BUORO LAURO	www. elero. de	
TSUBAKI KABELSCHLEPP GMBH	TSUBAKIMOTO CHAIN CO LTD	www. kabelschlepp. de	
SCHLEMMER GMBH	3I GROUP PLC	www. schlemmer. com	
HANS LINGL ANLAG-ENBAU UNDVERFAH-RENSTECHNIK GMBH & CO. KG	HANS LINGL ANLAGENBAU UND VERFAHRENSTECHNIK GMBH & CO. KG	www. lingl. com	
WERNER & PFLEIDER-ER LEBENSMITTELT-ECHNIK GMBH	MR JURGEN HORSTMANN	www. wp-l. de	
DWK LIFE SCIENCES GMBH	DWK LIFE SCIENCES GMBH	www. duran-group. com	
STROMAG GMBH	ALTRA INDUSTRIAL MOTION CORP.	www. stromag. com	
ITT BORNEMANN GMBH	ITT INC.	www. bornemann. com	

续表

隐形冠军企业	全球拥有者	网站	国家
LAUDA DR. R. WOBSER GMBH & CO. KG	LAUDA DR. R. WOBSER GMBH & CO. KG	www. lauda. de	德国
JOEST GMBH + CO. KG	MR HANS MOORMANN	www. joest. com	
CARL CLOOS SCHWE-ISSTECHNIK GMBH	CLOOS HOLDING GMBH & CO. KG	www. cloos. de	
WAGNER GROUP GMBH	MR WERNER WAGNER	www. wagner. de	
SATA HOLDING GMBH	SATA HOLDING GMBH	www. sata. com	
MASTERFLEX SE	MASTERFLEX SE	www. masterflex. de	
HERMETIC-PUMPEN GMBH	HERMETIC-PUMPEN GMBH	www. lederle-hermetic. com	
MASA GMBH	CGS III (JERSEY) LIMITED	www. masa-group. com	
E-T-A ELEKTROTEC-HNISCHE APPARATE GMBH	ELLENBERGER & POENSGEN GMBH	www. e-t-a. de	
COBUS INDUSTRIES GMBH	GRUPO SALVADOR CAETANO, SGPS, S. A.	www. cobus-industries. de	
HANSHUNDEGGER AG	MR JOHANN GEN. HANS HUNDEGGER	www. hundegger. de	
ERICH UTSCH AG	POLARIS HOLDINGS GMBH	www. utsch. com	
SEIDEL GMBH & CO. KG	MR ANDREAS RITZENHOFF	www. seidel. de	
KETTENWULF BETRIEBS GMBH	KETTENWULF GMBH & CO. KG	www. kettenwulf. com	
DBW ADVANCEDFIBER TECHNOLOGIES GMBH	LANDESBANK BADENWÜERTTEMBERG	www. dbw. de	
PRAEWEMA ANTRIEBSTECHNIK GMBH	ROTHENBERGER 4XS VERMÖGENSUERWALTUNG GMBH	www. praewema. de	

续表

隐形冠军企业	全球拥有者	网站	国家
SMT SCHARF AG	SMT SCHARF AG	www. smtscharf. com	
AVANCO GMBH	MR CEDRIC TAPPE	www. avanco. net	
IST METZ GMBH	GERHARD UND RENATE METZ STIFTUNG	www. ist-uv. com	
LOI THERMPROCESS GMBH	ROCCA & PARTNERS STICHTING ADMINISTRATIEKANTOOR AANDELEN SAN FAUSTIN	www. loi. de	
BOTT GMBH & CO KG	BOTT GMBH & CO KG	www. bott. de	
EISENGIESSEREI TORGELOW GMBH	BREEZE CAPITAL HOLDING AG	www. silbitz-group. com/de/torgelow. html	
HAENEL GMBH & CO KG	HAENEL GMBH & CO KG	www. haenel. de	
ESCHENBACH OPTIK GMBH	ESCHENBACH HOLDING GMBH	www. eschenbach-optik. de	德国
HYDAC INTERNATIONAL GMBH	HYDAC INTERNATIONAL GMBH	www. hydac. com	
MAFELL AG	MAFELL AG	www. mafell. de	
ASKNET AG	NATIVE S. A. (THE)	www. asknet. de	
STAHLWILLE EDUARD WILLE GMBH & CO. KG	STAHLWILLE EDUARD WILLE GMBH & CO. KG	www. stahlwille. de	
NAGEL MASCHINEN- UND WERKZEUGFAB- RIK GMBH	NAGEL HOLDING GMBH & CO KG	www. nagel. com	
DORST TECHNOLOGI- ES GMBH & CO. KG	MR MANFRED DORST	www. dorst. de	
W. O. M. WORLD OF MEDICINE GMBH	NOVANTA INC	www. world-of-medicine. com	

续表

隐形冠军企业	全球拥有者	网站	国家
MOBOTIX AG	KONICA MINOLTA, INC.	www. mobotix. com	
MAERKISCHES WERK GMBH	MAERKISCHES WERK GMBH	www. mwh. de	
ELAU GMBH	—	www. elau. de	
SIMONSVOSS TECHNOLOGIES GMBH	ALLEGION PLC	www. simons-voss. de	
SCHWARTZ GMBH	MR ALEXANDER WILDEN	www. schwartz-wba. de	
TOX PRESSOTECHNIK GMBH & CO. KG	TOXPRESSOTECHNIK INTERNATIONAL GMBH & CO. KG	www. tox-de. com	
FREIBERGER COMPOUND MATERIALS GMBH	FEDERMANN HOUSE LTD.	www. fcm-germany. com	
BOHLE AG	BOHLE AG	www. bohle. com	
ISOLA GMBH	TPG HATTRICK PARTNERS LP	www. isola. de	德国
WILHELMBAHMUELLER MASCHINENBAU PRAEZISIONSWERK-ZEUGE GMBH	MR CHRISTOPH BAHMULLER	www. bahmueller. de	
STECA ELEKTRONIK GMBH	PRIMEPULSE SE	www. steca. com	
FRIEDBERG PRODUK-TIONSGESELLSCHAFT MBH	MRS BEATRIX BRAND	www. friedberg-pr-oduktion. de	
BLOCKTRANSFORMA-TOREN-ELEKTRONIK GMBH	MR REICHELT WOLFGANG	www. block-trafo. de	
SEBA-DYNATRONIC, MESS-UND ORTUNGS-TECHNIK GMBH	TBG AG	www. sebakmt. com	

续表

隐形冠军企业	全球拥有者	网站	国家
LAPMASTER WOLTERS GMBH	CHINA EVERBRIGHT LIMITED	www. lapmaster-wolters. com	
STEINERT GMBH	MR KLAUS FRIEDRICHJ-ULIUS BUCHHOLZ	www. steinertglobal. com	
PETER KWASNY GMBH	PETER KWASNY GMBH	www. kwasny. de	
TAPROGGE GMBH	MR DETLEF TAPROGGE	www. taprogge. de	
SANNER GMBH	MR JURGEN THOMAS SANNER	www. sanner. de	
ALBRECHT BAEUMER GMBH & CO. KGSPE-ZIALMASCHINENFAB-RIK	ALBRECHT BAEUMER GMBH & CO. KG SPEZIALMASCHINENFABRIK	www. baeumer. com	德国
BEKO TECHNOLOGIES GMBH	BEKO HOLDING GMBH	www. beko-technologies. com	
DENTAURUM GMBH & CO. KG	DENTAURUM GMBH & CO. KG	www. dentaurum. de	
HELMUT AURENZ GMBH & CO. KG	HELMUT AURENZ GMBH & CO. KG	www. asbgreenworld. de	
BARTEC GMBH	SHIELDHOLDING	www. bartec. de	
ELAFLEX-GUMMI EHLERS GMBH	KATRIN JAKOBSEN, KAI EHLERS, KARSTEN EHLERS ERBENGEMEINSCHAFT	www. elaflex. de	
ROSE PLASTIC AG	RÖSLERHOLDING GMBH & CO. KG	www. rose-plastic. de	
KONVEKTA AG	KONVEKTA AG	www. konvekta. com	

续表

隐形冠军企业	全球拥有者	网站	国家
ALFONS HAAR MASCHINENBAU GMBH & CO. KG	ALFONS HAAR MASCHINENBAU GMBH & CO. KG	www. alfons-haar. de	德国
BINDER GMBH	MR PETER-MICHAEL BINDER	www. binder-world. com	
ONI-WAERMETRAFO GMBH	MR WOLFGANG OHM	www. oni. de	
URACA GMBH & CO. KG	URACA GMBH & CO. KG	www. uraca. de	
AUGUST MINK GMBH & CO. KG	PETER ZIMMERMANN STIFTUNG	www. mink-buersten. com	
TRANSNORM SYSTEM GMBH	HONEYWELL INTERNATIONAL INC	www. honeywell. com /us/en/products/ automation/transnorm/	
RAMPF HOLDING GMBH	NC FUND II HOLDING COÖPERATIEF U. A.	www. rampf. de	
ORTLINGHAUS-WERKE GMBH	GEBR. ORTLINGHAUS GMBH & CO. KG	www. ortlinghaus. com	
WOLFFKRAN GMBH	WOLFFKRAN HOLDING AG	www. wolffkran. de	
CLYDE BERGEMANN GMBH MASCHINEN-UNDAPPARATEBAU	GEORGENBACH CO. LTD.	www. cbw. de	
WEISS SPINDELTECHNOLOGIE GMBH	SIEMENS AG	www. weissgmbh. de	
BURGMAIER TECHNOLOGIES GMBH + CO KG	BURGMAIER TECHNOLOGIES GMBH + CO KG	www. burgmaier. com	
SCHUMAG AG	SCHUMAG AG	www. schumag. de	
GEBRÜEDER LÖDIGE-MASCHINENBAU GMBH	GEBRÜDER LÖDIGE MASCHINENBAU GMBH	www. loedige. de	

续表

隐形冠军企业	全球拥有者	网站	国家
TAMPOPRINT AG	WILFRIED PHILIPP VERMÖGENSVERWALTUNG GMBH & CO. KG	www. tampoprint. de	德国
GLAMOX AQUA SIGNAL GMBH	ARON LUXCO SARL	www. glamox. com	
POLYTEC GMBH	POLYTEC GESELLSCHAFT FÜR ANALYSEN-, MESS- UND REGELTECHNIK MBH & CO. KG	www. polytec. de	
DR. WOELLNER HOLDING GMBH & CO. KG	DR. EDUARD WÖLLNER-FAMILIENSTIFTUNG	www. woellner. de	
JOHNSON CONTROLS METALS AND MECHANISMS LTD. & CO. KG	JOHNSON CONTROLS INTERNATIONAL PLC	www. johnsoncontrols. com	
FELSS SYSTEMS GMBH	POLYUSUS LUX XII SARL	www. felss. com	
THIEME GMBH & CO KG	MR FRANK THIEME	www. thieme. eu	
A. MONFORTS TEXTILMASCHINEN GMBH & CO. KG	GENFORD S. A R. L.	www. monforts. de	
GESELLSCHAFT FÜR OELTECHNIK MBH	GESELLSCHAFT FÜR OELTECHNIK MBH	www. oeltechnik. com	
BRAUNSCHWEIGER FLAMMENFILTER GMBH	HUBERT LEINEMANN STIFTUNG	www. protego. de	
LEMO MASCHINENBAU GMBH	LEMO MASCHINENBAU GMBH	www. lemo-maschin-enbau. com	
NESCHEN COATING GMBH	BLUE CAP AG	www. neschen. de	

续表

隐形冠军企业	全球拥有者	网站	国家
CYKLOP GMBH	PACK CORPORATION INTERNATIONAL N. V.	www. cyklop. de	德国
MAX SCHLATTERER GMBH & CO. KG	MR THOMAS BECKH	www. esband. de	
AIM INFRAROT-MODULE GMBH	AIM INFRAROT-MODULE GMBH	www. aim-ir. de	
GENTHERM GMBH	GENTHERM INC	www. gentherm. com	
KOKINETICS GMBH	AVIC ELECTROMECHANICAL SYSTEMS CO. , LTD.	www. kokinetics. com	
PALLMANN MASCHINENFABRIK GMBH & CO. KG	G. SIEMPELKAMP GMBH & CO. KG	www. pallmann-online. de	
KRAH ELEKTRONIS-CHEBAUELEMENTE GMBH	ELDRO METALL + ELEKTRO-GMBH & CO. KG	www. krah-gruppe. de	
NORDSON BKG GMBH	NORDSON CORP	www. nordsonpolymer-processing. com	
VOESTALPINE EIFELER COATING GMBH	VOEST-ALPINE AG	www. eifeler. com	
AKE KNEBEL GMBH + CO. KG	MR ALEXANDER KNEBEL	www. ake. de	
MICHAEL HOERAUF MASCHINENFABRIK GMBH UND CO. KG	MR WERNER STAHLECKER	www. hoerauf. com	
MURRPLASTIK SYS-TEMTECHNIK GMBH	MRS CORNELIA MAREN HOLZL	www. murrplastik. de	
OBE OHNMACHT & BAUMGAERTNER GMBH & CO. KG	OBE OHNMACHT & BAUMGAERTNER GMBH & CO. KG	www. obe. de	

续表

隐形冠军企业	全球拥有者	网站	国家
HUMMEL GMBH U. CO. KG	MR HANS-MICHAEL HUMMEL	www. hummel-print. com	
BENHIL GMBH	SO. FI. M. A. SOCIETA' FINANZIARIA MACCHINE AUTOMATICHE S. P. A. OD IN FORMA ABBREVIATA SO. FI. M. A. S. P. A.	www. ima. it	
GOLDHOFER AIRPORT TECHNOLOGY GMBH	ALOIS GOLDHOFER STIFTUNG	www. goldhofer. com	
MEYRA GMBH	MEYRA GROUP SPOLKA AKCYJNA	www. meyra. de	
LEIFELD METAL SPINNING AG	DR GEORG KOFLER	www. leifeldms. com	
THERMIK GERAETEBAU GMBH	MR MARCEL PETER HOFSASS	www. thermik. de	德国
WAFA GERMANY GMBH	DEMMEL AKTIENGESELLSCHAFT	www. wafa. com	
TEUPEN MASCHINEN-BAU GMBH	MASCHINENBAU UND SERVICE HOLDING GMBH	www. teupen. com	
INTERSCHALT MARITIME SYSTEMS GMBH	—	www. interschalt. de	
GEHRING NAUMBURG GMBH & CO. KG	PENTA INVESTMENTS GROUP LIMITED	www. gehring. de	
HYMMEN GMBH MASCHINEN UNDANLAGENBAU	MR RENE PANKOKE	www. hymmen. com	
KOENIG & BAUER KAMMANN GMBH	KOENIG UND BAUER AG	www. kammann. de	

续表

隐形冠军企业	全球拥有者	网站	国家
OTTO GANTER GMBH & CO. KG NORMTEI-LEFABRIK	OTTO GANTER GMBH & CO. KG NORMTEILEFABRIK	www. ganter-griff. de	
EWS WEIGELE GMBH & CO. KG	EWS WEIGELE GMBH & CO. KG	www. ews-tools. de	
ALBERT HANDTMANN HOLDING GMBH & CO. KG	ARTHUR HANDTMANN FAMILIENSTIFTUNG	www. handtmann. de	
HOMAG GROUP AG	DÜRR AG	www. homag. com	
GEBR. EICKHOFF MASCHINENFABRIK U. EISENGIESSEREI GMBH	EICKHOFF VERWALTUNGS-UND BETEILIGUNGS GMBH	www. eickhoff-bochum. de	
ZSK STICKMASCHINEN GMBH	MR MANFRED ARTUR WAGNER	www. zsk. com	
NERO AG	NERO AG	www. nero. com	德国
BIGPOINT GMBH	YOUSU SHANGHAI INVESTMENT CORPORATION LIMITED	www. bigpoint. net	
LTG ULM GMBH	LUMINATOR TECHNOLOGY GROUP, LLC	www. bmgmis. de	
ALPINE METAL TECH GERMANY GMBH	DR. MICHAEL TOJNER	www. alpinemetaltech. com	
TEDOM SCHNELL GMBH	TEDOM, A. S.	www. tedom-schnell. de	
GOLDSCHMIDT THERMIT GMBH	VERMÖGENSVERWALTUNG ERBEN DR. KARL GOLDSCHMIDT GMBH	www. goldschmidt-thermit. com	
KATHREIN SE	ERBENGEMEINSCHAFT ANTON UND JULIA KATHREIN	www. kathrein. de	

续表

隐形冠军企业	全球拥有者	网站	国家
KINOTON DIGITAL SOLUTIONS GMBH	KINOTON DIGITAL SOLUTIONS GMBH	www. kinoton. de	德国
VALEO THERMAL COMMERCIAL VEHICLES GERMANY GMBH	VALEO SA	www. valeo-thermalbus. com	
PREH GMBH	NINGBO JOYSON ELECTRONIC CORP.	www. preh. com	
PRUEFTECHNIK DIETER BUSCH AG	MR DIETER BUSCH	www. pruftechnik. com	
NIDEC SSB WIND SYSTEMS GMBH	NIDEC CORPORATION	www. ssbwindsystems. de	
SIKORA AG	SIKORA AG	www. sikora. net	
LUERSSEN MARITIME BETEILIGUNGEN GMBH & CO. KG	MR SEBASTIAN LURSSEN	www. luerssen. com	
DROSSBACH MASCHINENBAU GMBH	MR SIEGFRIED MEYER	www. drossbach. de	
SECA GMBH & CO. KG	SECA GROUP GMBH	www. seca. com	
3B SCIENTIFIC GMBH	3B SCIENTIFIC LUXEMBOURG SARL	www. 3bscientific. com	
CLAUDIUS PETERS GROUP GMBH	MR ANTHONY JOHN LANGLEY	www. claudiuspeters. com	
LENZE SE	BHN DIENSTLEISTUNGS GMBH & CO. KG	www. lenze. com	
ENKA TECNICA GMBH	HANS REIFENHÄUSER HOLDING GMBH & CO. KG	www. enkatecnica. com	

续表

隐形冠军企业	全球拥有者	网站	国家
KEMPER GMBH	MR GERHARD KEMPER	www. kemper. eu	德国
MASCHINENFABRIK MOELLERS GMBH	MASCHINENFABRIK MOELLERS GMBH	www. moellers. de	
GEBR. BRASSELER GMBH & CO. KG	GEBR. BRASSELER GMBH & CO. KG	www. kometmedical. de	
WENDT GMBH	MR MARIO WENDT	www. wendtmaschinen-bau. de	
LOEDIGE INDUSTRIES GMBH	LOEDIGE INDUSTRIES GMBH	www. loedige. com	
THEODOR GRAEBENER GMBH & CO. KG	MR THEODOR REINHOLD GRABENER	www. graebener-group. de	
HAUHINCO MASCHINENFABRIK G. HAUSHERR, JOCHUMS GMBH & CO. KG	HAUHINCO MASCHINENFABRIK G. HAUSHERR, JOCHUMS GMBH & CO. KG	www. hauhinco. de	
FERD. SCHMETZ GMBH	GROZ-BECKERT KG	www. schmetz. com	
QIAGEN GMBH	QIAGEN NV	www. qiagen. com	
CPH DEUTSCHLAND CHEMIE PRODUKTIONS- UND HANDELS GMBH	MR GERWIN ULRICH SCHUTTPELZ	www. cph-group. com	
SIAG INDUSTRIE GMBH	MRJOHANNES ERICH WILMS	www. siag-group. de	
KP HOLDING GMBH & CO. KG	KLEOPATRA HOLDINGS 1 SCA	www. kpfilms. com	
SCHWANK GMBH	BERND H. SCHWANK BESITZ GMBH & CO. KG	www. schwank. de	

隐形冠军企业	全球拥有者	网站	国家
SONDERHOFF CHEMICALS GMBH	FAMILIE HENKEL	www. sonderhoff. com	
ARCAREGLER GMBH	DR. RUDIGER KASPERS	www. arca-valve. com	
DRAHT- UND METALLWARENFABRIK PHILIPP SCHNEIDER GMBH & CO. KG	MRS MONIKA PERLICH	www. schneider-verschluss. de	
STUERTZ MASCHINENBAU GMBH	CGS IV (JERSEY) L. P.	www. stuertz. com	
OLBO & MEHLER TEX GMBH & CO. KG	KAP BETEILIGUNGS AG	www. olbo-mehler. com	
SCHWA-MEDICO, MEDIZINISCHE APPARATE, VERTRIEBSGESELLSC-HAFT MBH	PI-SM GMBH	www. stimawell-ems. de	德国
AKG THERMOTECHNIK INTERNATIONAL GMBH & CO. KG	AKG PIETZCKER KG	www. akg-gruppe. de	
HONEYWELL GAS TECHNOLOGIES GMBH	HONEYWELL INTERNATIONAL INC	www. rmg. com	
FREDENHAGEN GMBH & CO. KG	FREDENHAGEN GMBH & CO. KG	fredenhagen. de	
MATO GMBH & CO. KG	MR KLAUS PAUL WILHELM HAUPT	www. mato. de	
SCHUF-ARMATUREN UND APPARATEBAU GMBH	SCHUF CHEMIEVENTILE VERTRIEBS GMBH & CO. KG	www. schuf. de	
MEC HOLDING GMBH	MIG HOLDING GMBH	www. mec-holding. de	
HESS MASCHINENBAU GMBH	MICHAEL HESS	www. mb-hess. de	

续表

隐形冠军企业	全球拥有者	网站	国家
BIOLOGISCHE HEIL-MITTEL HEEL GMBH	MR NOBERT QUANDT STEFAN	www. heel. de	德国
WIMA SPEZIALVERT-RIEB ELEKTRONISCHER BAUELEMENTE GMBH & CO. KG	MRWOLFGANG WESTERMANN	www. wima. de	
BRUEDER NEUMEISTER GMBH MASCHINEN- UND GERAETEBAU FUER DIE GRAFISCHE INDUSTRIE	MR FRANK NEUMEISTER	www. nela. de	
SUPFINA GRIESHABER GMBH & CO. KG	GRIESHABER VERWALTU-NGSGESELLSCHAFT MBH	www. supfina. de	
DEGER ENERGIE GMBH & CO KG	MR HUNKAR KORKMAZ	www. degerenergie. de	
HAGER SE	HAGER SE	www. hager. de	
BECKER MINING SYSTEMS AG	BECKER HOLDING AG & CO. KG	www. becker-mining. com	
DR. FRITZ FAULHA-BER GMBH & CO. KG	DR. FRITZ FAULHABER GMBH & CO. KG	www. faulhaber. com	
BOS GMBH & CO. KG	BOS GMBH & CO. KG	www. bos. de	
SELECTA KLEMM GMBH & CO. KG	GEMINI GREEN GMBH & CO. KG	www. selecta-one. com	
VAUTID GMBH	DZ BANK AG	www. vautid. de	
HBC-RADIOMATIC GMBH	BRENDEL HOLDING GMBH & CO. KG	www. hbc-radiomatic. com	
MAPAL FABRIK FUER PRAEZISIONSWERK-ZEUGE DR. KRESS KG	MRS MARIANNE BECHSTEIN	www. mapal. de	

续表

隐形冠军企业	全球拥有者	网站	国家
COLUMBUS MCKINNON ENGINEERED PRODUCTS GMBH	COLUMBUS MCKINNON CORP	www. pfaff-silberblau. com	
SALZBRENNER MEDIA GMBH	SALZBRENNER MEDIA GMBH	www. salzbrenner. com	
PLANATOL GMBH	BLUE CAP AG	www. wetzel-klebstoffe. de	
SANHUA AWECO APPLIANCE SYSTEMS GMBH	ZHEJIANG SANHUA INTELLIGENT CONTROLS CO. , LTD.	www. sanhua-aweco. com	
FLABEG FE GMBH	SAHARA S. A. R. L.	www. flabeg-fe. com	
IMO HOLDING GMBH	ERICH RUSS	www. imo. de	
MOTAN GMBH	MR RALF SCHNEIDER	www. motan. de	
HOERMANN HOLDING GMBH & CO. KG	HOERMANN HOLDING GMBH & CO. KG	www. hoermann-gruppe. de	德国
RAMPF FORMEN GMBH	NC FUND II HOLDING COOPERATIEF U. A.	www. rampf. de	
LAUTERBACH GMBH	MR LOTHAR LAUTERBACH	www. lauterbach. com	
GRIMME LANDMASC-HINENFABRIK GMBH & CO. KG	GRIMME GMBH & CO. KG	www. grimme. de	
MAHR GMBH	MR STEPHAN GAIS	www. mahr. de	
KROENERT GMBH & CO KG	BURKHARD MEYER STIFTUNG	www. kroenert. de	
STULZ GMBH	STULZ GMBH	www. stulz. de	
MANKIEWICZ GEBR. & CO. (GMBH & CO. KG)	MR PETER MICHAEL OTTMAR GRAU	www. mankiewicz. com	

续表

隐形冠军企业	全球拥有者	网站	国家
HARBURG-FREUDEN-BERGER MASCHIN-ENBAU GMBH	POSSEHL-STIFTUNG	www. hf-group. com	德国
AERZENER MASCHINENFABRIK GMBH	AERZEN HOLDING GMBH & CO. KG	www. aerzen. com	
HUBERT STUEKEN GMBH & CO. KG	HUBERT STUEKEN GMBH & CO. KG	www. stueken. de	
J. P. SAUER & SOHN MASCHINENBAU GMBH	MR HENDRIK MURMANN	www. sauercompressors. de	
HELL GRAVURE SYSTEMS GMBH & CO. KG	MR MAXIMILIAN RID	www. hell-gravure-systems. com	
MEYER WERFT GMBH & CO. KG	MEYER-NEPTUN-STIFTUNG	www. meyerwerft. de	
NORDISCHER MASCHINENBAU RUD. BAADER GMBH + CO. KG	MRS KONSULIN PETRA BAADER	www. baader. de	
WESTLAND-GUMMIWERKE GMBH & CO. KG	MR ERNST-GEORG ZUR NEDDEN	www. westland. eu	
MEURER VERPACKU-NGSSYSTEME GMBH	ILLINOIS TOOL WORKS INC	www. meurer-group. com	
AMANDUS KAHL GMBH & CO. KG	KAHL HOLDING GMBH	www. akahl. de	
MINIMAX GMBH & CO. KG	INTERMEDIATE CAPITAL GROUP PLC	www. minimax. de	
KJELLBERG FINSTER-WALDE PLASMA UND MASCHINEN GMBH	KJELLBERG-STIFTUNG	www. kjellberg. de	

隐形冠军企业	全球拥有者	网站	国家
BLUECHER GMBH	MRHASSO VON BLUCHER	www. bluecher. com	
MECKLENBURGER METALLGUSS GMBH	MR ARTUR ABDINOV	www. mmg-propeller. de	
JOHANN BORGERS GMBH	BORGERS SE & CO. KGAA	www. borgers-group. com	
"VULKAN" KUPPLUNGS-UND GETRIEBEBAU BERNHARD HACKFORTH GMBH & CO. KG	HACKFORTH HOLDING GMBH & CO. KG	www. vulkan. com	
KLAUS UNION GMBH & CO. KG	MR KLAUS THOMAS ESCHNER	www. klaus-union. de	
WALTER STAUFFENBERG GMBH & CO. KG	LUKAD HOLDING GMBH & CO. KG	www. stauff. com	德国
BEUMER MASCHINENFABRIK GMBH & CO. KG	BEUMER MASCHINENFABRIK GMBH & CO. KG	www. beumergroup. com	
GUSTAV ERNSTMEIER GMBH & CO. KG	PETER ERNSTMEIER STIFTUNG	www. ernstmeier. de	
WEIDMUELLER INTERFACE GMBH & CO. KG	PETER GLÄSEL BETEILIGUNGS GMBH & CO. KG	www. weidmueller. de	
SOLLICH KG	SOLLICH KG	www. sollich. de	
HANNING& KAHL GMBH & CO. KG	AMH HANNING GMBH & CO. HANDELSGESELLSCH-AFT KG	www. hanning-kahl. de	
DEWERTOKIN GMBH	PHOENIX MECANO AG	www. dewertokin. de	

续表

隐形冠军企业	全球拥有者	网站	国家
WAGO KONTAKTTEC-HNIK GMBH（NACH SCHWEIZER RECHT）& CO. KG	WAGO HOLDING GMBH	www. wago. com	德国
BJB GMBH & CO. KG	MRPHILIPP HENRICI	www. bjb. com	
SVT GMBH	GESCO AG	www. svt-gmbh. com	
GUSTAV HENSEL GMBH & CO. KG	GUSTAV HENSEL GMBH & CO. KG	www. hensel-electric. de	
FRITZ SCHAEFER GMBH	FRITZ SCHÄFER GMBH & CO KG, EINRICHTUNGSS-YSTEME	www. ssi-schaefer. de	
MENNEKES ELEKTROTECHNIK GMBH & CO. KG	MR CHRISTOPHER MENNEKES	www. mennekes. de	
VETTER KRANTECHNIK GMBH	VETTER HOLDING AG	www. vetter-krane. de	
MASCHINENFABRIK HERKULES GMBH & CO. KG	THOMA GMBH & CO. KG	www. herkules-machinetools. de	
TRACTO-TECHNIK GMBH & CO. KG	MR WOLFGANG SCHMIDT	www. tracto-technik. de	
VECOPLAN AG	MAX AUTOMATION SE	www. vecoplan. de	
EMG AUTOMATION GMBH	FAMILIE WEISS STIFTUNG	www. emg-automation. com	
BLEISTAHL-PRODUK-TIONS GMBH & CO. KG	MREKKEHARD KOHLER	www. bleistahl. de	
FEV EUROPE GMBH	FEV GROUP GMBH	www. fev. com	

续表

隐形冠军企业	全球拥有者	网站	国家
NEUMAN & ESSER GMBH & CO. KG	NEUMAN & ESSER VERWALTUNGS- UND BETEILIGUNGS GMBH	www. neuman-esser. de	
REIFENHAEUSER GMBH & CO. KG MASCHINENFABRIK	HANS REIFENHÄUSERHOLDING GMBH & CO. KG	www. reifenhauser-group. com	
SMS GROUP GMBH	FAMILIE WEISS STIFTUNG	www. sms-group. com	
AUMUND FOERDERTECHNIK GMBH	MR HANS FRANZ-WALTER AUMUND	www. aumund. de	
SARSTEDT AG & CO. KG	SARSTEDT AG & CO. KG	www. sarstedt. com	
AUGUST RUEGGEB-ERGGMBH & CO. KG	RÜGGEBERG GMBH & CO. KG	www. pferd. com	
BOMAG GMBH	MR FAYAT CLEMENT M	www. bomag. com	德国
FELIX BOETTCHER GMBH & CO KG	FELIX BOETTCHER GMBH & CO KG	www. boettcher. de	
ANDRITZ KUESTERS GMBH	ANDRITZ AG	www. andritz. com	
AUNDE ACHTER & EBELS GMBH	AUNDE GROUP SE	www. aunde. de	
STARRAG TECHNOLOGY GMBH	MR WALTER FUST	www. starrag. com	
HANS TURCK GMBH & CO. KG	THS POOL GMBH & CO. KG	www. turck. de	
HAZET-WERK HERMANN ZERVER GMBH & CO. KG	HAZET-WERK HERMANN ZERVER GMBH & CO. KG	www. hazet. com	

续表

隐形冠军企业	全球拥有者	网站	国家
GEDOREWERKZEUGF-ABRIK GMBH & CO. KG	MR CHRISTIAN DOWIDAT	www. gedore. de	德国
TKM GMBH	THOMAS MEYER-STIFTUNG	www. tkmgroup. com	
TENTE-ROLLEN GMBH	MR FRICKE PETER	www. tente. com	
BASF PERSONAL CARE AND NUTRITION GMBH	BASF SE	www. monheim. basf. de	
THIELENHAUS TECHNOLOGIES GMBH	MR DIETRICH WERNER THIELENHAUS	www. thielenhaus. com	
KNIPEX-WERK C. GUSTAV PUTSCH KG	MR SIEGFRIED PUTSCH	www. knipex. de	
R-BIOPHARM AG	RMD HOLDING GMBH	www. r-biopharm. de	
AIR LIQUIDE GLOBAL E&C SOLUTIONS GERMANY GMBH	L'AIR LIQUIDE SOCIETE ANONYME POURL'ETUDE ET L'EXPLOITATION DES PROCEDES GEORGES CLAUDE	www. engineering-solutions. airliquide. com	
"POLAR"-MOHR MASCHINENVERTRIE-BS GMBH & CO KG	"POLAR"-MOHR MASCHINENVERTRIEBS GMBH & CO KG	www. polar-mohr. com	
WESSEL-WERK GMBH	MR JAKUB JAROSLAV CRHONEK	www. wessel-werk. com	
ALEXANDER BINZEL SCHWEISSTECHNIK GMBH & CO. KG	IBG INDUSTRIE-BETEILIGUNGS GMBH & CO. KG	www. binzel-abicor. com	

续表

隐形冠军企业	全球拥有者	网站	国家
RITTAL GMBH & CO. KG	MR FRIEDHELM KARLGEORG LOH	www. rittal. de	
BENDER GMBH & CO. KG	BENDER INDUSTRIES GMBH & CO. KG	www. bender-de. com	
ROEMHELD GMBH FRIEDRICHSHUETTE	MATTHIAS EHRHARDT GMBH	www. roemheld. de	
WIKUS-SAEGENFABRIK WILHELM H. KULLMANN GMBH & CO. KG	WIKUS-SAEGENFABRIK WILHELM H. KULLMANN GMBH & CO. KG	www. wikus. com	
HUEBNER GMBH & CO. KG	MR REINHARD HUBNER	www. hubner-germany. com	
TREOFAN GERMANY GMBH & CO. KG	JINDAL POLY FILMS LIMITED	www. treofan. com	德国
ROTZLER DEUTSCHLAND GMBH + CO. KG	MR JURGEN ROTZLER	www. rotzler. de	
KNFNEUBERGER GMBH	BECKER GMBH & CO. BETEILIGUNGS- UND VERTRIEBSGESELLSCHAFT KG	www. knf. de	
VITA ZAHNFABRIK H. RAUTER GMBH &CO. KG	MR EMANUEL RAUTER	www. vita-zahnfabrik. com	
EKATO RUEHR-UND MISCHTECHNIK GMBH	EKATO HOLDING GMBH	www. ekato. com	
DR. -ING. K. BUSCH GMBH	BUSCH GBR	www. busch. de	
HEINZMANN GMBH & CO. KG	MR GROMER MARKUS	www. heinzmann. de	

续表

隐形冠军企业	全球拥有者	网站	国家
METALLWARENFABR-IK GEMMINGEN GMBH	GREENWICH RESOURCES HOLDING COMPANY LLC	www. metallwarenfabrik. com	德国
AZO GMBH & CO. KG	AZO HOLDING GMBH	www. azo. de	
KONRAD HORNSCH-UCH AG	CONTINENTAL AG	www. d-c-fix-shop. de	
GEMUE GEBR. MUELLER APPARAT-EBAU GMBH & CO. KG	MR GERT MULLER	www. gemue. de	
EBM-PAPST MULFIN-GEN GMBH & CO. KG	EBM-PAPST MULFINGEN GMBH & CO. KG	www. ebmpapst. com	
CHRISTIAN BUERKERT GMBH & CO. KG	CHRISTIAN BÜRKERT STIFTUNG GMBH	www. buerkert. de	
SCHEUERLE FAHRZE-UGFABRIK GMBH	TRANSPORTER INDUSTRY INTERNATIONAL GMBH	www. scheuerle. com	
SCHUNK GMBH & CO. KG SPANN-UND GREIFTECHNIK	SCHUNK GMBH & CO. KG SPANN-UND GREIFTECHNIK	www. schunk. com	
BAUSCH + STROEBEL MASCHINENFABRIK ILSHOFEN GMBH + CO. KG	BULLINGER + STRÖBEL BETEILIGUNGS-GMBH + CO. KG	www. bausch-stroebel. com	
MAQUET GMBH	MR CARL BENNET	www. maquet. com	
DEUTSCHE HOMOEO-PATHIE-UNION DHU-ARZNEIMITTEL GMBH & CO. KG	DEUTSCHEHOMOEOPATHIE-UNION DHU-ARZNEIMITTEL GMBH & CO. KG	www. dhu. de	
NDT GLOBAL GMBH & CO. KG	NDT GLOBAL LIMITED	www. ndt-global. de	

续表

隐形冠军企业	全球拥有者	网站	国家
KENDRION (MARKDORF) GMBH	KENDRION N. V.	www. kendrion. com	德国
MEIKO MASCHINENBAU GMBH & CO. KG	OSKAR UND ROSEL MEIER-STIFTUNG FOUNDATIO	www. meiko. de	
VEGA GRIESHABER KG	GRIESHABER VERWALTU-NGS GMBH	www. vega. com	
HAERTER WERKZEUGBAU GMBH	MR MARTIN HARTER	www. haerter. com	
ARBURG GMBH + CO KG	HEHL INTERNATIONAL GMBH + CO KG	www. arburg. com	
FISCHERWERKE GMBH & CO. KG	PROFESSOR E. H. KLAUS FISCHER	www. fischer. de	
HECKLER & KOCH GMBH	MR ANDREAS HEESCHEN	www. heckler-koch. de	
INSTITUT DR. FOERSTER GMBH & CO. KG	MR FELIX MARTIN IMANUEL FORSTER	www. foerstergroup. de	
GUEHRING KG	MR GUHRING OLIVER	www. guehring. de	
MAYER & CIE. GMBH & CO. KG	MAYER & CIE. GMBH & CO. KG	www. mayerandcie. com	
BLICKLE RAEDER + ROLLEN GMBH U. CO. KG	BLICKLE RAEDER + ROLLEN GMBH U. CO. KG	www. blickle. de	
CHIRON-WERKE GMBH & CO. KG	MR TONI MICHAEL DRIESCH	www. chiron. de	

续表

隐形冠军企业	全球拥有者	网站	国家
KOCHER & BECK GMBH & CO ROTATIONSSTAN-ZTECHNIK KG	MRS ANJA BECK	www. kocher-beck. de	德国
ALBER GMBH	INVACARE CORP	www. alber. de	
FLSMIDTH WADGASSEN GMBH	FLSMIDTH & CO. A/S	www. flsmidth. com	
EICHENAUER HEIZELEMENTE GMBH & CO KG	EICHENAUER HEIZELEMENTE GMBH & CO KG	www. eichenauer. de	
PILZ GMBH & CO. KG	PILZ GMBH & CO. KG	www. pilz. com	
BORGWARNER LUDWIGSBURG GMBH	BORGWARNER INC	www. beru. com	
FESTO AG & CO. KG	FESTO BETEILIGUNGEN GMBH & CO. KG	www. festo. de	
GEBR. HELLER MASCHI-NENFABRIK GMBH	HELLER GMBH	www. heller. biz	
MARABU GMBH & CO. KG	MARABUGMBH & CO. KG	www. marabu. de	
INDEX-WERKE GMBH & CO. KG HAHN & TESSKY	EUGEN UND IRMGARD HAHN-STIFTUNG	www. index-werke. de	
BALLUFF GMBH	BALLUFF BETEILIGUNGS GMBH & CO. KG	www. balluff. com	
BORGWARNER ESSLINGEN GMBH	BORGWARNER INC	www. wahler. de	
MASCHINENBAUOPPE-NWEILER BINDER GMBH & CO. KG	MBO VERWALTUNGS GMBH & CO. KG	www. mbo-folder. com	
OSCHATZ ENERGY AND ENVIRONMENT GMBH	MR JOHANN CHRISTOF	www. oschatz. com	

续表

隐形冠军企业	全球拥有者	网站	国家
RUD KETTEN RIEGER & DIETZ GMBH U. CO. KG	RUD KETTEN RIEGER & DIETZ GMBH U. CO. KG	www. rud. de	德国
GRONINGER & CO. GMBH	GRONINGER HOLDING GMBH & CO. KG	www. groninger. de	
LEITZ GMBH & CO. KG	DR BRUCKLACHER CORNELIA	www. leitz. org	
J. RETTENMAIER & SOEHNE GMBH + CO KG	JOSEF RETTENMAIER & SÖHNE HOLDING GMBH & CO. KG	www. jrs. de	
ROEHM GMBH	DR. HELMUTROTHENBER-GER-PRIVATSTIFTUNG	www. roehm. biz	
ALLIGATOR VENTILFABRIK GMBH	STEIFF BETEILIGUNGS GMBH	www. alligator-ventilfabrik. de	
MASCHINENFABRIK ALFING KESSLER GMBH	MAFA-BETEILIGUNGSVER-WALTUNGS GMBH	www. mafade. alfing. de	
KESSLER & CO. GMBH & CO. KG	KESSLER & CO. GMBH & CO. KG	www. kessler-axles. de	
ROBERT BOSCH AUTOMOTIVE STEERING GMBH	ROBERT BOSCH INDUSTRIETREUHAND KG	www. bosch-automotive-steering. com	
CORDENKA GMBH & CO. KG	BMCEUROPE	www. cordenka. com	
WIELAND ELECTRIC GMBH	WIELAND HOLDING GMBH	www. wieland-electric. com	
MEDI GMBH & CO. KG	MEDI GMBH & CO. KG	www. cepsports. com	

续表

隐形冠军企业	全球拥有者	网站	国家
ROESLER OBERFLAE-CHENTECHNIK GMBH	MR STEPHAN ROSLER	www. rosler. com	
KARL EUGEN FISCHER GMBH	DBAG FUND VII SCSP	www. kefischer. de	
WIESAUPLAST DEU-TSCHLAND GMBH & CO. KG	INDUS HOLDING AG	www. wiesauplast. de	
WOLF ANLAGEN-TECHNIK GMBH & CO. KG	WOLF ANLAGEN-TECHNIK GMBH & CO. KG	www. wolf-geisenfeld. de	
CHR. MAYRGMBH + CO. KG	MR FERDINAND MAYR	www. mayr. com	
CONTINENTAL EMITEC GMBH	CONTINENTAL AG	www. emitec. com	德国
ALTENDORF GMBH	GROWTH CAPITAL FUND III COOPERATIEF W. A.	—	
EMUGE-WERK RICHARD GLIMPEL GMBH & CO. KG FABRIK FUER PRAEZI-SIONSWERKZEUGE	KMV VERWALTUNGS GMBH	www. emuge-franken. de	
HUBER SE	HANS HUBER GMBH & CO. KG	www. huber. de	
GMC-I MESSTECHNIK GMBH	GMC-INSTRUMENTS GMBH	www. gmc-instruments. de	
WENGLOR SENSORIC ELEKTRONISCHE GERAETE GMBH	BAUR GMBH & CO. KG	www. wenglor. de	

续表

隐形冠军企业	全球拥有者	网站	国家
WALDNER HOLDING GMBH & CO. KG	WALDNERHOLDING GMBH & CO. KG	www. waldner. de	
MASCHINENFABRIK REINHAUSEN GMBH	SCHEUBECK HOLDING GMBH & CO.	www. reinhausen. com	
NOVEM CAR INTERIOR DESIGN GMBH	THE BREGAL FUND III L. P.	www. novem. de	
SUEDDEUTSCHE GEL-ENKSCHEIBENFABRIK GMBH & CO. KG	SUEDDEUTSCHE GELENKSCHEIBENFABRIK GMBH & CO. KG	www. sgf. de	
SCHATTDECOR AG	SCHATT HOLDING GMBH	www. schattdecor. de	
AMOENA MEDIZIN-ORTHOPAEDIE-TECHNIK GMBH	HALDER GERMANY II GMBH & CO. KG	www. amoena. de	
UHLMANN PAC-SYSTEME GMBH & CO. KG	MR TOBIAS UHLMANN	www. uhlmann. de	德国
BWF OFFERMANN, WALDENFELS & CO. KG	BWF OFFERMANN, WALDENFELS & CO. KG	www. bwf-group. de	
LENSER FILTRATION GMBH	ANDRITZ AG	www. lenser. de	
HEINE OPTOTECHNIK GMBH & CO. KG	MR OLIVER HELMUT HEINE	www. heine. com	
EOS GMBH ELECTRO OPTICAL SYSTEMS	MR HANS J. LANGER	www. eos. info	
LUTZ PUMPEN GMBH	LUTZ HOLDING GMBH	www. lutz-pumpen. de	
PERMA-TEC GMBH & CO. KG	PERMA-TEC GMBH & CO. KG	www. perma-tec. com	

续表

隐形冠军企业	全球拥有者	网站	国家
FTE AUTOMOTIVE GMBH	VALEO SA	www. fte. de	德国
SCHLEIFRING GMBH	WEGMANN UNTERNEHMENS-HOLDING GMBH & CO. KG	www. schleifring. de	
M. BRAUN INERTGAS-SYSTEME GMBH	INDUS HOLDING AG	www. mbraun. de	
TRUMA GERAETETECHNIK GMBH & CO. KG	SWH BERATUNGS- U. BETEILIGUNGS GBR C/O RATH, ANDERS, DR. WANNER & PARTNER	www. truma. com	
JTEKT CORP.	JTEKT CORP.	www. jtekt. co. jp	日本
HITACHI HIGH-TECHNOLOGIES CORPORATION	HITACHI, LTD.	www. hitachi-hitec. com	
SHIMANO INC	SHIMANO INC	www. shimano. co. jp	
THE JAPAN STEEL WORKS LTD	THE JAPAN STEEL WORKS LTD	www. jsw. co. jp	
HORIBA LTD	HORIBA LTD	www. horiba. com	
NIHON PARKERIZING CO LTD	NIHONPARKERIZING CO LTD	www. parker. co. jp	
SEIREN CO LTD	SEIREN CO LTD	www. seiren. com	
JEOL LIMITED	JEOL LIMITED	www. jeol. co. jp	
SINTOKOGIO LTD	SINTOKOGIO LTD	www. sinto. com	
OSAKA SODA CO. , LTD.	OSAKA SODA CO. , LTD.	www. daiso-co. com	
TOKYO OHKA KOGYO CO LTD	TOKYO OHKA KOGYO CO LTD	www. tok. co. jp	
KOMORI CORPORATION	KOMORI CORPORATION	www. komori. co. jp	

续表

隐形冠军企业	全球拥有者	网站	国家
FUJIKIN INCORPORATED	FUJIKIN INCORPORATED	www. fujikin. co. jp	日本
ISHIDA CO. , LTD.	ISHIDA CO. , LTD.	www. ishida. com	
AIDA ENGINEERING LTD	AIDA ENGINEERING LTD	www. aida. co. jp	
SENJU METAL INDUSTRY CO. , LTD.	SENJU METAL INDUSTRY CO. , LTD.	www. senju-m. co. jp	
TOKYO TEKKO CO LTD	TOKYO TEKKO CO LTD	www. tokyotekko. co. jp	
TAIYO KOGYO CORPORATION	TAIYO KOGYO CORPORATION	www. taiyokogyo. co. jp	
SHIKOKU CHEMICALS CORPORATION	SHIKOKU CHEMICALS CORPORATION	www. shikoku. co. jp	
UCHIYAMA MANUFA-CTURING CORP.	UCHIYAMA MANUFACTURING CORP.	—	
SHIKOKU KAKOKI CO. , LTD.	SHIKOKU KAKOKI CO. , LTD.	—	
DYNAX CORPORATION	EXEDY CORPORATION	www. dynax-j. com	
ESPEC CORPORATION	ESPEC CORPORATION	www. espec. co. jp	
TAYCA CORPORATION	TAYCA CORPORATION	www. tayca. co. jp	
FUSO CHEMICAL CO LTD	FUSO CHEMICAL CO LTD	www. fusokk. co. jp	
TSUDAKOMA CORPORATION	TSUDAKOMA CORPORATION	www. tsudakoma. co. jp	
TOYO TANSO CO LTD	TOYO TANSO CO LTD	www. toyotanso. co. jp	
KOMATSU MATERE CO. , LTD.	KOMATSU MATERE CO. , LTD.	www. komatsuseiren. co. jp	

续表

隐形冠军企业	全球拥有者	网站	国家
COORSTEK K. K.	HENRY O GERDA DUNKERS DONATIONSFOND NR 2	—	日本
NIDEC TECHNO MOTOR CORPORATION	NIDEC CORPORATION	www. nidec-tecnom. com	
TOWA CORPORATION	TOWA CORPORATION	www. towajapan. co. jp	
NITTOKU ENGINEERING CO LTD	NITTOKU ENGINEERING CO LTD	www. nittoku. co. jp	
FURUYA METAL CO. , LTD.	FURUYA METAL CO. , LTD.	www. furuyametals. co. jp	
FREUND CORPORATION	FREUND CORPORATION	www. freund. co. jp	
PACIFIC ENGINEERING CORPORATION	PACIFIC ENGINEERING CORPORATION	www. pecj. co. jp	
KAIHARA CORPORATION	KAIHARA CORPORATION	www. kaihara-denim. com	
MASDAC CO. , LTD.	MASDAC CO. , LTD.	—	
MIZUHO CO. , LTD.	MIZUHO CO. , LTD.	www. mizuho. com	
UENO SEIKI CO. , LTD.	UENO SEIKI CO. , LTD.	—	
OPTEX GROUP CO. , LTD.	OPTEX GROUP CO. , LTD.	www. optex. co. jp	
NAMICS CORPORATION	NAMICS CORPORATION	www. namics. co. jp	
PORITE CORPORATION	PORITE CORPORATION	www. porite. co. jp	
MEC COMPANY LTD	MEC COMPANY LTD	www. mec-co. com	
SANYU REC CO. , LTD.	SANYU REC CO. , LTD.	www. sanyu-rec. jp	
SEIBU GIKEN CO. , LTD.	SEIBU GIKEN CO. , LTD.	www. seibu-giken. co. jp	

续表

隐形冠军企业	全球拥有者	网站	国家
BANDO KIKO CO., LTD.	BANDO KIKO CO., LTD.	www. bandoj. com	
KUNOKINZOKU INDUSTRY CO., LTD.	KUNOKINZOKU INDUSTRY CO., LTD.	—	
BBS KINMEI CO., LTD.	BBS KINMEI CO., LTD.	www. bbskinmei. co. jp	
SHINDO CO., LTD	SHINDO CO., LTD	www. shindo. com/en	
AKASHI GOHDOH INC.	AKASHI GOHDOH INC.	www. akashigo. com	
OTOWA ELECTRIC CO., LTD.	OTOWA ELECTRIC CO., LTD.	www. otowadenki. co. jp	
TOHNICHI MFG. CO., LTD.	TOHNICHI MFG. CO., LTD.	www. tohnichi. jp	
MIZUKAMI INSATSU CO., LTD.	MIZUKAMI INSATSU CO., LTD.	www. mic-p. com	
SUGA TEST INSTRUM-ENTS CO., LTD.	SUGA TEST INSTRUMENTS CO., LTD.	www. sugatest. co. jp	日本
YANAGIYA MACHIN-ERY CO., LTD.	YANAGIYA MACHINERY CO., LTD.	www. ube-yanagiya. com	
O. N. INDUSTRIES LTD.	O. N. INDUSTRIES LTD.	—	
TOHSHIN SEIKI CO., LTD.	TOHSHIN-ENGINEERING CO., LTD.	—	
FUJI ELECTRONICS INDUSTRY CO., LTD.	FUJI ELECTRONICS INDUSTRY CO., LTD.	www. fujidenshi. co. jp	
SIGMA CO., LTD.	SIGMA CO., LTD.	www. sigma-k. co. jp	
TOYO SEIKO CO., LTD.	TOYO SEIKO CO., LTD.	www. toyoseiko. co. jp	
SILD CO., LTD.	SILD CO., LTD.	www. sild. co. jp	
TOWA DENKI SEISAK-USHO CO., LTD.	TOWA DENKI SEISAKUSHO CO., LTD.	—	

续表

隐形冠军企业	全球拥有者	网站	国家
UENO CO. , LTD.	UENO CO. , LTD.	—	日本
ATAGO CO. , LTD.	ATAGO CO. , LTD.	www. atago. net	
YAMAHACHI DENTAL MFG. , CO.	YAMAHACHI DENTAL MFG. , CO.	www. yamahachi-dental. co. jp	
DAITO PRESS MFG. CO. , LTD.	DAITO PRESS MFG. CO. , LTD.	www. daito-press. co. jp	
TAKENAKA SEISAK-USHO CO. , LTD.	TAKENAKA SEISAKUSHO CO. , LTD.	www. takenaka-mfg. co. jp	
AIYA CO. , LTD.	AIYA CO. , LTD.	www. matcha. co. jp	
NIKKA SEIKO CO. , LTD.	NIKKA SEIKO CO. , LTD.	www. nikkaseiko. co. jp	
KOYO CORPORATION	KOYO CORPORATION		
ELIONIX, INC.	ELIONIX, INC.	www. elionix. co. jp	
NIPPRA CO. , LTD.	NIPPRA CO. , LTD.	www. nippura. com	
VIXEN CO. , LTD.	VIXEN CO. , LTD.	www. vixenoptics. com	
KONANCHEMICAL MANUFACTURING CO. , LTD.	KONAN CHEMICAL MANUFACTURING CO. , LTD.	www. konanchemical. com	
METROL. CO. , LTD.	METROL. CO. , LTD.	www. metrol. co. jp	
FUJI MANUFACTUR-ING CO. , LTD.	FUJI MANUFACTURING CO. , LTD.	www. fuji-mfg. jp	
OKITSUMO INCORPORATED.	OKITSUMOINCORPORATED.	www. okitsumo. co. jp	
SHODA TECHTRON CORP.	SHODA TECHTRON CORP.	www. stech. co. jp	
NAMBU CO. , LTD.	NAMBU CO. , LTD.	www. nambu-cyl. co. jp	
EKO INSTRUMENTS CO. , LTD.	EKO INSTRUMENTS CO. , LTD.	www. eko-eu. com	

续表

隐形冠军企业	全球拥有者	网站	国家
AIKI RIOTECH CORPORATION	AIKI RIOTECHCORPORATION	—	日本
KTX CO. , LTD.	KTX CO. , LTD.	www. ktx. co. jp	
NIKKO CO. , LTD.	NIKKO CO. , LTD.	—	
JAPAN PACKAGE SYSTEM CO. , LTD	JAPAN PACKAGE SYSTEM CO. , LTD	—	
UNISOKU CO. , LTD.	UNISOKU CO. , LTD.	www. unisoku. com	
ENGINEER CO. LTD.	ENGINEER CO. LTD.	—	
SYVEC CORPORATION	SYVEC CORPORATION	www. syvec. co. jp	
OSAKA ALLOYING WORKS, CO. , LTD	OSAKA ALLOYING WORKS, CO. , LTD	—	
YS TECH CO. , LTD.	YS TECH CO. , LTD.	—	
FURONTIA RABO KK	FURONTIA RABO KK	—	
NISHIMURA WORKS CO. , LTD.	NISHIMURA WORKS CO. , LTD.	—	
SUEHIRO SEIKO CO. , LTD.	SUEHIRO SEIKOCO. , LTD.	—	
JDC, INC.	JDC, INC.	www. jdc-inc. co. jp	
HOPNIC LAVORATORY INC	HOPNIC LAVORATORY INC	—	
TDC CORPORATION	TDC CORPORATION	—	
SHINKI-HIKAKU CO. , LTD.	SHINKI-HIKAKU CO. , LTD.	—	
OXIDE CORPORATION.	OXIDE CORPORATION.	—	
MORI TEKKO KK	MORI TEKKO KK	—	
MICROTALK SYSTEMS CORP.	MICRO TALK SYSTEMS CORP.	www. micro-talk-systems. co. jp	

续表

隐形冠军企业	全球拥有者	网站	国家
NITRIDE SEMICOND-UCTORS CO. , LTD.	NITRIDE SEMICONDUCTORS CO. , LTD.	www. nitride. co. jp	
YP SYSTEM CO. , LTD.	YP SYSTEM CO. , LTD.	www. yp-system. co. jp	
MURATA WELDING LABORATORY INC.	MURATA WELDINGLABORATORY INC.	—	
KOJIMA GIKEN KOGYO CO. , LTD	KOJIMA GIKEN KOGYO CO. , LTD	—	
AMAIKE TEXTILE INDUSTRY CO. , LTD.	AMAIKE TEXTILE INDUSTRY CO. , LTD.	—	
OSAKA PRECISION MACHINERY K. K.	OSAKA PRECISION MACHINERY K. K.	—	
ENVIRONMENTAL MANAGEMENT RESEARCH INSTITUTE K. K.	ENVIRONMENTAL MANAGEMENT RESEARCH INSTITUTE K. K.	—	
EL APPLIED CELL K. K.	EL APPLIED CELL K. K.	—	
1ZU1 PROTOTYPEN GMBH & CO KG	INTEROGO FOUNDATION	www. 1zu1prototypen. com	
A TEC PRODUCTION & SERVICES GMBH	A TEC HOLDING GMBH	www. atec-ltd. com	
A. M. I. AGENCY FOR MEDICAL INNOVATIONS GMBH	A. M. I. HOLDING GMBH	www. ami. at	奥地利
ADDIT DIENSTLEISTUNGEN GMBH & CO KG	ATOS SE	www. addit. at	
ADOLF DARBO AG	DARBO FAMILIEN-PRIVATSTIFTUNG	www. darbo. at	
AKKA AUSTRIA GMBH	RICCI, FAMILIE MAURICE	www. gigatronik2. de	

续表

隐形冠军企业	全球拥有者	网站	国家
ALGE ELASTIC GMBH	ALGE ECASTIC GMBH	www. algeelastic. at	
ALGE-TIMING GMBH	ALGE-TIMING GMBH	www. alge-timing. com	
ALICONA IMAGING GMBH	BRUKER CORPORATION	www. alicona. com	
ALMI GMBH & CO. KG	ALMI GMBH & CO. KG	—	
ALPINE METAL TECH GMBH	DDR. MICHAEL TOJNER	www. alpinemetaltech. com	
AMAG AUSTRIA METALL AG	B & CPRIVATSTIFTUNG	www. amag. at	
AMIBLU HOLDING GMBH	AMIBLU HOLDING GMBH	www. amiblu. com	
AMS GETRÄNKETECH-NIK GMBH	MR HELMUT GAZSO	www. ams-getraenketechnik. at	
AMSC AUSTRIA GMBH	AMERICAN SUPERCONDUCTOR CORP	www. amsc. com	奥地利
AMST-SYSTEM TECHNIK GMBH	SBRO HOLDING GMBH	www. amst. co. at	
ANITA DR. HELBIG GMBH	WEBER-UNGER PRIVATSTIFTUNG	www. anita. com	
ANTON PAAR GMBH	SANTNER PRIVATSTIFTUNG	www. anton-paar. com	
ASPOECK SYSTEMS GMBH	ASPÖCK PRIVATSTIFTUNG	www. aspoeck. at	
AST EIS- UND SOLA-RTECHNIK GMBH	ELEKTRIZITÄTSWERKE REUTTE AG	www. ast. at	
ASTA ELEKTRODRAHT GMBH	DDR. MICHAEL TOJNER	www. asta. at	
ATB AUSTRIA ANTRIEBSTECHNIK AG	WOLONG ELECTRIC GROUP CO. , LTD.	www. atb-motors. com	

续表

隐形冠军企业	全球拥有者	网站	国家
ATP PLANUNGS- UND BETEILIGUNGS AG	DR. CHRISTOPH ACHAMMER	www. atp. ag	奥地利
AUSTROTHERM GMBH	MR FRIEDRICH SCHMID	www. austrotherm. at	
BACHMANN ELECTRONIC GMBH	MR GERHARD BACHMANN	www. bachmann. info	
BANNER GMBH	BAV BAWART ANTEILSVE- RWALTUNG GMBH	www. bannerbatterien. com	
BARBARA FREYBERGER	BARBARA FREYBERGER	www. seifensieder. at	
BAUR GMBH	MR MARTIN BAUR	www. baur. at	
BDI HOLDING GMBH	MR WILHELM HAMMER	www. bdi-holding. com	
BECOM ELECTRONICS GMBH	BECOM HOLDING GMBH	www. becom. at	
BEERENFROST KUEHLHAUS GMBH	MR JUPP PHILIPP	www. beerenfrost. com	
BERTSCH HOLDING GMBH	MR HUBERT BERTSCH	www. bertsch. at	
BINDER + CO AG	BINDER + CO AG	www. binder-co. com	
BINDERHOLZ GMBH	BINDER BETEILIGUNGSVE- RWALTUNG GMBH	www. binderholz. com	
BIOHORT GMBH	PRIGLINGER PRIVATSTIFTUNG	www. biohort. at	
BIOMIN GMBH	ERBER AG	www. biomin. net	
BRIGL & BERGMEISTER GMBH	ROXCEL HOLDING GMBH	www. brigl-bergmeister. com	
BST BRANDSCHUTZ GMBH	MARTIN HILTI FAMILY TRUST	www. bst-brandschutz. at	

续表

隐形冠军企业	全球拥有者	网站	国家
CEGELEC GMBH	VINCI	www. cegelec. at	
CEMTEC CEMENT ANDMINING TECHNOLOGY GMBH	MR FRANZ PLOCHBERGER	www. cemtec. at	
CERATIZIT AUSTRIA GMBH	PLANSEE HOLDING AG	www. ceratizit. at	
CHEMIEHANDEL GMBH	CHEMIEHANDEL GMBH	www. interchim. at	
CHEMSON POLYMER-ADDITIVE AG	TURKISH ARMED FORCES FOUNDATION	www. chemson. com	
CHRISTOF HOLDING AG	STORI PRIVATSTIFTUNG	www. christof-group. at	
CMS ELECTRONICS GMBH	MR ROLAND RUNGE	www. cms-electronics. com	
COLLINI HOLDING AG	COLLINI HOLDING AG	www. collini. eu	奥地利
COMMEND INTERNA-TIONAL GMBH	TKH GROUP N. V.	www. commend. com	
CONSOT UNTERNEHMENS BETEILIGUNGS GMBH	CONSOT UNTERNEHMENS-BETEILIGUNGS GMBH	www. lightsofvienna. com	
COPA-DATA GMBH	MR ALEXANDER PUNZENBERGER	www. copadata. com	
CROMA-PHARMA GMBH	CROMA-PHARMA GMBH	www. croma. at	
DIAMOND AIRCRAFT INDUSTRIESGMBH	WANFENG AUTO HOLDING GROUP CO. , LTD.	www. diamond-air. at	
DIETZEL GMBH	MR MICHAEL POCKSTEINER	www. dietzel. com	

续表

隐形冠军企业	全球拥有者	网站	国家
DOKA OESTERREICH GMBH	UMDASCH GROUP AG	www. doka. com	奥地利
DOPPELMAYR SEILBAHNEN GMBH	AMD PRIVATSTIFTUNG	www. doppelmayr. com	
DORNER ELECTRONIC GMBH	MR ANDREAS DORNER	www. dorner. at	
EBNER INDUSTRIEO-FENBAU GMBH	EBNER BETEILIGUNGS GMBH	www. ebner. cc	
EFKON GMBH	STRABAG SE	www. efkon. com	
EGLO LEUCHTEN GMBH	MR CHRISTIAN OBWIESER	www. eglo. com	
EISENWERK SULZAU-WERFEN, R. & E. WEINBERGER AG	EISENWERK SULZAU-WERFEN, R. & E. WEINBERGER AG	www. esw. co. at	
EKEY BIOMETRIC SYSTEMS GMBH	MR LEOPOLD GALLNER	www. ekey. net	
ELK FERTIGHAUS GMBH	GAMPEN FERTIGHAUS SARL	www. elk. at	
EMCO GMBH	KUHN EMCOHOLDING GMBH GELÖSCHT	www. emco-world. com	
EMPL FAHRZEUGWERK GMBH	EMPL PRIVATSTIFTUNG	www. empl. at	
EMPORIA TELECOM GMBH & CO KG	MRS EVELINE PUPETERFELLNER	www. emporia. at	
EREMA ENGINEERING RECYCLING MASCHINEN UND ANLAGEN GMBH	EREMA GROUP GMBH	www. erema. at	

续表

隐形冠军企业	全球拥有者	网站	国家
ERNE FITTINGS GMBH	HASELSTEINER FAMILIEN-PRIVATSTIFTUNG	www. ernefittings. com	
ETM INDUSTRIEANL-AGEN GMBH	ETM INDUSTRIEANLAGEN GMBH	www. etm-industry. com	
EV GROUP EUROPE & ASIA/PACIFIC GMBH	THALLNER PRIVATSTIFTUNG	www. evgroup. com	
EVVA SICHERHEITST-ECHNOLOGIE GMBH	MRS NICOLE EHRLICH-ADAM	www. evva. com	
EXPRESSFLOW GMBH	MR MARTIN VASKO	www. expressflow. com	
FAHNEN-GAERTNER GMBH	MR GERALD HEERDEGEN	www. fahnen-gaertner. com	
FEMTOLASERS PRODUKTIONS GMBH	FEMTOLASERS PRODUKTIONS GMBH	—	奥地利
FERATEL MEDIATEC-HNOLOGIES AG	MR PETER SCHROCKSNADEL	www. feratel. com	
FRANZ ACHLEITNER-FAHRZEUGBAU UND REIFENZENTRUM GMBH	FRANZ ACHLEITNER-FAHRZEUGBAU UND REIFENZENTRUM GMBH	www. achleitner. com	
FREQUENTIS AG	MR JOHANNES BARDACH	www. frequentis. com	
FRIEDRICH DEUTSCH-METALLWERK GMBH	MRS SABINE DEUTSCH	www. metalldeutsch. com	
FUNDERMAX GMBH	MR STANISLAUS TURNAUER	www. fundermax. at	
G. TEC MEDICAL ENGINEERING GMBH	G. TEC MEDICAL ENGINEERING GMBH	www. gtec. at	
GASOKOL GMBH	GATTRINGER HOLDING GMBH	www. gasokol. at	

续表

隐形冠军企业	全球拥有者	网站	国家
GAW GROUP PILDNER-STEINBURG HOLDING GMBH	GAW GROUP PILDNER-STEINBURG HOLDING GMBH	www. gaw. at	奥地利
GEBAUER & GRILLER KABELWERKE GMBH	GEBAUER & GRILLER KABELWERKE GMBH	www. griller. at	
GEISLINGER GMBH	ELLERGON ANTRIEBSTECHNIK GMBH	www. geislinger. com	
GETZNER WERKSTOFFE GMBH	GETZNER, MUTTER & CIE. BETEILIGUNGS GMBH	www. getzner. com	
GIG KARASEK GMBH	MR HARALD JOSEF AICHHORN	www. gigkarasek. at	
GLAUNACH GMBH	MR MARKUS CAMILLO ALEXANDER GLAUNACH	www. glaunach. com	
GLOBAL HYDRO ENERGY GMBH	TABOR PRIVATSTIFTUNG	www. hydro-energy. com	
GREENONETEC SOLARINDUSTRIE GMBH	HAIER ELECTRONICS GROUP CO. , LTD.	www. greenonetec. com	
GREENTUBE INTERNET ENTERTAINMENT SOLUTIONS GMBH	MR JOHANN GRAF	www. greentube. com	
HAGLEITNER HYGIENE INTERNATIONAL GMBH	HAGLEITNER PRIVATSTIFTUNG	www. hagleitner. com	
HAIDLMAIR GMBH	MR JOSEF HAIDLMAIR	www. haidlmair. at	
HALE ELECTRONIC GMBH	HALE ELECTRONIC GMBH	www. hale. at	
HAUSER GMBH	PINGUIN PRIVATSTIFTUNG	www. hauser. com	

续表

隐形冠军企业	全球拥有者	网站	国家
HEINZEL HOLDING GMBH	MR ALFRED H. HEINZEL	www. heinzel. com	
HELLA SONNEN-UND WETTERSCHUTZTECH-NIK GMBH	SKS-STAKUSIT GMBH	www. hella. info	
HERZ ENERGIETECH-NIK GMBH	MR GERHARD GLINZERER	www. herz. eu	
HIGH Q LASER GMBH	MKS INSTRUMENTS INC	www. highqlaser. at	
HIRSCH ARMBAENDER GMBH	CERVO PRIVATSTIFTUNG	www. hirschag. com	
HIRSCH SERVO AG	MR GERHARD GLINZERER	www. hirsch-gruppe. com	
HOEDLMAYR INTERNATIONAL AG	HÖDLMAYR-PRIVATSTIFTUNG	www. hoedlmayr. com	奥地利
HPI HIGH PRESSURE INSTRUMENTATION GESELLSCHAFT FUER MESSTECHNIK M. B. H.	HPI HIGH PRESSURE INSTRUMENTATION GESELLSCHAFT FUER MESSTECHNIK M. B. H.	www. hpi-gmbh. com	
IFW MANFRED OTTE GMBH	IFW MANFRED OTTE GMBH	www. ifw. at	
INFORM GMBH	OKAY TEAM EINGETRAGENE GMBH	www. inform. at	
INTERCHIM AUSTRIA INTERNATIONALER CHEMIEHANDEL GMBH	INTERCHIM AUSTRIA INTERNATIONALER CHEMIEHANDEL GMBH	www. interchim. at	
INTERNORM INTER-NATIONAL GMBH	IFN BETEILIGUNGS GMBH	www. internorm. com	
ISI COMPONENTS GMBH	MR CHRISTIAN C. POCHTLER	www. isi. com	

续表

隐形冠军企业	全球拥有者	网站	国家
ISOSPORT VERBUNDBAUTEILE GMBH	MR STANISLAUS TURNAUER	www. isosport. com	奥地利
J. & L. LOBMEYR GMBH	ST. BARBARA HOLDING GMBH	www. lobmeyr. at	
J. MEISSL GMBH	HERMINE MEISSL	www. meissl. com	
J. ZIMMER MASCHINENBAU GMBH	JOHANNES ZIMMER PRIVATSTIFTUNG	www. zimmer-austria. com	
JACQUES LEMANS GMBH	ALFRED RIEDL PRIVATSTIFTUNG	www. jacques-lemans. com	
JAEGER BAU GMBH	JÄGER PRIVATSTIFTUNG	www. jaegerbau. com	
JOHANN OFFNER WERKZEUGINDUSTRIE GMBH	MR JOHANN GREGOR OFFNER	www. offner. at	
JUNGBUNZLAUER AUSTRIA AG	MR EMILALEXANDER KAHANE	www. jungbunzlauer. com	
KAHLBACHER MACHINERY GMBH	MR HORST ANTON KAHLBACHER	www. kahlbacher. com	
KDG HOLDING GMBH	MR MICHAEL HOSP	www. kdg-mt. com	
KE KELIT KUNSTSTOFFWERK GMBH	MR KARL EGGER	www. kekelit. com	
KLUDI ARMATUREN-AUSTRIA GMBH	MR FRANZ SCHEFFER	www. kludi. at	
KNAPP AG	KNAPP AG	www. knapp. com	
KOMPASS KARTEN GMBH	MAIR-JICKELI FAMILIEN GMBH & CO. KG	www. kompass. de	

续表

隐形冠军企业	全球拥有者	网站	国家
KOENIG MASCHINEN GMBH	HELMUT KÖNIG PRIVATSTIFTUNG	www. koenig-rex. com	
KONRAD FORSTTECHNIK GMBH	MR MARKUS JOSEF KONRAD	www. forsttechnik. at	
KOSTWEIN MASCHINENBAU GMBH	KOSTWEIN HOLDING GMBH	www. kostwein. at	
KRAUSE & MAUSER HOLDING GMBH	MRS RENATE WALDHAUSLTAUS	www. krause-mauser. com	
KRAUSECO WERKZEUGMASCHINEN GMBH	MRS RENATE WALDHAUSLTAUS	www. krause-mauser. com	
KRESTA ANLAGENBAU GMBH	KRESTA ANLAGENBAU GMBH	—	
KRISTL, SEIBT & CO. GMBH	KRISTL, SEIBT & CO. GMBH	www. ksengineers. at	奥地利
KUVAG GMBH & CO KG	EUCOMA HOLDING GMBH	www. kuvag. com	
LENZING FIBERS GMBH	B & CPRIVATSTIFTUNG	www. lenzing. com	
LEOBERSDORFER MASCHINENFABRIK GMBH	MR JIAN CAO KE	www. lmf. at	
LINDNER-RECYCLING-TECH GMBH	MR MANUEL LINDNER	www. l-rt. com	
LINSINGER MASCHINENBAU GMBH	AFW HOLDING GMBH	www. linsinger. com	
LISEC AUSTRIA GMBH	PETER LISEC PRIVATSTIFTUNG	www. lisec. com	

续表

隐形冠军企业	全球拥有者	网站	国家
LIST GENERAL CONTRACTOR GMBH	RL PRIVATSTIFTUNG	www. listgc. at	
LITHOZ GMBH	MR JOHANNES VIKTOR HOMA	www. lithoz. com	
LOACKER RECYCLING GMBH	LOACKER PRIVATSTIFTUNG	www. loacker. cc	
LORENCIC GMBH NFG. & CO KG	MR FRIEDRICHSCHMID	www. lorencic. com	
LORENZ SHOE GROUP GMBH	JOSEPH LORENZ PRIVATSTIFTUNG	www. lorenz-shoegroup. com	
LOYTEC ELECTRONICS GMBH	DELTA ELECTRONICS INC	www. loytec. com	
M. I. T. T. E. S ENGINEERING GMBH	LEHMAX PRIVATSTIFTUNG	www. mittes. at	奥地利
MAM BABYARTIKEL GMBH	TAMLINO IMPORT & ADVISORY LP	www. mambaby. com	
MAPLAN GMBH	MAPLAN GMBH	www. maplan. at	
MASCHINENFABRIK LASKA GMBH	MR WILFRIED LASKA	www. laska. at	
MASCHINENFABRIK LIEZEN UND GIESSEREI GMBH	MASCHINENFABRIK LIEZENBETEILIGUNGS GMBH	www. mfl. at	
MED-EL ELEKTROM-EDIZINISCHE GERAETE GMBH	MRS INGEBORG HOCHMAIRDESOYER	www. medel. com	
MEDEK & SCHOERNER GMBH	MEDEK & SCHÖRNER BETEILIGUNG GMBH	www. medek. at	

续表

隐形冠军企业	全球拥有者	网站	国家
MEHLER ELEKTROT-ECHNIK GMBH	MR JOSEFMEHLER SEN.	www. mehler. at	
MEISSL GMBH & CO. KG	HANSPETER JOSEF MEISSL	www. meissl-peuerbach. at	
MERCKENS KARTON-UND PAPPENFABRIK GMBH	MERCKENS KARTON-UND PAPPENFABRIK GMBH	www. merckens. at	
METALLVERARBEITU-NGS GMBH RANA WERK	GRAF MICHAEL	www. ranawerk. de	
MK ILLUMINATION HANDELS GMBH	MR KLAUS MARK	www. mk-illumination. com	
MS DESIGN GMBH	MANFRED SANTER PRIVATSTIFTUNG	www. ms-design. com	
MYWEBSPORT GMBH	MR THOMAS RIML	www. meywebsport. com	奥地利
NKE AUSTRIA GMBH	GOING INVESTMENT S. A.	www. nke. at	
NORBERT SCHALLER GMBH	NORBERT SCHALLER PRIVATSTIFTUNG	—	
NUMTEC-INTERSTAHL GMBH	NUMTEC-INTERSTAHL GMBH	—	
ODELGA MED GMBH	ODELGA MED GMBH	www. odelga-med. com	
OEKOFEN FORSCHUNGS-UND ENTWICKLUNGS GMBH	MR STEFAN ORTNER	www. oekofen. at	
OMV AG	OMV AG	www. omv. com	
ORDERMANGMBH	NCR CORP	www. orderman. com	
OTTO BOCK HEALTHCARE PRODUCTS GMBH	MR GEORG NADER HANS	www. ottobock. at	

续表

隐形冠军企业	全球拥有者	网站	国家
OVOTHERM INTERNATIONAL HANDELS GMBH	MR FRANZ HOFER	www. ovotherm. com	奥地利
PANKL RACING SYSTEMS AG	MR STEFAN PIERER	www. pankl. com	
PEM GMBH	ZEMAN BETEILIGUNGS GMBH	www. pem. com	
PEWAG AUSTRIA GMBH	METALLWAREN BETEILIGUNGS GMBH	www. pewag. com	
PFEIFER HOLZ GMBH & CO. KG	BARBARA PFEIFER PRIVATSTIFTUNG	www. pfeifergroup. com	
PHYSIOTHERM GMBH	MR JOSEF GUNSCH	www. physiotherm. com	
PLANSEE SE	PLANSEE HOLDING AG		
PLASMO INDUSTRIE-TECHNIK GMBH	PLASMO INDUSTRIETECHNIK GMBH	www. plasmo. eu	
PMS ELEKTRO-UND AUTOMATIONSTECH-NIK GMBH	GKI VERWALTUNGS GMBH	www. pms. at	
POLLMANN INTERN-ATIONAL GMBH	POLLMANN INTERNATIONAL GMBH	www. pollmann. at	
POLOPLAST GMBH & CO. KG	KNOCH, KERN & CO. KG	www. poloplast. com	
POLYTECHNIK LUFT-UND FEUERUNGSTE-CHNIK GMBH	MR LEO SCHIRNHOFER	www. polytechnik. com	
POERNER INGENIEUR GMBH	PÖRNER HOLDING GMBH	www. poerner. at	

续表

隐形冠军企业	全球拥有者	网站	国家
PROMOTECH KUNSTSTOFF-UND METALLVERARBEITU-NGSGES. M. B. H.	MR GUNTER BENNINGER	www. promotech. at	奥地利
PU1TEC DICHTUNGEN UND KUNSTSTOFFE GMBH	MR WOLFGANG CHRISTIAN PRANDL	www. pu1tec. com	
RAUCH FRUCHTSAEFTE GMBH & CO OG	RAUCH FRUCHTSAEFTE GMBH & CO OG	www. rauch. cc	
REIWAGFACILITY SERVICES GMBH	VIWAG PRIVATSTIFTUNG	www. reiwag. com	
REMUS INNOVATION FORSCHUNGS-UND ABGASANLAGEN PRODUKTIONS GMBH	HASELSTEINER FAMILIEN-PRIVATSTIFTUNG	www. remus. at	
RIB SAA SOFTWARE ENGINEERING GMBH	RIB SOFTWARE SE	www. saa. at	
RICHTER RASEN GMBH	MR ALEXANDER RICHTER	www. richter-rasen. com	
RIEGL LASER MEASUREMENT SYSTEMS GMBH	MR JOHANNES RIEGL	www. riegl. com	
RINGANA GMBH	MR ANDREAS WILFINGER	www. ringana. com	
ROSENDAHL NEXTROM GMBH	ROSENDAHL NEXTROM GMBH	www. rosendahlnextrom. com	
RUAG SPACE GMBH	SCHWEIZERISCHE EIDGENOSSENSCHAFT	www. ruag. com/	
RUBBLE MASTER HMH GMBH	MR GERALD HANISCH	www. rubblemaster. com	

续表

隐形冠军企业	全球拥有者	网站	国家
S. A. M. KUCHLER ELECTRONICS GMBH	MR FRITZ KUCHLER	www. sam-kuchler. com	
SANO TRANSPORTGE-RAETE GMBH	JOCHUM BIERMA	www. sano. at	
SBIPRODUKTION TECHN. ANLAGEN GMBH & CO KG	MR FERDINAND STEMPFER	www. sbi. at	
SCAN MESSTECHNIK GMBH	MR ANDREAS WEINGARTNER	www. s-can. at	
SCHELLING ANLAGENBAU GMBH	IMA SCHELLING GROUP GMBH	www. schelling. com	
SCHOELLER-BLECK-MANN OILFIELD EQUIPMENT AG	SCHOELLER-BLECKMANN OILFIELD EQUIPMENT AG	www. sbo. at	奥地利
SCHUHFRIED GMBH	SCHUHFRIED HOLDING GMBH	www. schuhfried. at	
SCOTTY GROUP AUSTRIA GMBH	SCOTTY GROUP AUSTRIA GMBH	www. scottygroup. com	
SECURIKETT ULRICH & HORN GMBH	SECURIKETT HOLDING GMBH	www. securikett. com	
SEMPERIT AG HOLDING	B & C PRIVATSTIFTUNG	www. semperit. at	
SENSE PRODUCT GMBH	SENSE PRODUCT GMBH	—	
SFL TECHNOLOGIES GMBH	MR JOHANN HOLLWART	www. sfl-technologies. com	
SHA. VERTRIEB GMBH	SHA. VERTRIEB GMBH	www. sha-art. com	
SOLA-MESSWERKZE-UGE GMBH	SOLA PRIVATSTIFTUNG	www. sola. at	

续表

隐形冠军企业	全球拥有者	网站	国家
SPEECH PROCESSING SOLUTIONS GMBH	SPS BETEILIGUNGS UND MANAGEMENT GMBH	www. speech. com	
SPORTALM GMBH	WILHELM EHRLICH VERWALTUNGS GMBH KITZBÜHEL	www. sportalm. at	
SPRINGER MASCHINENFABRIK GMBH	SSC GMBH	www. springer. eu	
STARLINGER & CO GMBH	FEPIA PRIVATSTIFTUNG	www. starlinger. com	
STAUD'S GMBH	DKFM. HANS STAUD PRIVATSTIFTUNG	www. stauds. com	
STEIRISCHE BEEREN-OBSTGENOSSENSCH-AFTEGEN	STEIRISCHE BEERENOBST-GENOSSENSCHAFTEGEN	www. holunder. com	
SUNKID GMBH	ZOWO HOLDING GMBH	www. sunkidworld. com	奥地利
SWAROVSKI-OPTIK KG.	SWAROVSKI-OPTIK KG.	www. swarovskioptik. com	
SYSTEM INDUSTRIE ELECTRONIC GMBH	FILZMAIER PRIVATSTIFTUNG	www. sie. at	
TECHNOCLONE HERSTELLUNG VON DIAGNOSTIKA UND ARZNEIMITTELN GMBH	MRS CHRISTA BINDER	www. technoclone. com	
TELE-HAASE STEUERGERAETE GMBH	HEIDEMARIE HAASE	www. tele-online. com	
TEUFELBERGER SEIL GMBH	TEUFELBERGER HOLDING AG	www. teufelberger. com	

续表

隐形冠军企业	全球拥有者	网站	国家
THIEN EDRIVES GMBH	THIEN EDRIVES GMBH	www. thien-edrives. com	
TIGER COATINGS GMBH & CO. KG	IKBE PRIVATSTIFTUNG	www. tiger-coatings. com	
TIROLER GLASHUETTE GMBH	MR GEORG RIEDEL	www. riedel. com	
TIROLER ROHRE GMBH	MR MAX KLOGER	www. trm. at	
TREVENTUS MECHAT-RONICS GMBH	TREVENTUS MECHATRONICS GMBH	www. treventus. com	
TRIDONIC JENNERSDORF GMBH	ZUMTOBEL GROUP AG	www. tridonic. com	
TROTEC PRODUKTIONS UND VERTRIEBS GMBH	TROTEC PRODUKTIONS UND VERTRIEBS GMBH	—	奥地利
TTTECH COMPUTERT-ECHNIK AG	TTTECH COMPUTERTECHNIK AG	www. tttech. com	
TYCO ELECTRONICS AUSTRIA GMBH	TE CONNECTIVITY LTD.	www. te. com	
ULBRICHTSGMBH	MR GEORG SCHARPENACK	www. ulbrichts. com	
ULRICH ETIKETTEN GMBH	ULRICH ETIKETTEN GMBH	www. ulrich. at	
UNGER STAHLBAU GMBH	MR JOSEF UNGER	www. ungersteel. com	
UNTHA SHREDDING TECHNOLOGY GMBH	MRS ANTON UNTERWURZACHER	www. untha. com	
USP INDICATOR SOLUTIONSGMBH	GASSER + PARTNER MANAGEMENT GMBH	www. usp. at	

续表

隐形冠军企业	全球拥有者	网站	国家
VEXCEL IMAGING GMBH	VEXCEL HOLDINGS, INC. AG	www. vexcel-imaging. com	
VOESTALPINE PRECISION STRIP GMBH	VOEST-ALPINE AG	www. voestalpine. com/precision-strip	
VOESTALPINE VAE GMBH	VOEST-ALPINE AG	www. voestalpine. com/vae	
VOGELBUSCH GMBH	MR GOTTFRIED SODECK	www. vogelbusch. com	
VOSSEN GMBH & CO. KG	TYLE-PRIVATSTIFTUNG	www. vossen. com	
W & H DENTALWERK BUERMOOS GMBH	PM PRIVATSTIFTUNG	www. wh. com	
WAAGNER-BIROSTAHLBAU AG	WAAGNER-BIROSTAHLBAU AG	www. waagner-biro. at	奥地利
WABCO AUSTRIA GESMBH.	WABCO HOLDINGS INC.	www. wabco-auto. com	
WIESNER-HAGER MOEBEL GMBH	WIESNER-HAGER MÖBEL KG	www. wiesner-hager. com	
WOLFORD AG	MR GUANGCHANG GUO	www. wolford. com	
WOLFVISION GMBH	MR GEORGWOLF	www. wolfvision. at	
XAL GMBH	MR ANDREAS HIERZER	www. xal. com	
ZEMAN BETEILIGUNGS GMBH	ZEMAN BETEILIGUNGS GMBH	www. zeman-stahl. com	
ZKW GROUP GMBH	LG ELECTRONICS INC.	www. zkw-group. com	
ZUMTOBEL GROUP AG	ZUMTOBEL GROUP AG	www. zumtobelgroup. com	
AUTONEUM HOLDING AG	AUTONEUM HOLDING AG	www. autoneum. com	

续表

隐形冠军企业	全球拥有者	网站	国家
BELIMO HOLDING AG	BELIMO HOLDING AG	www. belimo. ch	
BERLINGER & CO. AG	ANDANOLI AG	www. berlinger. ch	
WESTIFORM AG	IMFELD, FAMILIEN	www. westiform. com	
BOSSARD HOLDING AG	KOLINHOLDING AG	www. bossard. com	
BUHLER HOLDING AG	BÜHLER FAMILY	www. buhlergroup. com	
DATWYLER HOLDING AG	DÄTWYLER FÜHRUNGS AG	www. daetwyler. ch	
EAO AG	LOOSLI HOLDING AG	www. eao. ch	
FALU AG	FALU AG	www. falu. com	
FRANKE MANAGEMENT AG	MR MICHAEL PIEPER	—	
GEBERITAG	GEBERIT AG	www. geberit. com	
GEORG FISCHER AG	GEORG FISCHER AG	www. georgfischer. com	
HEMRO AG	HEMRO AG	www. hemrogroup. com	
IVF HARTMANN HOLDING AG	SCHWENK LIMES GMBH & CO. KG	www. ivf. ch	
SEFAR HOLDING AG	SEFAR HOLDING AG	www. sefar. com	
SFS GROUP AG	HUBER, STADLER, TSCHAN & HUBELI FAMILIES	www. sfs. ch	
THERMOPLAN AG	THERMOPLAN AG	www. thermoplan. ch	
VICTORINOX-STIFTUNG	VICTORINOX-STIFTUNG	www. victorinox. ch	

附录 2 北京市专精特新政策

序号	政策名称	文件号	发文机构
1	北京市人民政府印发《北京市关于促进高精尖产业投资推进制造业高端智能绿色发展的若干措施》的通知	京政发〔2021〕25 号	北京市人民政府
2	北京市人民政府关于印发《北京市"十四五"时期优化营商环境规划》的通知	京政发〔2021〕24 号	北京市人民政府
3	北京市人民政府关于印发《北京市"十四五"时期高精尖产业发展规划》的通知	京政发〔2021〕21 号	北京市人民政府
4	北京市人民政府关于北京市智能网联汽车政策先行区总体实施方案的批复	京政字〔2021〕14 号	北京市人民政府
5	北京市人民政府关于加快推进北京经济技术开发区和亦庄新城高质量发展的实施意见	京政发〔2019〕22 号	北京市人民政府
6	北京市人民政府办公厅关于印发《北京市加快医药健康协同创新行动计划（2021—2023年）》的通知	京政办发〔2021〕12 号	北京市人民政府办公厅
7	北京市人民政府办公厅关于印发《北京市服务贸易创新发展试点工作实施方案》的通知	京政办发〔2018〕51 号	北京市人民政府办公厅
8	北京市人民政府办公厅关于印发《中国（北京）跨境电子商务综合试验区实施方案》的通知	京政办发〔2018〕48 号	北京市人民政府办公厅
9	北京市科学技术委员会 北京市经济和信息化局关于对实施北京市高精尖产业技能提升培训补贴政策有关事项的通知	京科专发〔2020〕157 号	北京市科学技术委员会

续表

序号	政策名称	文件号	发文机构
10	北京市经济和信息化局关于发布《北京市企业技术中心管理办法》的通知	京经信发〔2023〕73号	北京市经济和信息化局
11	北京市经济和信息化局、北京市财政局关于印发《北京市高精尖产业发展资金管理办法》的通知	京经信发〔2021〕84号	北京市经济和信息化局
12	北京市经济和信息化局关于印发《北京市"新智造100"工程实施方案（2021—2025年)》的通知	京经信发〔2021〕81号	北京市经济和信息化局
13	北京市经济和信息化局关于印发《北京市氢能产业发展实施方案（2021—2025年）》的通知	京经信发〔2021〕79号	北京市经济和信息化局
14	北京市经济和信息化局关于印发《北京市数据中心统筹发展实施方案（2021—2023年)》的通知	—	北京市经济和信息化局
15	数字经济领域"两区"建设工作方案	—	北京市经济和信息化局
16	北京市经济和信息化局关于印发《北京市支持卫星网络产业发展的若干措施》的通知	京经信发〔2021〕6号	北京市经济和信息化局
17	北京市经济和信息化局关于印发《北京市贯彻落实〈关于促进中小企业健康发展的指导意见〉实施方案》的通知	京经信发〔2019〕85号	北京市经济和信息化局
18	北京市经济和信息化局关于推进北京市中小企业"专精特新"发展的指导意见	京经信发〔2019〕86号	北京市经济和信息化局
19	北京市地方金融监督管理局 中国人民银行营业管理部 中国银行保险监督管理委员会北京监管局 中国证券监督管理委员会北京监管局关于印发《金融支持北京市制造业转型升级的指导意见》的通知	—	北京市地方金融监督管理局

序号	政策名称	文件号	发文机构
20	金融领域"两区"建设工作方案	—	北京市地方金融监督管理局
21	北京市地方金融监督管理局 中国人民银行营业管理部 中国银行保险监督管理委员会北京监管局关于印发《关于加快优化金融信贷营商环境的意见》的通知	京金融〔2020〕31 号	北京市地方金融监督管理局
22	北京市地方金融监督管理局 中国人民银行营业管理部 中国银行保险监督管理委员会北京监管局 中国证券监督管理委员会北京监管局关于印发《关于加大金融支持科创企业健康发展的若干措施》的通知	京金融〔2020〕7 号	北京市地方金融监督管理局
23	北京市地方金融监督管理局 中国人民银行营业管理部 中国银行保险监督管理委员会北京监管局关于印发《深化金融供给侧改革持续优化金融信贷营商环境的意见》的通知	—	北京市地方金融监督管理局
24	北京市知识产权局关于印发《北京市知识产权资助金管理办法》的通知	京知局〔2021〕78 号	北京市知识产权局
25	北京市知识产权局 北京市财政局关于印发《关于促进专利转化实施 助力中小企业创新发展的专项工作方案（2021—2023 年)》的通知	京知局〔2021〕148 号	北京市知识产权局
26	北京市知识产权局关于"两区"建设推进工作措施	—	北京市知识产权局
27	中关村科技园区管理委员会关于印发《中关村国家自主创新示范区中关村前沿技术创新中心建设管理办法》的通知	中科园发〔2020〕28 号	中关村科技园区管理委员会
28	中关村科技园区管理委员会印发《关于强化高价值专利运营 促进科技成果转化的若干措施》的通知	中科园发〔2020〕22 号	中关村科技园区管理委员会

续表

序号	政策名称	文件号	发文机构
29	中关村科技园区管理委员会 北京市财政局关于印发《中关村管委会政府购买服务指导性目录》的通知	中科园发〔2019〕65 号	中关村科技园区管理委员会
30	中关村科技园区管理委员会 中国人民银行营业管理部 中国银行保险监督管理委员会北京监管局 北京市知识产权局印发《关于进一步促进中关村知识产权质押融资发展的若干措施》的通知	中科园发〔2019〕66 号	中关村科技园区管理委员会
31	关于印发《中关村国家自主创新示范区提升创新能力优化创新环境支持资金管理办法》的通知	中科园发〔2019〕21 号	中关村科技园区管理委员会
32	关于印发《〈关于精准支持中关村国家自主创新示范区重大前沿项目与创新平台建设的若干措施〉实施办法（试行）》的通知	中科园发〔2019〕25 号	中关村科技园区管理委员会
33	关于印发《北京市促进金融科技发展规划（2018 年—2022 年)》的通知	—	中关村科技园区管理委员会
34	商务领域"两区"建设工作方案	—	北京市商务局
35	北京市商务局 北京财政局关于印发《北京市外经贸发展资金支持北京市外贸企业提升国际化经营能力实施方案》的通知	京商财务字〔2022〕20 号	北京市商务局
36	关于印发《北京市"十四五"时期商业服务业发展规划》的通知	京商规字〔2021〕4 号	北京市商务局
37	关于印发《北京市全面深化服务贸易创新发展试点实施方案》的通知		北京市商务局

附录3 上海市专精特新政策

序号	政策名称	文件号	发文机构
1	市商务委 市财政局关于印发《上海市外经贸发展专项资金使用和管理办法》的通知	沪商规〔2021〕6号	上海市商务委员会
2	上海市经济信息化委 市发展改革委 市交通委 市科委 市住房城乡建设管理委 市财政局关于印发《上海市燃料电池汽车产业创新发展实施计划》的通知	—	上海市经济和信息化委员会
3	上海市经济和信息化委员会 上海市财政局关于印发《上海市促进产业高质量发展专项资金管理办法（暂行）》的通知	沪经信规范〔2020〕8号	上海市经济和信息化委员会
4	上海市经济信息化委关于开展2020年上海市产业转型升级发展专项资金项目（首批次新材料）申报工作的通知	沪经信新〔2020〕274号	上海市经济和信息化委员会
5	上海市经济信息化委 市财政局关于印发《上海市中小企业发展专项资金管理办法》的通知	沪经信规范〔2019〕9号	上海市经济和信息化委员会
6	上海市经济信息化委、市财政局、市商务委、市市场监管局关于印发《上海市推进品牌经济发展专项支持实施细则》的通知	沪经信规范〔2019〕3号	上海市经济和信息化委员会
7	关于印发《上海市科技型中小企业技术创新资金计划管理办法》的通知	沪科规〔2021〕2号	上海市科学技术委员会

续表

序号	政策名称	文件号	发文机构
8	关于印发《上海工程技术研究中心建设与管理办法》的通知	沪科规〔2019〕6 号	上海市科学技术委员会
9	关于印发《上海市知识产权运营服务体系建设首批专项资金实施细则》的通知	沪知局〔2021〕48 号	上海市知识产权局
10	上海市知识产权局关于印发《上海市专利一般资助申请指南》的通知	沪知局〔2019〕59 号	上海市知识产权局
11	中国（上海）自由贸易试验区管理委员会印发《中国（上海）自由贸易试验区关于进一步促进融资租赁产业发展的若干措施》的通知	中（沪）自贸管〔2018〕77 号	中国（上海）自由贸易试验区管理委员会
12	中国（上海）自由贸易试验区管理委员会印发《中国（上海）自由贸易试验区关于扩大金融服务业对外开放 进一步形成开发开放新优势的意见》的通知	中（沪）自贸管〔2018〕66 号	中国（上海）自由贸易试验区管理委员会
13	关于申报 2021 年度中国（上海）自由贸易试验区临港新片区促进旅游产业发展专项资金的通知	沪自贸临管委〔2021〕709 号	中国（上海）自由贸易试验区临港新片区管理委员会
14	关于申报 2021 年度中国（上海）自由贸易试验区临港新片区促进体育产业发展专项资金的通知	沪自贸临管委〔2021〕708 号	中国（上海）自由贸易试验区临港新片区管理委员会
15	关于申报 2021 下半年度中国（上海）自由贸易试验区临港新片区促进商业发展专项资金的通知	沪自贸临管委〔2021〕711 号	中国（上海）自由贸易试验区临港新片区管理委员会
16	关于印发《中国（上海）自由贸易试验区临港新片区生物医药产业发展"十四五"规划（2021—2025)》的通知	沪自贸临管委〔2021〕697 号	中国（上海）自由贸易试验区临港新片区管理委员会
17	关于印发《临港新片区打造高质量氢能示范应用场景实施方案（2021—2025年)》的通知	沪自贸临管委〔2021〕705 号	中国（上海）自由贸易试验区临港新片区管理委员会

续表

序号	政策名称	文件号	发文机构
18	关于印发《临港新片区光伏应用场景规模化建设实施方案（2021—2025年）》的通知	沪自贸临管委〔2021〕706号	中国（上海）自由贸易试验区临港新片区管理委员会
19	关于印发《中国（上海）自由贸易试验区临港新片区工业互联网发展专项规划（2020—2025）》的通知	沪自贸临管委〔2020〕23号	中国（上海）自由贸易试验区临港新片区管理委员会
20	关于印发《中国（上海）自由贸易试验区临港新片区生物医药产业发展"十四五"规划（2021—2025）》的通知	沪自贸临管委〔2021〕697号	中国（上海）自由贸易试验区临港新片区管理委员会
21	关于申报2020年度第二批中国（上海）自由贸易试验区临港新片区促进产业发展若干政策支持事项的通知	沪自贸临管委〔2020〕814号	中国（上海）自由贸易试验区临港新片区管理委员会
22	关于印发修订后的《中国（上海）自由贸易试验区临港新片区集聚发展人工智能产业若干政策》的通知	沪自贸临管委〔2020〕832号	中国（上海）自由贸易试验区临港新片区管理委员会
23	关于组织申报2020年度上海市科技型中小企业技术创新资金项目临港新片区配套资金的通知	沪自贸临管委〔2020〕904号	中国（上海）自由贸易试验区临港新片区管理委员会
24	关于印发《中国（上海）自由贸易试验区临港新片区智能网联汽车产业专项规划（2020—2025）》的通知	沪自贸临管委〔2020〕933号	中国（上海）自由贸易试验区临港新片区管理委员会
25	关于印发《中国（上海）自由贸易试验区临港新片区互联网数据中心建设导则（试行版）》的通知	沪自贸临管委〔2020〕1016号	中国（上海）自由贸易试验区临港新片区管理委员会
26	关于印发《中国（上海）自由贸易试验区临港新片区"十四五"商业发展专项规划》的通知	沪自贸临管委〔2021〕73号	中国（上海）自由贸易试验区临港新片区管理委员会

续表

序号	政策名称	文件号	发文机构
27	关于印发《中国（上海）自由贸易试验区临港新片区集成电路产业专项规划（2021—2025）》的通知	沪自贸临管委〔2021〕101 号	中国（上海）自由贸易试验区临港新片区管理委员会
28	关于印发《中国（上海）自由贸易试验区临港新片区数字化发展"十四五"规划》的通知	沪自贸临管委〔2021〕220 号	中国（上海）自由贸易试验区临港新片区管理委员会
29	关于印发《中国（上海）自由贸易试验区临港新片区数字经济产业创新发展"十四五"专项规划》的通知	沪自贸临管委〔2021〕335 号	中国（上海）自由贸易试验区临港新片区管理委员会
30	关于申报中国（上海）自由贸易试验区临港新片区（2021 年度第一批）高新产业和科技创新专项项目的通知	沪自贸临管委〔2021〕435 号	中国（上海）自由贸易试验区临港新片区管理委员会
31	关于印发《中国（上海）自由贸易试验区临港新片区金融业发展"十四五"规划》的通知	沪自贸临管委〔2021〕473 号	中国（上海）自由贸易试验区临港新片区管理委员会
32	关于印发《洋山特殊综合保税区发展"十四五"规划》、《中国（上海）自由贸易试验区临港新片区高能级全球航运枢纽建设"十四五"规划》的通知	沪自贸临管委〔2021〕567 号	中国（上海）自由贸易试验区临港新片区管理委员会
33	关于印发修订后的《中国（上海）自由贸易试验区临港新片区支持金融业创新发展的若干措施》的通知	沪自贸临管委〔2021〕688 号	中国（上海）自由贸易试验区临港新片区管理委员会
34	关于印发《中国（上海）自由贸易试验区临港新片区民用航空产业专项规划（2021—2025）》的通知	沪自贸临管委〔2021〕693 号	中国（上海）自由贸易试验区临港新片区管理委员会
35	关于印发《中国（上海）自由贸易试验区临港新片区"数联智造"—工赋创新三年行动方案（2021—2023 年）》的通知	沪自贸临管委〔2021〕700 号	中国（上海）自由贸易试验区临港新片区管理委员会

续表

序号	政策名称	文件号	发文机构
36	关于印发《中国（上海）自由贸易试验区临港新片区关于推进"智造焕新"建设行动若干措施实施细则》的通知	沪自贸临管委〔2021〕702 号	中国（上海）自由贸易试验区临港新片区管理委员会
37	上海市人民政府关于印发《虹桥国际开放枢纽中央商务区"十四五"规划》的通知	沪府发〔2021〕14 号	上海市人民政府
38	上海市人民政府关于印发《上海国际金融中心建设"十四五"规划》的通知	沪府发〔2021〕15 号	上海市人民政府
39	上海市人民政府关于印发《中国（上海）自由贸易试验区临港新片区发展"十四五"规划》的通知	沪府发〔2021〕13 号	上海市人民政府
40	上海市人民政府关于印发《上海国际航运中心建设"十四五"规划》的通知	沪府发〔2021〕7 号	上海市人民政府
41	上海市人民政府印发《关于本市促进资源高效率配置推动产业高质量发展的若干意见》的通知	沪府发〔2018〕41 号	上海市人民政府
42	上海市人民政府关于印发《上海市中医药发展战略规划纲要（2018—2035 年)》的通知	沪府发〔2018〕39 号	上海市人民政府
43	上海市人民政府关于印发《上海市工业互联网产业创新工程实施方案》的通知	沪府发〔2018〕27 号	上海市人民政府
44	上海市人民政府关于批转市发展改革委、市财政局制订的《上海市战略性新兴产业发展专项资金管理办法》的通知	沪府发〔2017〕77 号	上海市人民政府
45	上海市人民政府印发《关于创新驱动发展巩固提升实体经济能级的若干意见》的通知	沪府发〔2017〕36 号	上海市人民政府
46	上海市人民政府办公厅关于印发《上海市先进制造业发展"十四五"规划》的通知	沪府办发〔2021〕12 号	上海市人民政府办公厅

续表

序号	政策名称	文件号	发文机构
47	上海市人民政府办公厅关于印发《上海市战略性新兴产业和先导产业发展"十四五"规划》的通知	沪府办发〔2021〕10号	上海市人民政府办公厅
48	上海市人民政府办公厅印发《关于本市积极推进供应链创新与应用的实施意见》的通知	沪府办发〔2018〕26号	上海市人民政府办公厅
49	上海市人民政府办公厅印发《关于建设上海市企业服务平台的实施方案》的通知	沪府办发〔2017〕72号	上海市人民政府办公厅
50	上海市人民政府办公厅印发《关于本市推动新一代人工智能发展的实施意见》的通知	沪府办发〔2017〕66号	上海市人民政府办公厅
51	上海市人民政府办公厅关于转发市经济信息化委制订的《上海市智能网联汽车产业创新工程实施方案》的通知	沪府办发〔2017〕7号	上海市人民政府办公厅
52	上海市人民政府办公厅关于印发《上海市加快新能源汽车产业发展实施计划（2021—2025）》的通知	沪府办发〔2021〕10号	上海市人民政府办公厅
53	上海市人民政府办公厅关于印发《上海市促进科技成果转移转化行动方案（2021—2023年)》的通知	沪府办规〔2021〕7号	上海市人民政府办公厅
54	上海市人民政府办公厅印发《关于加快推进上海全球资产管理中心建设的若干意见》的通知	沪府办规〔2021〕6号	上海市人民政府办公厅
55	上海市人民政府办公厅关于促进本市生物医药产业高质量发展的若干意见	沪府办规〔2021〕5号	上海市人民政府办公厅
56	上海市人民政府办公厅关于印发《加快推进上海金融科技中心建设实施方案》的通知	沪府办规〔2020〕1号	上海市人民政府办公厅
57	上海市人民政府办公厅关于本市推进研发与转化功能型平台建设的实施意见	沪府办规〔2018〕6号	上海市人民政府办公厅

附录 4 北京市专精特新"小巨人"企业（国家级）

序号	企业名称	认定年度	成立日期	官网
1	中铝材料应用研究院有限公司	2023	2017－03－24	—
2	安荣信科技（北京）股份有限公司	2023	2005－09－20	www.anronx.com
3	北京亿华通科技股份有限公司	2023	2012－07－12	www.sinohytec.com
4	中晶环境科技股份有限公司	2023	2013－12－10	www.esse.org.cn
5	融智通科技（北京）股份有限公司	2023	2008－06－06	www.rongzhitong.com
6	众芯汉创（北京）科技有限公司	2023	2015－10－14	www.allcorehatress.com
7	北京高盟新材料股份有限公司	2023	1999－07－22	www.co－mens.com
8	北京达美盛软件股份有限公司	2023	2009－03－09	www.dms365.com

续表

序号	企业名称	认定年度	成立日期	官网
9	北京天智航医疗科技股份有限公司	2023	2010 – 10 – 22	cn. tinavi. com
10	北京深势科技有限公司	2023	2018 – 11 – 29	www. dp. tech
11	北京德鑫泉物联网科技股份有限公司	2023	2004 – 01 – 14	—
12	北京燕山玉龙石化工程股份有限公司	2023	1986 – 10 – 09	www. bjylpec. com. cn
13	北京和信瑞通电力技术股份有限公司	2023	2008 – 01 – 03	—
14	北京智联安科技有限公司	2023	2013 – 09 – 25	www. mlink-tech. cn/zh/index. shtml
15	北京普凡防护科技股份有限公司	2023	2009 – 11 – 09	—
16	北京特普丽装饰装帧材料有限公司	2023	2001 – 09 – 15	www. topli. com. cn
17	中科艾尔（北京）科技有限公司	2023	2008 – 03 – 11	www. aero – tech. com. cn
18	零犀（北京）科技有限公司	2023	2018 – 04 – 04	www. lingxi. ai
19	北京观微科技有限公司	2023	2016 – 06 – 07	guanweikeji. jd. com
20	北京合锐赛尔电力科技股份有限公司	2023	2006 – 05 – 19	www. hrsel. com
21	中咨数据有限公司	2023	2016 – 09 – 28	—

续表

序号	企业名称	认定年度	成立日期	官网
22	中煤科工集团国际工程有限公司	2023	2015 - 07 - 24	iec. ccteg. cn
23	凌锐蓝信科技（北京）有限公司	2023	2014 - 11 - 05	www. infquick. com. cn
24	北京力达康科技有限公司	2023	1998 - 04 - 21	—
25	中科星图维天信科技股份有限公司	2023	2007 - 02 - 02	wtx. geovisearth. com
26	北京库尔科技有限公司	2023	2006 - 02 - 08	—
27	北京华信瑞德信息技术有限公司	2023	2011 - 09 - 29	www. hxrfid. com
28	北京晶品特装科技股份有限公司	2023	2009 - 07 - 09	www. jp - tz. com
29	中电普信（北京）科技发展有限公司	2023	2002 - 04 - 11	www. zdpxbj. com
30	智慧足迹数据科技有限公司	2023	2015 - 12 - 18	www. smartsteps. com
31	北京时代亿信科技股份有限公司	2023	2003 - 06 - 24	—
32	北京大恒图像视觉有限公司	2023	1991 - 07 - 11	www. daheng - imavision. com
33	北京伯肯节能科技股份有限公司	2023	2005 - 03 - 10	www. bolken. com
34	北京大豪工缝智控科技有限公司	2023	2006 - 01 - 18	www. dahaobj. com

续表

序号	企业名称	认定年度	成立日期	官网
35	北京新兴华安智慧科技有限公司	2023	1999 - 12 - 02	www. xxch. com. cn
36	北京一径科技有限公司	2023	2017 - 11 - 15	www. zvision. xyz
37	北京众清科技有限公司	2023	2015 - 02 - 06	—
38	北京东远润兴科技有限公司	2023	2013 - 03 - 22	—
39	大唐联仪科技有限公司	2023	2012 - 01 - 16	—
40	北京志凌海纳科技有限公司	2023	2013 - 07 - 11	www. smartx. com
41	北京鼎兴达信息科技股份有限公司	2023	2009 - 06 - 19	—
42	北京八月瓜科技有限公司	2023	2015 - 08 - 25	www. bayuegua. com
43	中译语通科技股份有限公司	2023	2009 - 07 - 13	www. gtcom. com. cn
44	和芯星通科技（北京）有限公司	2023	2009 - 03 - 13	www. unicorecomm. com
45	为准（北京）电子科技有限公司	2023	2014 - 12 - 15	www. welzek. com
46	北京理工新源信息科技有限公司	2023	2015 - 12 - 30	www. bitnei. cn
47	金网络（北京）数字科技有限公司	2023	2015 - 11 - 19	—

续表

序号	企业名称	认定年度	成立日期	官网
48	富思特新材料科技发展股份有限公司	2023	2011 – 02 – 16	www. firstnmt. com
49	中电智能科技有限公司	2023	2018 – 07 – 19	—
50	北京天衡药物研究院有限公司	2023	1998 – 07 – 27	www. thpharms. com
51	北京博创凯盛机械制造有限公司	2023	2009 – 10 – 21	www. bjbcks. com
52	北京智同精密传动科技有限责任公司	2023	2015 – 09 – 07	www. chietom. com
53	北京博源恒芯科技股份有限公司	2023	2006 – 08 – 18	www. byhx – china. com
54	北京联合永道软件股份有限公司	2023	2007 – 04 – 10	www. uwaysoft. com
55	北京长木谷医疗科技股份有限公司	2023	2018 – 04 – 17	www. changmugu. com
56	北京中科同志科技股份有限公司	2023	2005 – 10 – 12	www. torch. cc
57	银河航天(北京)网络技术有限公司	2023	2019 – 06 – 27	—
58	北京雷格讯电子股份有限公司	2023	2005 – 01 – 27	—
59	北京合康新能变频技术有限公司	2023	2004 – 03 – 10	—
60	中机康元粮油装备(北京)有限公司	2023	2005 – 01 – 11	www. kangyuanoil. cn

续表

序号	企业名称	认定年度	成立日期	官网
61	倍杰特集团股份有限公司	2023	2004 – 10 – 12	—
62	北京安华金和科技有限公司	2023	2009 – 03 – 02	www. dbsec. cn
63	北京东方锐镭科技有限公司	2023	2009 – 07 – 27	—
64	北京道思克能源设备有限公司	2023	2005 – 06 – 10	www. china – dosco. com
65	北京惠朗时代科技有限公司	2023	2005 – 05 – 27	www. huilang. cn
66	北京锐马视讯科技有限公司	2023	2008 – 06 – 05	www. realmagic. cn
67	北京贝能达信息技术股份有限公司	2023	2014 – 10 – 20	www. billow. com. cn
68	北京融为科技有限公司	2023	2018 – 05 – 31	www. bjrongwei. com
69	北京泰尔英福科技有限公司	2023	2012 – 01 – 06	www. teleinfo. cn
70	北京圣博润高新技术股份有限公司	2023	2000 – 06 – 19	www. sbr – info. com
71	清云智通（北京）科技有限公司	2023	2019 – 03 – 12	www. tsingyun. net
72	中电系统建设工程有限公司	2023	2017 – 11 – 27	www. cec – cesec. com. cn
73	联通智网科技股份有限公司	2023	2015 – 08 – 07	—

续表

序号	企业名称	认定年度	成立日期	官网
74	北京华弘集成电路设计有限责任公司	2023	1998－02－18	www. bhdc. com. cn
75	北京东方至远科技股份有限公司	2023	2014－08－05	www. vastitude. cn/
76	北京东方瑞威科技发展股份有限公司	2023	2001－12－14	www. bjdfrw. com
77	北京海天瑞声科技股份有限公司	2023	2005－05－11	www. speechocean. com
78	爱博诺德（北京）医疗科技股份有限公司	2023	2010－04－21	www. ebmedical. com
79	中科宇图科技股份有限公司	2023	2001－11－07	www. mapuni. com
80	北京天助畅运医疗技术股份有限公司	2023	2002－11－13	——
81	北京捷通华声科技股份有限公司	2023	2000－10－18	www. sinovoice. com
82	北京安达泰克科技有限公司	2023	2003－03－28	www. andertechs. com
83	中煤科工开采研究院有限公司	2023	2020－04－26	kc. ccteg. cn
84	北京芯盾时代科技有限公司	2023	2015－07－23	www. trusfort. com/home. html
85	北京堡瑞思减震科技有限公司	2023	2014－12－19	www. baoruisi. com

续表

序号	企业名称	认定年度	成立日期	官网
86	北京理工华创电动车技术有限公司	2023	2010 - 08 - 17	—
87	北京声智科技有限公司	2023	2016 - 04 - 01	www. soundai. com
88	北京航宇天穹科技有限公司	2023	2009 - 12 - 23	—
89	北京翼辉信息技术有限公司	2023	2015 - 09 - 10	www. acoinfo. com
90	昂坤视觉（北京）科技有限公司	2023	2017 - 02 - 09	www. akoptics. com
91	北京东方瑞丰航空技术有限公司	2023	2014 - 03 - 21	—
92	北京凯德石英股份有限公司	2023	1997 - 01 - 15	www. kaidequartz. com
93	北京亚控科技发展有限公司	2023	2000 - 10 - 18	www. kingview. com
94	特瓦特能源科技有限公司	2023	2015 - 07 - 14	www. towatt. com
95	北京波谱华光科技有限公司	2023	2004 - 03 - 29	—
96	大唐微电子技术有限公司	2023	2001 - 03 - 27	—
97	云控智行科技有限公司	2023	2017 - 10 - 26	www. tsingcloud. com
98	北京天维信通科技股份有限公司	2023	2007 - 11 - 28	—

续表

序号	企业名称	认定年度	成立日期	官网
99	北京华龛生物科技有限公司	2023	2018－08－06	www.cytoniche.com
100	同方威视科技（北京）有限公司	2023	2018－02－02	——
101	北京鼎昌复合材料有限责任公司	2023	1996－04－16	www.dchang.com
102	北京特立信电子技术股份有限公司	2023	1992－12－27	——
103	北京众绘虚拟现实技术研究院有限公司	2023	2016－09－30	www.unidraw.com
104	北京华电云通电力技术有限公司	2023	2000－03－30	www.eachpower.com
105	赛诺威盛科技（北京）股份有限公司	2023	2012－10－30	www.sinovision－tech.com
106	北京城建智控科技股份有限公司	2023	2014－10－10	bjuci.com.cn
107	北京贝尔生物工程股份有限公司	2023	1995－09－14	www.beierbio.com
108	北京帝测科技股份有限公司	2023	2004－06－18	——
109	北京光华世通科技有限公司	2023	2005－05－20	www.greencentury.cn
110	北京神导科技股份有限公司	2023	2004－03－24	——

续表

序号	企业名称	认定年度	成立日期	官网
111	飞诺门阵（北京）科技有限公司	2023	2019 – 02 – 25	www. nncsys. com
112	北京氢璞创能科技有限公司	2023	2010 – 11 – 15	www. nowogen. com
113	北京源清慧虹信息科技有限公司	2023	2013 – 12 – 23	www. smartbow. net
114	北京九通衢检测技术股份有限公司	2023	2003 – 08 – 13	www. jiutongqu. com
115	易科路通轨道设备有限公司	2023	2015 – 03 – 12	www. beijingik. com
116	北京威努特技术有限公司	2023	2014 – 09 – 18	www. winicssec. com
117	北京炎凌嘉业机电设备有限公司	2023	2012 – 10 – 31	—
118	北京燕东微电子科技有限公司	2023	2016 – 06 – 24	—
119	北京七星飞行电子有限公司	2023	1999 – 12 – 06	www. 798. com. cn
120	大唐联诚信息系统技术有限公司	2023	2008 – 12 – 26	—
121	北京北科环境工程有限公司	2023	2007 – 12 – 11	www. beikeee. com
122	北京米波通信技术有限公司	2023	2005 – 07 – 22	www. mibosat. com
123	北京航天科颐技术有限公司	2023	2012 – 06 – 14	—

续表

序号	企业名称	认定年度	成立日期	官网
124	北京聚通达科技股份有限公司	2023	2007 - 09 - 17	www. jvtd. cn
125	北人智能装备科技有限公司	2023	2017 - 06 - 26	www. beirenzn. com
126	北京市射线应用研究中心有限公司	2023	2000 - 12 - 26	—
127	北京港震科技股份有限公司	2023	2011 - 09 - 06	www. geolight. com. cn
128	北京昂瑞微电子技术股份有限公司	2023	2012 - 07 - 03	www. onmicro. com. cn
129	高频（北京）科技股份有限公司	2023	1999 - 11 - 01	gaopin - tech. com
130	北京微链道爱科技有限公司	2023	2018 - 03 - 06	www. welinkirt. com
131	北京霍里思特科技有限公司	2023	2010 - 07 - 14	www. xndt. com. cn
132	北京兴普精细化工技术开发有限公司	2023	1988 - 09 - 01	—
133	北京国科天迅科技股份有限公司	2023	2015 - 10 - 13	www. tasson. cn
134	北京兰云科技有限公司	2023	2016 - 03 - 15	www. lanysec. com
135	北京耐德佳显示技术有限公司	2023	2015 - 11 - 12	—
136	北京众驰伟业科技发展有限公司	2023	2007 - 08 - 21	www. zonci. com

续表

序号	企业名称	认定年度	成立日期	官网
137	北京卫达信息技术有限公司	2023	2014－11－24	www. veda. com
138	中联云港数据科技股份有限公司	2023	2014－09－15	www. cnispgroup. com/
139	北京科杰科技有限公司	2023	2019－06－03	www. keendata. com
140	北京佳讯飞鸿电气股份有限公司	2023	1995－01－26	www. jiaxun. com
141	北京先瑞达医疗科技有限公司	2023	2008－01－28	www. acotec. cn
142	北京烁科中科信电子装备有限公司	2023	2019－06－17	—
143	北京国科诚泰农牧设备有限公司	2023	2008－06－26	www. gokeagri. com
144	北京安德建奇数字设备股份有限公司	2023	2002－05－27	www. novick. cn
145	电科云（北京）科技有限公司	2023	2019－01－18	—
146	中际联合（北京）科技股份有限公司	2023	2005－07－21	—
147	北京力控元通科技有限公司	2023	2011－04－12	www. sunwayland. com
148	华钛空天（北京）技术有限责任公司	2023	2016－08－29	—
149	慧之安信息技术股份有限公司	2023	2017－01－23	www. csisecurity. com. cn

续表

序号	企业名称	认定年度	成立日期	官网
150	北京科力丹迪技术开发有限责任公司	2023	2002 – 10 – 24	—
151	北京确安科技股份有限公司	2023	2004 – 07 – 23	www. chipadvanced. cn
152	强联智创（北京）科技有限公司	2023	2016 – 09 – 01	www. unionstrongtech. com. cn
153	北京易控智驾科技有限公司	2023	2018 – 05 – 11	—
154	北京亦盛精密半导体有限公司	2023	2015 – 03 – 05	—
155	北京航天三发高科技有限公司	2023	1993 – 06 – 12	—
156	北京海林自控科技股份有限公司	2023	1998 – 12 – 24	en. hailin. com
157	北京航玻新材料技术有限公司	2023	2000 – 04 – 24	—
158	联想新视界（北京）科技有限公司	2023	2013 – 12 – 20	www. lenovo – ar. com
159	北京康得利智能科技有限公司	2023	2002 – 01 – 28	www. bjkangdeli. com
160	融鼎岳（北京）科技有限公司	2023	2012 – 07 – 27	www. rdybj. cn
161	北京博格华纳汽车传动器有限公司	2023	2001 – 02 – 12	www. borgwarner. com

续表

序号	企业名称	认定年度	成立日期	官网
162	北京博宇通达科技有限公司	2023	2005 - 08 - 30	—
163	北京卓翼智能科技有限公司	2023	2015 - 09 - 08	www. droneyee. com
164	联信弘方（北京）科技股份有限公司	2023	2012 - 10 - 24	www. hfvast. com
165	北京世纪航凯电力科技股份有限公司	2023	2004 - 03 - 16	www. hkpower. com. cn
166	北京深演智能科技股份有限公司	2023	2009 - 04 - 30	www. deepzero. com
167	北京爱康宜诚医疗器材有限公司	2023	2003 - 05 - 08	www. ak - medical. net
168	北京信长城科技发展有限公司	2023	2017 - 06 - 12	www. i - wall. cn
169	推想医疗科技股份有限公司	2023	2016 - 01 - 05	www. infervision. com
170	北京泽石科技有限公司	2023	2017 - 11 - 27	—
171	北京博华信智科技股份有限公司	2023	2006 - 06 - 01	www. bhxz. net
172	康明克斯（北京）机电设备有限公司	2023	2003 - 11 - 10	www. comexpressfilters. com
173	北京金自天正智能控制股份有限公司	2023	1999 - 12 - 28	—
174	北京华电光大环境股份有限公司	2023	2013 - 02 - 07	www. nationpower. cn

续表

序号	企业名称	认定年度	成立日期	官网
175	北京同有飞骥科技股份有限公司	2023	1998－11－03	www. toyou. com. cn
176	北京迈基诺基因科技股份有限公司	2023	2011－11－17	—
177	北京源堡科技有限公司	2023	2018－12－14	www. yuanbaotech. cn
178	北京国网电力技术股份有限公司	2023	1997－12－01	—
179	北京创新乐知网络技术有限公司	2023	2017－03－07	—
180	北京优诺信创科技有限公司	2023	2007－10－16	www. unikinfo. com
181	空客（北京）工程技术中心有限公司	2023	2005－05－17	—
182	北京得瑞领新科技有限公司	2023	2015－06－17	www. derastorage. com
183	北京码牛科技股份有限公司	2023	2013－09－23	www. marknum. com
184	北京中宏立达科技发展有限公司	2023	2006－04－05	www. leadal. com
185	北京航天长征机械设备制造有限公司	2023	2012－06－20	—
186	北京国舜科技股份有限公司	2023	2003－08－07	www. unisguard. com
187	北京六合伟业科技股份有限公司	2023	2003－10－22	www. liu－he. com

续表

序号	企业名称	认定年度	成立日期	官网
188	金锐同创（北京）科技股份有限公司	2023	2012－12－21	www. jrunion. com. cn
189	蓝谷智慧（北京）能源科技有限公司	2023	2016－06－07	——
190	北京柏睿数据技术股份有限公司	2023	2014－08－14	www. boraydata. cn
191	北京中盾安民分析技术有限公司	2023	2004－02－27	www. fiscan. cn
192	北京奥特美克科技股份有限公司	2023	2000－09－06	www. automic. com. cn
193	北京优迅医学检验实验室有限公司	2023	2015－07－14	www. scisoon. cn
194	北京博视智动技术有限公司	2023	2010－09－21	www. vision － smart. com
195	北京眼神智能科技有限公司	2023	2005－04－18	www. eyecool. cn
196	北京明朝万达科技股份有限公司	2023	2005－01－14	www. wondersoft. cn
197	北京中祥英科技有限公司	2023	2011－05－11	www. zhongxiangying. com
198	北京华环电子股份有限公司	2023	1992－10－29	——
199	曙光数据基础设施创新技术（北京）股份有限公司	2023	2002－01－14	——

续表

序号	企业名称	认定年度	成立日期	官网
200	国能龙源蓝天节能技术有限公司	2023	2011 – 05 – 11	—
201	安标国家矿用产品安全标志中心有限公司	2023	2006 – 07 – 13	www. aqbz. org
202	北京赛科康仑环保科技有限公司	2023	2011 – 04 – 28	www. saikekanglun. com
203	北京普祺医药科技股份有限公司	2023	2016 – 09 – 26	www. primegene. net
204	北京清微智能科技有限公司	2023	2018 – 07 – 26	www. tsingmicro. com
205	北京讯腾智慧科技股份有限公司	2023	2004 – 09 – 06	www. cnten. com
206	北京冶自欧博科技发展有限公司	2023	2001 – 11 – 21	www. ablyy. com
207	北京雪迪龙科技股份有限公司	2023	2001 – 09 – 24	www. chsdl. com
208	北京中兴高达通信技术有限公司	2023	2012 – 12 – 28	www. caltta. com
209	钢研昊普科技有限公司	2023	2019 – 11 – 21	www. hipex. cn
210	北京中航通用科技有限公司	2023	2016 – 06 – 16	www. cavige. com
211	北京天云融创软件技术有限公司	2023	2010 – 08 – 17	—

续表

序号	企业名称	认定年度	成立日期	官网
212	美芯晟科技（北京）股份有限公司	2023	2008－03－11	www. maxictech. com
213	北京海兰信数据科技股份有限公司	2023	2001－02－14	www. highlander. com. cn
214	北京国电光宇机电设备有限公司	2023	2006－11－07	www. gdgy－power. com
215	人民中科（北京）智能技术有限公司	2023	2019－12－19	www. people－ai. cn/ai－website/home－page
216	北京直真科技股份有限公司	2023	2008－11－28	www. zznode. com
217	北京远鉴信息技术有限公司	2023	2016－12－02	www. fosafer. com
218	北京嘉洁能科技股份有限公司	2023	2003－07－17	——
219	北京华清信安科技有限公司	2023	2013－10－15	www. hqsec. com
220	烽台科技（北京）有限公司	2023	2015－08－18	www. fengtaisec. com
221	北京融信数联科技有限公司	2023	2015－08－12	www. rx－datainfo. com
222	北京星云互联科技有限公司	2023	2015－07－03	www. nebula－link. com
223	北京中矿东方矿业有限公司	2023	2009－01－15	——
224	普瑞奇科技（北京）股份有限公司	2023	2007－10－22	www. pureach. com

续表

序号	企业名称	认定年度	成立日期	官网
225	圣邦微电子（北京）股份有限公司	2023	2007－01－26	www.sg－micro.com
226	北京佰仁医疗科技股份有限公司	2023	2005－07－11	www.balancemed.cn
227	中船数字信息技术有限公司	2023	2004－03－18	——
228	北京智充科技有限公司	2023	2015－05－04	——
229	北京国泰网信科技有限公司	2023	2015－06－01	www.go－tech.com.cn
230	北京桦冠生物技术有限公司	2023	2018－04－09	——
231	北京佰才邦技术股份有限公司	2023	2014－03－27	www.baicells.com
232	有研资源环境技术研究院（北京）有限公司	2023	2019－06－26	www.griret.com
233	东方博沃（北京）科技有限公司	2023	2006－11－09	www.dfpower.com.cn
234	世优（北京）科技有限公司	2023	2015－03－18	www.4uavatar.com
235	搏世因（北京）高压电气有限公司	2023	2013－10－18	www.boshiyin.com
236	北京诺诚健华医药科技有限公司	2023	2013－12－13	www.innocarepharma.com

续表

序号	企业名称	认定年度	成立日期	官网
237	北京京东方传感技术有限公司	2023	2017-10-11	—
238	北京普发动力控股股份有限公司	2023	2010-07-27	www. prova - energy. com. cn
239	北京摩诘创新科技股份有限公司	2023	2006-08-04	www. moreget. cn
240	北京中睿天下信息技术有限公司	2023	2014-06-03	www. zorelworld. com
241	北京五一视界数字孪生科技股份有限公司	2023	2015-02-16	51world. com. cn
242	北京煋邦数码科技有限公司	2023	2015-01-09	www. xingbangtech. com
243	北京希诺谷生物科技有限公司	2023	2012-11-14	www. sinogene. com. cn
244	北京慕成防火绝热特种材料有限公司	2023	2010-10-21	www. much - en. com. cn
245	红石阳光（北京）科技股份有限公司	2023	2011-11-01	www. redstone. net. cn
246	语坤（北京）网络科技有限公司	2023	2017-07-28	—
247	北京石墨烯研究院有限公司	2023	2017-12-26	www. bgi - c. com
248	金科环境股份有限公司	2023	2004-07-08	www. greentech. com. cn

续表

序号	企业名称	认定年度	成立日期	官网
249	北京麦迪克斯科技有限公司	2023	1994－06－06	www.medextech.com/
250	北京凯丰源信息技术股份有限公司	2023	2010－01－28	www.kaifren.com
251	奥精医疗科技股份有限公司	2023	2004－12－22	www.allgensmed.cn
252	北京映翰通网络技术股份有限公司	2023	2001－05－29	www.inhand.com.cn
253	天新福（北京）医疗器材股份有限公司	2023	2002－01－18	www.tyfmedical.com
254	北京英华达电力电子工程科技有限公司	2023	1992－12－19	www.envada.com.cn
255	北京普诺泰新材料科技有限公司	2023	2003－01－20	chn－protech.com
256	北京世纪东方智汇科技股份有限公司	2023	2014－05－07	www.txce.cn
257	北京炎黄国芯科技有限公司	2023	2016－10－31	www.yhgx－tech.com/
258	北京桀亚莱福生物技术有限责任公司	2023	1995－09－21	www.jayyalife.com.cn
259	北京华成智云软件股份有限公司	2023	2011－09－01	www.hczynet.com
260	中核控制系统工程有限公司	2023	2008－08－18	www.cncs.bj.cn
261	中电华瑞技术有限公司	2023	2010－05－06	www.cepht.com

续表

序号	企业名称	认定年度	成立日期	官网
262	北京阳光诺和药物研究股份有限公司	2023	2009 – 03 – 09	www. sun – novo. com
263	科美诊断技术股份有限公司	2023	2007 – 05 – 10	www. chemclin. com
264	北京安泰钢研超硬材料制品有限责任公司	2023	2001 – 01 – 18	www. gangyan – diamond. com
265	航天科工（北京）空间信息应用股份有限公司	2023	2001 – 02 – 22	—
266	北京恩泽康泰生物科技有限公司	2023	2017 – 06 – 01	www. echobiotech. com
267	北京光年无限科技有限公司	2023	2010 – 07 – 23	—
268	北京固鸿科技有限公司	2023	2005 – 03 – 02	www. granpect. com
269	国网思极网安科技（北京）有限公司	2023	2017 – 09 – 04	—
270	北京紫光青藤微系统有限公司	2023	2019 – 03 – 15	www. tsingtengms. com
271	安东石油技术（集团）有限公司	2023	2002 – 01 – 28	www. antonoil. com
272	北京知存科技有限公司	2023	2017 – 10 – 23	www. witintech. com
273	中安网脉（北京）技术股份有限公司	2023	2006 – 08 – 18	—

续表

序号	企业名称	认定年度	成立日期	官网
274	北京绿创声学工程股份有限公司	2023	2004－10－08	—
275	华夏高铁技术有限公司	2023	2016－12－05	www.cnhsr.com
276	华清农业开发有限公司	2023	2010－11－01	www.hqnychina.com
277	中安锐达（北京）电子科技有限公司	2023	2014－09－15	zardbj.com
278	北京海普瑞森超精密技术有限公司	2023	2015－05－26	www.bjhprs.com
279	达斯玛环境科技（北京）有限公司	2023	2004－08－31	dasmart.com.cn
280	北京科净源科技股份有限公司	2023	2000－09－26	www.kejingyuan.com
281	北京泷涛环境科技有限公司	2023	2013－06－19	www.longtech－env.com
282	北京今大禹环境技术股份有限公司	2023	1998－05－29	—
283	北斗启明（北京）节能科技服务有限公司	2023	2011－06－21	www.bdes.com.cn
284	中交星宇科技有限公司	2023	2016－08－31	—
285	北京中安星云软件技术有限公司	2023	2016－02－26	www.bjzaxy.com

续表

序号	企业名称	认定年度	成立日期	官网
286	有研工程技术研究院有限公司	2023	2018 - 01 - 11	www. grimat. cn
287	华锐风电科技（集团）股份有限公司	2023	2006 - 02 - 09	www. sinovel. com
288	北京华亘安邦科技有限公司	2023	2002 - 07 - 05	www. china - richen. com. cn
289	北京高新利华科技股份有限公司	2023	2001 - 03 - 02	www. bjgxlh. com
290	北京大清生物技术股份有限公司	2023	2001 - 08 - 24	www. datsing. com
291	北京泰瑞特检测技术服务有限责任公司	2023	2007 - 02 - 13	www. tirt. com. cn
292	天云融创数据科技（北京）有限公司	2023	2013 - 05 - 09	www. beagledata. com
293	北京华卓精科科技股份有限公司	2023	2012 - 05 - 09	www. u - precision. com
294	北京志翔科技股份有限公司	2023	2014 - 08 - 05	www. zshield. net
295	北京中科睿芯科技集团有限公司	2023	2014 - 11 - 06	www. smart - core. cn
296	北京北交新能科技有限公司	2023	2015 - 06 - 02	www. sheenpower. com
297	北京中科盛康科技有限公司	2023	2008 - 12 - 24	www. bjzksk. com

续表

序号	企业名称	认定年度	成立日期	官网
298	北京北冶功能材料有限公司	2023	1981 – 06 – 09	www. bygcg. com
299	远江盛邦（北京）网络安全科技股份有限公司	2023	2010 – 12 – 07	www. webray. com. cn
300	北京六合宁远医药科技股份有限公司	2023	2010 – 01 – 28	www. bellenchem. com
301	北京中科科仪股份有限公司	2023	2000 – 12 – 28	www. kyky. com. cn
302	北京中交兴路信息科技股份有限公司	2023	2004 – 06 – 28	www. sinoiov. com
303	北京可信华泰信息技术有限公司	2023	2012 – 08 – 03	www. httc. com. cn
304	中电投工程研究检测评定中心有限公司	2023	2010 – 05 – 18	—
305	蓝箭航天空间科技股份有限公司	2023	2015 – 06 – 01	www. landspace. com
306	北京智行者科技股份有限公司	2023	2015 – 05 – 06	www. idriverplus. com
307	北京瑞风协同科技股份有限公司	2023	2007 – 12 – 20	www. rainfe. com
308	北京睿智航显示科技有限公司	2023	1999 – 05 – 06	www. smart – aero. com. cn
309	中勃科技股份有限公司	2023	2012 – 01 – 31	—

续表

序号	企业名称	认定年度	成立日期	官网
310	北京数码大方科技股份有限公司	2023	2003 - 01 - 03	www. caxa. com
311	北京华大吉比爱生物技术有限公司	2023	1994 - 03 - 21	www. gbi. com. cn
312	北京神州普惠科技股份有限公司	2023	2003 - 10 - 28	www. appsoft. com. cn
313	长扬科技（北京）股份有限公司	2023	2017 - 09 - 12	www. cy - tech. net
314	北京华捷艾米科技有限公司	2023	2014 - 12 - 18	www. hjimi. com
315	驭势科技（北京）有限公司	2023	2016 - 02 - 03	www. uisee. com
316	中科天玑数据科技股份有限公司	2023	2010 - 01 - 04	www. golaxy. cn
317	北京安帝科技有限公司	2023	2016 - 08 - 19	www. andisec. com
318	北京建筑材料检验研究院股份有限公司	2023	2006 - 11 - 02	www. bmtbj. cn
319	北京赛目科技股份有限公司	2023	2014 - 01 - 24	www. saimo. net. cn/
320	北京康美特科技股份有限公司	2023	2005 - 04 - 27	www. bjkmt. com
321	北京朗视仪器股份有限公司	2023	2011 - 03 - 11	www. largev. com

续表

序号	企业名称	认定年度	成立日期	官网
322	北京纳百生物科技有限公司	2023	2014－09－17	www.nbgen.com/
323	北京数字绿土科技股份有限公司	2023	2012－09－04	www.lidar360.com
324	北京英视睿达科技股份有限公司	2023	2015－10－23	www.i2value.com
325	北京升鑫网络科技有限公司	2023	2013－09－06	—
326	北京星辰天合科技股份有限公司	2023	2015－05－13	www.xsky.com
327	北京中科汇联科技股份有限公司	2023	1999－04－26	www.huilan.com
328	北京仁创科技集团有限公司	2023	1996－08－29	www.rechsand.com
329	北京燕化集联光电技术有限公司	2023	2016－04－21	—
330	北京云迹科技股份有限公司	2023	2014－01－29	www.yunjichina.com.cn
331	北京道亨软件股份有限公司	2023	2013－07－08	www.slcad.com
332	中航迈特增材科技（北京）有限公司	2023	2014－02－24	www.avimetalam.com
333	北京恒安嘉新安全技术有限公司	2023	2015－08－28	—
334	遨博（北京）智能科技股份有限公司	2023	2015－01－21	www.aubo－robotics.cn

续表

序号	企业名称	认定年度	成立日期	官网
335	北京诺康达医药科技股份有限公司	2023	2013 - 07 - 23	www. nkdpharm. com
336	北京吉因加医学检验实验室有限公司	2023	2015 - 10 - 30	www. geneplus. cn
337	心诺普医疗技术（北京）有限公司	2023	2007 - 01 - 08	—
338	北京晨晶电子有限公司	2023	2000 - 07 - 25	www. china707crystal. com
339	国信优易数据股份有限公司	2023	2015 - 03 - 26	—
340	北京品驰医疗设备有限公司	2023	2008 - 12 - 15	www. pinsmedical. com
341	北京凯普林光电科技股份有限公司	2023	2003 - 03 - 05	www. bwt - bj. com
342	北京慧荣和科技有限公司	2022	2010 - 03 - 17	—
343	北京柏惠维康科技股份有限公司	2022	2010 - 08 - 03	remebot. com. cn
344	海若斯（北京）环境科技有限公司	2022	2016 - 10 - 26	—
345	北京波尔通信技术股份有限公司	2022	2005 - 05 - 11	www. bestitu. com
346	北京天空卫士网络安全技术有限公司	2022	2015 - 01 - 12	www. skyguard. cn
347	北京航天和兴科技股份有限公司	2022	2003 - 01 - 13	—

续表

序号	企业名称	认定年度	成立日期	官网
348	电信科学技术仪表研究所有限公司	2022	2001 - 04 - 06	—
349	北京渐健医疗科技有限公司	2022	2016 - 05 - 12	www. gagctv. com
350	北京同创永益科技发展有限公司	2022	2009 - 11 - 06	—
351	中科方德软件有限公司	2022	2006 - 12 - 25	—
352	三环永磁（北京）科技有限公司	2022	2006 - 10 - 18	—
353	北京扬德环保能源科技股份有限公司	2022	2007 - 06 - 06	www. yonderep. com
354	北京永洪商智科技有限公司	2022	2012 - 02 - 17	www. yonghongtech. com
355	新石器慧通（北京）科技有限公司	2022	2018 - 02 - 13	www. neolix. cn
356	北京中科金马科技股份有限公司	2022	1998 - 03 - 17	—
357	北京中科海讯数字科技股份有限公司	2022	2005 - 07 - 18	www. zhongkehaixun. com
358	北京网藤科技有限公司	2022	2016 - 03 - 30	www. inetvine. com
359	北京丹华昊博电力科技有限公司	2022	2003 - 09 - 17	www. dhhb. com
360	北京中科晶上科技股份有限公司	2022	2011 - 03 - 11	www. sylincom. com

续表

序号	企业名称	认定年度	成立日期	官网
361	北京轻网科技股份有限公司	2022	2016 – 07 – 19	www. lightwan. com
362	大禹伟业（北京）国际科技有限公司	2022	2008 – 09 – 01	www. yugreat. com
363	北斗天汇（北京）科技有限公司	2022	2007 – 10 – 11	www. bdth. cn
364	索为技术股份有限公司	2022	2006 – 06 – 13	www. sysware. com. cn
365	北京实力源科技开发有限责任公司	2022	1998 – 02 – 25	www. powertech. com. cn
366	北京钛方科技有限责任公司	2022	2015 – 06 – 09	www. taifangtech. com
367	电王精密电器（北京）有限公司	2022	2002 – 09 – 17	www. denoh. com. cn
368	互联网域名系统北京市工程研究中心有限公司	2022	2013 – 03 – 28	www. zdns. cn
369	北京万里开源软件有限公司	2022	2000 – 10 – 24	www. greatdb. com
370	北京月新时代科技股份有限公司	2022	2003 – 08 – 07	www. yxsd. com. cn
371	北京首都在线科技股份有限公司	2022	2005 – 07 – 13	—
372	泰瑞数创科技（北京）股份有限公司	2022	2004 – 08 – 16	—

续表

序号	企业名称	认定年度	成立日期	官网
373	北京中鼎高科自动化技术有限公司	2022	2007－05－24	www. zodngoc. com
374	昆仑太科（北京）技术股份有限公司	2022	2005－04－27	www. kunluntech. com. cn
375	北京爱尔达电子设备有限公司	2022	1996－11－26	www. airda. com
376	中食净化科技（北京）股份有限公司	2022	2008－04－23	www. cfcjh. com
377	中关村科学城城市大脑股份有限公司	2022	2003－01－20	www. zgcworld. com
378	北京金印联国际供应链管理有限公司	2022	1998－09－07	www. jinyinlian. com
379	北京索英电气技术股份有限公司	2022	2002－02－25	www. soaring. com. cn
380	北京中航智科技有限公司	2022	2012－11－06	www. zhz. com
381	北矿新材科技有限公司	2022	2011－11－02	www. bamstc. com
382	北京清畅电力技术股份有限公司	2022	2005－10－13	www. qch365. com
383	北京北方华创真空技术有限公司	2022	2017－01－10	—
384	北京博能科技股份有限公司	2022	2005－10－10	www. bjbn. net
385	北京北化高科新技术股份有限公司	2022	2001－01－05	—

续表

序号	企业名称	认定年度	成立日期	官网
386	丰电科技集团股份有限公司	2022	1997－12－15	www. fendytech. com
387	北京浦丹光电股份有限公司	2022	2008－06－16	www. panwoo. com/cn
388	北京广厦环能科技股份有限公司	2022	2001－02－21	www. groundsun. com
389	北京美尔斯通科技发展股份有限公司	2022	2005－01－10	www. melst. com
390	北矿检测技术股份有限公司	2022	2016－10－31	——
391	北京澳丰源科技股份有限公司	2022	2004－06－30	www. afykj. com
392	北京国瑞升科技集团股份有限公司	2022	2001－06－28	www. bjgrish. com
393	北京万龙精益科技有限公司	2022	2012－01－31	www. otoing. com
394	航天宏康智能科技（北京）有限公司	2022	1997－01－15	——
395	北京宏诚创新科技有限公司	2022	2014－05－04	www. honortrends. com
396	北京九章环境工程股份有限公司	2022	2005－12－06	www. jozzon. com
397	仟亿达集团股份有限公司	2022	2004－05－18	www. ktcn888. com
398	国网思极位置服务有限公司	2022	2017－08－29	——

续表

序号	企业名称	认定年度	成立日期	官网
399	北京中宇万通科技股份有限公司	2022	2005 - 01 - 06	—
400	北京科跃中楷生物技术有限公司	2022	2007 - 06 - 07	www. keyuebio. com
401	北京爱可生信息技术股份有限公司	2022	2005 - 07 - 26	www. bjaction. com
402	北京中数智汇科技股份有限公司	2022	2012 - 07 - 10	www. chinadaas. com
403	北京智网易联科技有限公司	2022	2014 - 04 - 23	www. zhiwangyilian. com
404	北京有色金属与稀土应用研究所有限公司	2022	1963 - 11 - 01	www. ysxts. com
405	依文服饰股份有限公司	2022	2010 - 12 - 22	www. evefashion. com
406	阳光凯讯（北京）科技股份有限公司	2022	2003 - 08 - 08	www. sunkaisens. com
407	北京卫蓝新能源科技股份有限公司	2022	2016 - 08 - 11	www. solidstatelion. com
408	北京格林威尔科技发展有限公司	2022	2000 - 02 - 22	www. gwtt. com
409	北京博科测试系统股份有限公司	2022	2006 - 05 - 15	www. bbkco. com. cn
410	北京烽火万家科技有限公司	2022	2013 - 03 - 21	—

续表

序号	企业名称	认定年度	成立日期	官网
411	北京全网数商科技股份有限公司	2022	2005 – 09 – 01	www. qwang. com. cn
412	芯洲科技（北京）股份有限公司	2022	2016 – 03 – 07	www. silicontent. com
413	北京偶数科技有限公司	2022	2016 – 12 – 29	www. oushu. com
414	北京元六鸿远电子科技股份有限公司	2022	2001 – 12 – 06	www. yldz. com. cn
415	北京天泽电力集团股份有限公司	2022	1997 – 10 – 24	www. tze. com. cn
416	北京北科天绘科技有限公司	2022	2005 – 04 – 05	www. isurestar. com
417	北京中卓时代消防装备科技有限公司	2022	2005 – 01 – 21	www. bjzzsd. com
418	北京金朋达航空科技有限公司	2022	2012 – 05 – 11	www. bjgfa. com
419	航天中认软件测评科技（北京）有限责任公司	2022	2013 – 03 – 27	—
420	北京中科国信科技股份有限公司	2022	2005 – 09 – 09	www. cntec. cc
421	触景无限科技（北京）有限公司	2022	2010 – 02 – 11	www. senscape. com. cn
422	北京中持绿色能源环境技术有限公司	2022	2009 – 09 – 01	www. sgeet. net

续表

序号	企业名称	认定年度	成立日期	官网
423	中机科（北京）车辆检测工程研究院有限公司	2022	2001 - 10 - 23	www. syc. org. cn
424	北京踏歌智行科技有限公司	2022	2016 - 10 - 12	i - tage. com/
425	北京昭衍新药研究中心股份有限公司	2022	1998 - 02 - 25	www. joinnlabs. com
426	北京中航科电测控技术股份有限公司	2022	2007 - 02 - 07	www. bjzhkd. com
427	大唐融合通信股份有限公司	2022	1999 - 12 - 16	—
428	中化化工科学技术研究总院有限公司	2022	2000 - 05 - 22	—
429	北京科健生物技术有限公司	2022	2017 - 06 - 15	www. cojoing. com
430	北方天途航空技术发展（北京）有限公司	2022	2008 - 09 - 01	www. ttaviation. com
431	北京思路智园科技有限公司	2022	2017 - 04 - 10	www. spsolution. cn
432	北京和合医学诊断技术股份有限公司	2022	2010 - 12 - 03	www. labhh. com
433	北京和利时电机技术有限公司	2022	2000 - 06 - 22	www. syn - tron. com
434	北京六方云信息技术有限公司	2022	2018 - 04 - 11	www. 6cloudtech. com

续表

序号	企业名称	认定年度	成立日期	官网
435	北京航天微电科技有限公司	2022	1988 – 12 – 26	—
436	北京华峰测控技术股份有限公司	2022	1993 – 02 – 01	www. accotest. com
437	北京鹰瞳科技发展股份有限公司	2022	2015 – 09 – 09	www. airdoc. com
438	北京天泽智云科技有限公司	2022	2016 – 11 – 11	www. cyber – insight. com
439	北京津发科技股份有限公司	2022	2010 – 12 – 16	www. kingfar. cn
440	北京百瑞互联技术股份有限公司	2022	2017 – 10 – 20	—
441	北京全四维动力科技有限公司	2022	2004 – 01 – 06	www. 4dpower. com. cn
442	北京世纪高通科技有限公司	2022	2005 – 09 – 15	www. cennavi. com. cn
443	北京航化节能环保技术有限公司	2022	2010 – 12 – 22	www. ht11. com. cn
444	北京理工雷科电子信息技术有限公司	2022	2009 – 12 – 25	www. racobit. com
445	北京易捷思达科技发展有限公司	2022	2013 – 09 – 17	www. easystack. cn
446	北京兆信信息技术股份有限公司	2022	2002 – 11 – 15	www. panpass. com
447	北京锦鸿希电信息技术股份有限公司	2022	1993 – 11 – 15	www. chinaxidian. com

续表

序号	企业名称	认定年度	成立日期	官网
448	北京约顿气膜建筑技术股份有限公司	2022	2006 – 03 – 07	www. yuedundomes. com
449	北京国科环宇科技股份有限公司	2022	2004 – 11 – 25	www. ucas. com. cn
450	北京拓普丰联信息科技股份有限公司	2022	2003 – 10 – 27	www. topnet. net. cn
451	北京同创信通科技有限公司	2022	2016 – 04 – 29	www. 51xtong. com
452	托普威尔石油技术股份公司	2022	2002 – 03 – 26	www. top – well. com
453	博创联动科技股份有限公司	2022	2014 – 12 – 29	www. uml – tech. com
454	数据堂（北京）科技股份有限公司	2022	2010 – 08 – 26	www. datatang. com
455	北京致远互联软件股份有限公司	2022	2002 – 04 – 02	www. seeyon. com
456	北京市京科伦冷冻设备有限公司	2022	2003 – 12 – 12	www. jingkelun. com
457	北京慧清科技有限公司	2022	2011 – 03 – 14	www. huiqingkeji. com
458	北京宏动科技股份有限公司	2022	2000 – 11 – 23	www. macropower. com. cn
459	北京中科国润环保科技有限公司	2022	2011 – 02 – 14	www. bjzkgr. com
460	京磁材料科技股份有限公司	2022	2003 – 12 – 18	www. bjmt. com. cn

续表

序号	企业名称	认定年度	成立日期	官网
461	北京航天石化技术装备工程有限公司	2022	1991－08－25	mail. calt11. cn
462	北京德风新征程科技股份有限公司	2022	2015－03－26	www. deltaphone. com. cn
463	国能智深控制技术有限公司	2022	2002－05－21	—
464	北京神州飞航科技有限责任公司	2022	2004－10－28	www. senfetech. com
465	大恒新纪元科技股份有限公司	2022	1998－12－14	www. dhxjy. com. cn
466	北京云思畅想科技有限公司	2022	2014－08－13	—
467	塞尔姆（北京）科技有限责任公司	2022	2014－07－02	www. selmtec. com
468	北京博汇特环保科技股份有限公司	2022	2009－06－12	www. bhtwater. com
469	北京呈创科技股份有限公司	2022	2009－08－31	www. centran. cn
470	北京北化新橡特种材料科技股份有限公司	2022	2001－07－31	www. bhxxpt. com
471	北京卓越信通电子股份有限公司	2022	2006－07－18	www. transcendcom. cn
472	北京星和众工设备技术股份有限公司	2022	2003－05－22	www. bjsri. cn

续表

序号	企业名称	认定年度	成立日期	官网
473	北京迪玛克医药科技有限公司	2022	2004 – 11 – 09	www. demaxmedical. com
474	天根生化科技（北京）有限公司	2022	2005 – 07 – 19	www. tiangen. com
475	北京金轮坤天特种机械有限公司	2022	2003 – 06 – 20	—
476	北京史河科技有限公司	2022	2015 – 09 – 09	www. robotplusplus. com
477	北京星箭长空测控技术股份有限公司	2022	2003 – 07 – 11	www. sinstek. com
478	北京天海工业有限公司	2022	1992 – 07 – 18	www. btic. cn
479	北京通美晶体技术股份有限公司	2022	1998 – 09 – 25	—
480	北京汉王影研科技有限公司	2022	2005 – 07 – 15	www. docimax. com. cn
481	北京华创瑞风空调科技有限公司	2022	2005 – 06 – 16	www. sinorefine. com. cn
482	北京安智因生物技术有限公司	2022	2017 – 09 – 13	www. anngeen. com
483	北京卓立汉光仪器有限公司	2022	1999 – 07 – 19	zolix. com. cn/index. html
484	北京金控数据技术股份有限公司	2022	2008 – 09 – 25	www. kingtroldata. com
485	奇秦科技（北京）股份有限公司	2022	2007 – 05 – 15	www. qzingtech. com

续表

序号	企业名称	认定年度	成立日期	官网
486	北京鑫康辰医学科技发展有限公司	2022	2002 - 02 - 05	www. xkc304. com
487	航天智控（北京）监测技术有限公司	2022	2010 - 08 - 17	www. aicmonitor. com
488	全讯汇聚网络科技（北京）有限公司	2022	2013 - 06 - 03	—
489	北京泰杰伟业科技股份有限公司	2022	2008 - 10 - 15	www. tjwymedical. com
490	北京宇翔电子有限公司	2022	1969 - 01 - 01	—
491	北京握奇数据股份有限公司	2022	1994 - 11 - 18	www. watchdata. com. cn
492	中电科安科技股份有限公司	2022	2010 - 09 - 06	www. cecsys. com
493	融硅思创（北京）科技有限公司	2022	2011 - 12 - 06	www. rgsc. com. cn
494	中冶赛迪电气技术有限公司	2022	2007 - 12 - 05	www. cisdielectric. com
495	北京星际荣耀空间科技股份有限公司	2022	2016 - 10 - 11	www. i - space. com. cn
496	北京派尔特医疗科技股份有限公司	2022	2002 - 09 - 25	www. pantherhealthcare. com
497	中航国际金网（北京）科技有限公司	2022	2005 - 04 - 29	www. avicnet. cn
498	万华普曼生物工程有限公司	2022	1993 - 06 - 14	www. whpm. com. cn

续表

序号	企业名称	认定年度	成立日期	官网
499	阿依瓦（北京）技术有限公司	2022	2011－06－13	www.alva.com.cn
500	基康仪器股份有限公司	2022	1998－03－25	www.geokon.com.cn
501	北京莱伯泰科仪器股份有限公司	2022	2002－01－08	www.labtechgroup.com
502	北京蜂云科创信息技术有限公司	2022	2015－04－02	www.beescloud.cn
503	航天神舟智慧系统技术有限公司	2022	1997－04－30	—
504	北京市科通电子继电器总厂有限公司	2022	1965－01－01	www.keytone.net.cn
505	北京佳格天地科技有限公司	2022	2016－02－17	www.gagogroup.com
506	北醒（北京）光子科技有限公司	2022	2015－06－09	—
507	北京万维盈创科技发展有限公司	2022	2004－10－14	www.wanweitech.cn
508	华控清交信息科技（北京）有限公司	2022	2018－09－06	www.tsingj.com
509	北京安声科技有限公司	2022	2014－10－14	www.ancsonic.com
510	北京九章云极科技有限公司	2022	2013－02－26	www.datacanvas.com
511	北京中科飞鸿科技股份有限公司	2022	2000－05－25	www.zkfh.com

续表

序号	企业名称	认定年度	成立日期	官网
512	飞天联合（北京）系统技术有限公司	2022	2011 - 04 - 02	www. fts. aero
513	北京航天众信科技有限公司	2022	2015 - 07 - 29	—
514	天普新能源科技有限公司	2022	2011 - 06 - 10	www. tianpu. com
515	北京深盾科技股份有限公司	2022	2013 - 03 - 04	www. sensestore. com. cn
516	北京盈科瑞创新医药股份有限公司	2022	2005 - 11 - 01	ykrcx. com
517	中星联华科技（北京）有限公司	2022	2009 - 02 - 18	www. sinolink - technologies. com
518	新能动力（北京）电气科技有限公司	2022	2008 - 06 - 06	www. novtium. com
519	北京北分瑞利分析仪器（集团）有限责任公司	2022	1996 - 07 - 25	www. bfrl. com. cn
520	北京天地融创科技股份有限公司	2022	2016 - 04 - 25	—
521	北京赛赋医药研究院有限公司	2022	2016 - 06 - 12	www. safeglp. com
522	北京华大九天科技股份有限公司	2022	2009 - 05 - 26	www. empyrean. com. cn
523	北京一数科技有限公司	2022	2015 - 03 - 18	www. a - su. com. cn

续表

序号	企业名称	认定年度	成立日期	官网
524	北京连山科技股份有限公司	2022	2006－09－20	www. lssec. cn
525	卡斯柯信号（北京）有限公司	2022	2018－08－22	—
526	北京八亿时空液晶科技股份有限公司	2022	2004－07－09	www. bayi. com. cn
527	北京首钢吉泰安新材料有限公司	2022	1956－01－01	—
528	中科星睿科技（北京）有限公司	2022	2018－05－18	starwiz. cn
529	北京创思工贸有限公司	2022	2000－04－10	transoptics. com. cn
530	北京鼎材科技有限公司	2022	2013－09－16	www. eternalmt. com
531	北京华夏视科技股份有限公司	2022	2010－04－23	—
532	北京航天斯达科技有限公司	2022	1992－07－01	—
533	北京中科慧眼科技有限公司	2022	2014－10－11	www. smartereye. com
534	超云数字技术集团有限公司	2022	2010－11－19	—
535	三盈联合科技股份有限公司	2022	2005－11－23	www. sanki. com. cn
536	北京七星华创流量计有限公司	2022	2017－01－10	www. mfcsevenstar. com

续表

序号	企业名称	认定年度	成立日期	官网
537	北京卓镭激光技术有限公司	2022	2014-08-06	www. gracelaser. com
538	北京江南天安科技有限公司	2022	2005-02-25	www. tass. com. cn
539	北京易智时代数字科技有限公司	2022	2005-02-23	www. 1001xr. com
540	北京百普赛斯生物科技股份有限公司	2022	2010-07-22	www. acrobiosystems. cn
541	北京和升达信息安全技术有限公司	2022	2004-01-05	www. heshengda. com
542	北京忆芯科技有限公司	2022	2015-11-23	—
543	北京创新爱尚家科技股份有限公司	2022	2013-03-14	www. aikalife. com
544	北京中科新微特科技开发股份有限公司	2022	2001-08-13	www. newmicro. com. cn
545	北矿机电科技有限责任公司	2022	2010-11-02	www. bgrimm-mat. com
546	江南信安（北京）科技有限公司	2022	2009-03-20	—
547	信开环境投资有限公司	2022	2015-07-30	—
548	北京星网宇达科技股份有限公司	2022	2005-05-20	www. starneto. com

续表

序号	企业名称	认定年度	成立日期	官网
549	北京神州安付科技股份有限公司	2022	2015 – 10 – 19	www. szanfu. cn
550	北京浦然轨道交通科技股份有限公司	2022	2008 – 09 – 12	www. purankeji. com
551	北京泰策科技有限公司	2022	2003 – 01 – 08	testor. com. cn
552	中科驭数（北京）科技有限公司	2022	2018 – 04 – 25	www. yusur. tech
553	北京市腾河电子技术有限公司	2022	2011 – 09 – 13	—
554	北京康普锡威科技有限公司	2022	2005 – 01 – 20	www. composolder. com
555	清大国华环境集团股份有限公司	2022	2004 – 05 – 21	www. gohigher. cn
556	北京中鼎昊硕科技有限责任公司	2022	2011 – 06 – 17	www. wemax. com. cn
557	北京德为智慧科技有限公司	2022	2017 – 07 – 28	www. d – view. cn
558	热华能源股份有限公司	2022	2007 – 04 – 10	www. nowva. com. cn
559	北京速迈医疗科技有限公司	2022	2007 – 07 – 12	www. sonicmed. com. cn
560	北京唯迈医疗设备有限公司	2022	2014 – 08 – 14	www. we – med. com
561	爱美客技术发展股份有限公司	2022	2004 – 06 – 09	www. imeik. net

序号	企业名称	认定年度	成立日期	官网
562	北京中纺化工股份有限公司	2022	2000－08－01	www. bjctc. com. cn
563	国能信控互联技术有限公司	2022	2003－04－17	——
564	北京立思辰计算机技术有限公司	2022	2010－12－31	——
565	北京美联泰科生物技术有限公司	2022	2017－07－18	www. sophonix. net
566	梅卡曼德（北京）机器人科技有限公司	2022	2016－09－12	www. mech－mind. com. cn
567	国科天成科技股份有限公司	2022	2014－01－08	www. teemsun. com. cn
568	易显智能科技有限责任公司	2022	2015－11－06	www. jqrjl. com
569	北京视界云天科技有限公司	2022	2016－02－18	——
570	北京中科网威信息技术有限公司	2022	1999－10－29	www. netpower. com. cn
571	北京迪蒙数控技术有限责任公司	2022	2008－01－16	www. dmnc－edm. com
572	中瑞恒（北京）科技有限公司	2022	2007－08－24	www. zruiheng. com
573	北京中航泰达环保科技股份有限公司	2022	2011－12－19	——

续表

序号	企业名称	认定年度	成立日期	官网
574	北京瑞莱智慧科技有限公司	2022	2018 – 07 – 25	real – ai. cn
575	国开启科量子技术（北京）有限公司	2022	2016 – 04 – 14	www. qudoor. com
576	北京唐智科技发展有限公司	2022	2001 – 12 – 03	www. tangzhi. com
577	龙铁纵横（北京）轨道交通科技股份有限公司	2022	2007 – 12 – 17	www. longtie. net
578	昆腾微电子股份有限公司	2022	2006 – 09 – 28	www. ktmicro. com
579	北京首钢朗泽科技股份有限公司	2022	2011 – 11 – 11	bjsglt. com
580	北京昭衍生物技术有限公司	2022	2019 – 02 – 28	www. joinnbio. com. cn
581	北京天拓四方科技股份有限公司	2022	2000 – 12 – 19	www. bjttsf. com
582	北京美中双和医疗器械股份有限公司	2022	1999 – 11 – 26	www. amsinomed. com
583	国家电投集团氢能科技发展有限公司	2022	2017 – 05 – 11	—
584	北京国控天成科技有限公司	2022	2007 – 04 – 27	www. sinocontrol. cn
585	北京科太亚洲生态科技股份有限公司	2022	2006 – 01 – 17	www. ecotec – asia. com

续表

序号	企业名称	认定年度	成立日期	官网
586	博锐尚格科技股份有限公司	2022	2009 – 03 – 02	www. persagy. com
587	基石酷联微电子技术（北京）有限公司	2022	2014 – 05 – 06	www. gscoolink. com/
588	海杰亚（北京）医疗器械有限公司	2022	2010 – 11 – 04	www. hygeamed. com
589	北京寄云鼎城科技有限公司	2022	2013 – 09 – 05	www. neucloud. cn
590	北京思凌科半导体技术有限公司	2022	2016 – 03 – 24	www. siliconductor. com
591	北京博宇半导体工艺器皿技术有限公司	2022	2002 – 10 – 22	www. bypbn. com
592	北京开运联合信息技术集团股份有限公司	2022	2004 – 04 – 29	www. creatunion. com
593	拓尔思天行网安信息技术有限责任公司	2022	2000 – 01 – 21	www. topwalk. com
594	北京云道智造科技有限公司	2022	2014 – 03 – 07	www. ibe. cn
595	北京神网创新科技有限公司	2022	2001 – 03 – 19	www. swcx. com
596	北京军懋国兴科技股份有限公司	2022	2009 – 08 – 19	www. jmgxcc. com. cn
597	合众环境（北京）股份有限公司	2022	2008 – 09 – 01	www. horizon – water. com

续表

序号	企业名称	认定年度	成立日期	官网
598	北京开普云信息科技有限公司	2022	2002－07－01	www. ucap. com. cn
599	艾美特焊接自动化技术（北京）有限公司	2022	2004－09－28	www. ametasia. com
600	中建材中岩科技有限公司	2022	2009－07－17	www. chinasccm. com
601	北京航天益森风洞工程技术有限公司	2022	2010－04－29	—
602	北京大道云行科技有限公司	2022	2015－01－16	www. taocloudx. com
603	北京煜鼎增材制造研究院股份有限公司	2022	2014－07－17	www. yuding－am. com
604	北京维德维康生物技术有限公司	2022	2008－08－21	www. wdwkbio. com
605	北京维卓致远医疗科技发展有限责任公司	2022	2016－03－14	www. visual3d. cn
606	北京三态环境科技有限公司	2022	2014－07－31	—
607	北京宝兰德软件股份有限公司	2022	2008－03－27	www. bessystem. com
608	北京航天驭星科技有限公司	2022	2016－10－12	www. emposat. com
609	北京华龙通科技有限公司	2022	2004－10－28	www. hltong. cn

续表

序号	企业名称	认定年度	成立日期	官网
610	北京海德利森科技有限公司	2022	2001 – 12 – 20	www. hydrosyscorp. com
611	北京中庆现代技术股份有限公司	2022	2001 – 04 – 04	www. zonekey. com. cn
612	北京北旭电子材料有限公司	2022	1993 – 11 – 16	www. baebj. com
613	超同步股份有限公司	2022	2008 – 08 – 08	www. ctb. com. cn
614	中国机械总院集团北京机电研究所有限公司	2022	2000 – 09 – 08	www. brimet. ac. cn
615	北京凌空天行科技有限责任公司	2022	2012 – 08 – 08	—
616	芯视界（北京）科技有限公司	2022	2016 – 09 – 22	www. qtetech. cn
617	北京忆恒创源科技股份有限公司	2022	2011 – 02 – 15	www. memblaze. com/cn
618	北京天耀宏图科技有限公司	2022	2012 – 08 – 15	—
619	新港海岸（北京）科技有限公司	2022	2012 – 05 – 23	www. newcosemi. com
620	北京远舢智能科技有限公司	2022	2018 – 05 – 08	www. yuanshan – ai. com
621	中电运行（北京）信息技术有限公司	2022	2013 – 08 – 28	—

续表

序号	企业名称	认定年度	成立日期	官网
622	北京振冲工程机械有限公司	2022	2007 – 01 – 17	www. chinazcq. com
623	北京好运达智创科技有限公司	2022	2016 – 12 – 16	www. hydinin. com
624	北京天罡助剂有限责任公司	2022	1998 – 06 – 15	www. tiangang. com
625	北京太格时代电气股份有限公司	2022	2004 – 04 – 20	www. togest. com
626	北京七一八友益电子有限责任公司	2022	2000 – 11 – 14	—
627	安世亚太科技股份有限公司	2022	2003 – 12 – 12	www. peraglobal. com
628	北京赛诺膜技术有限公司	2022	2009 – 08 – 24	www. scinormem. com
629	北京云恒科技研究院有限公司	2022	2012 – 07 – 10	—
630	利江特能（北京）设备有限公司	2022	2002 – 07 – 12	www. tenon. com. cn
631	新华都特种电气股份有限公司	2022	1985 – 03 – 16	www. xinhuadu. com. cn
632	北京山维科技股份有限公司	2022	1989 – 01 – 28	www. sunwaysurvey. com. cn
633	北京云中融信网络科技有限公司	2022	2015 – 03 – 18	www. rongcloud. cn
634	北京诺亦腾科技有限公司	2022	2012 – 12 – 21	www. noitom. com. cn

续表

序号	企业名称	认定年度	成立日期	官网
635	北京利尔高温材料股份有限公司	2022	2000 - 11 - 08	—
636	清能德创电气技术（北京）有限公司	2022	2012 - 04 - 17	www. tsino - dynatron. com
637	北京华泰诺安探测技术有限公司	2022	2015 - 10 - 23	—
638	新奥特（北京）视频技术有限公司	2022	2007 - 06 - 21	www. cdv. com
639	北京中超伟业信息安全技术股份有限公司	2022	2009 - 02 - 11	www. zgzcwy. com
640	北京凝思软件股份有限公司	2022	2016 - 02 - 29	www. linx - info. com
641	北京数码视讯软件技术发展有限公司	2022	2013 - 10 - 14	—
642	华科精准（北京）医疗科技有限公司	2022	2015 - 08 - 27	sinovationmed. com
643	北京千禧维讯科技有限公司	2022	2002 - 03 - 07	—
644	高拓讯达（北京）微电子股份有限公司	2022	2007 - 05 - 29	www. altobeam. com
645	北京华清瑞达科技有限公司	2022	2010 - 05 - 12	www. hqradar. com
646	北京人民电器厂有限公司	2022	1992 - 09 - 23	www. securelucky. com

续表

序号	企业名称	认定年度	成立日期	官网
647	北京世维通科技股份有限公司	2022	2016 – 09 – 28	www. swt – oc. com
648	北京微纳星空科技有限公司	2022	2017 – 08 – 07	www. minospace. cn
649	北京伽略电子股份有限公司	2022	2004 – 03 – 15	—
650	中能融合智慧科技有限公司	2022	2018 – 11 – 07	www. zhnrh. com
651	北京中铠天成科技股份有限公司	2022	2008 – 03 – 03	—
652	北京市腾河智慧能源科技有限公司	2022	2013 – 12 – 06	www. tenghesmart. com
653	北京博清科技有限公司	2022	2017 – 01 – 18	botsing. com
654	睿信丰空天科技（北京）股份有限公司	2022	2013 – 01 – 14	—
655	北京亿赛通科技发展有限责任公司	2022	2003 – 01 – 21	www. esafenet. com/
656	云和恩墨（北京）信息技术有限公司	2022	2011 – 07 – 26	—
657	北京沃丰时代数据科技有限公司	2022	2013 – 07 – 24	www. udesk. cn
658	联泰集群（北京）科技有限责任公司	2022	2008 – 05 – 30	www. lthpc. com

续表

序号	企业名称	认定年度	成立日期	官网
659	北京豪思生物科技股份有限公司	2022	2016 – 03 – 18	www. haosibiotech. com
660	铁科（北京）轨道装备技术有限公司	2022	2009 – 06 – 08	—
661	北京天星医疗股份有限公司	2022	2017 – 07 – 31	www. starsportmed. com
662	北京博鲁斯潘精密机床有限公司	2022	2006 – 04 – 14	—
663	北京七一八友晟电子有限公司	2022	2000 – 11 – 14	—
664	北京航天恒丰科技股份有限公司	2022	2008 – 10 – 06	www. bjhthfgf. com
665	北京思创贯宇科技开发有限公司	2022	2000 – 10 – 17	www. crealifemed. com
666	中煤科工清洁能源股份有限公司	2022	2014 – 10 – 31	—
667	北京倚天凌云科技股份有限公司	2022	2003 – 04 – 14	www. ncnc. cn
668	北京市春立正达医疗器械股份有限公司	2022	1998 – 02 – 12	www. clzd. com
669	北京国遥新天地信息技术股份有限公司	2022	2004 – 04 – 14	www. ev – image. com
670	北京京仪北方仪器仪表有限公司	2022	1980 – 11 – 01	www. jybfgs. com

续表

序号	企业名称	认定年度	成立日期	官网
671	北京九天利建信息技术股份有限公司	2022	2004 – 04 – 30	www. novsky. com
672	北京清大科越股份有限公司	2022	2004 – 06 – 07	www. qctc. com. cn
673	国标（北京）检验认证有限公司	2022	2014 – 07 – 25	www. gbtcgroup. com
674	北京国电高科科技有限公司	2022	2015 – 06 – 19	www. guodiangaoke. com
675	北京海泰方圆科技股份有限公司	2022	2003 – 02 – 28	www. haitaichina. com
676	北京安必奇生物科技有限公司	2022	2010 – 08 – 05	www. abace – biology. com
677	北京和利康源医疗科技有限公司	2022	2010 – 06 – 04	—
678	北京合康科技发展有限责任公司	2022	1996 – 03 – 27	www. hekang. com
679	北京中材人工晶体研究院有限公司	2022	2005 – 04 – 22	www. risc. com. cn
680	安泰环境工程技术有限公司	2022	2015 – 12 – 30	www. atmenv. com
681	机科发展科技股份有限公司	2022	2002 – 05 – 31	www. mtd. com. cn
682	北京京仪自动化装备技术股份有限公司	2022	2016 – 06 – 30	www. baecltd. com. cn

续表

序号	企业名称	认定年度	成立日期	官网
683	三未信安科技股份有限公司	2022	2008 - 08 - 18	www. sansec. com. cn
684	北京锐洁机器人科技有限公司	2022	2013 - 01 - 07	www. reje. com. cn
685	北京泽华化学工程有限公司	2022	1995 - 03 - 18	www. zehua - chem. com
686	北京天科合达半导体股份有限公司	2022	2006 - 09 - 12	www. tankeblue. com
687	北京信而泰科技股份有限公司	2022	2007 - 07 - 04	www. xinertel. com
688	北京华科仪科技股份有限公司	2022	1995 - 03 - 29	www. huakeyi. com
689	北京软体机器人科技股份有限公司	2022	2016 - 03 - 16	www. softrobottech. com
690	北京市电加工研究所有限公司	2022	2000 - 12 - 15	www. biem. com. cn
691	安诺优达基因科技（北京）有限公司	2022	2012 - 04 - 28	www. annoroad. com
692	中科三清科技有限公司	2022	2016 - 01 - 11	www. 3clear. com
693	北京中科富海低温科技有限公司	2022	2016 - 08 - 04	—
694	北京市富乐科技开发有限公司	2022	1996 - 06 - 28	www. fulekeji. com
695	北京捷杰西科技股份有限公司	2022	2009 - 03 - 17	www. jjcpe. com

续表

序号	企业名称	认定年度	成立日期	官网
696	北京拓盛电子科技有限公司	2022	2005 – 08 – 31	www. tocel. com. cn
697	清研讯科（北京）科技有限公司	2022	2014 – 05 – 16	www. tsingoal. com
698	北京轩宇信息技术有限公司	2022	2013 – 07 – 01	www. sunwiseinfo. com
699	北京中电华大电子设计有限责任公司	2022	2002 – 06 – 06	www. hed. com. cn
700	北京群菱能源科技有限公司	2021	2011 – 06 – 20	www. bjqunling. com
701	北京中科博联科技集团有限公司	2021	2008 – 06 – 26	www. zkbl. ac. cn
702	云知声智能科技股份有限公司	2021	2012 – 06 – 29	www. unisound. com
703	北京永新视博数字电视技术有限公司	2021	2004 – 05 – 31	www. novel – supertv. com
704	北京康吉森技术有限公司	2021	2010 – 01 – 14	www. consentech. cn
705	北京天地和兴科技有限公司	2021	2007 – 08 – 14	www. tdhxkj. com
706	北京同益中新材料科技股份有限公司	2021	1999 – 02 – 10	www. bjtyz. com
707	北京科荣达航空科技股份有限公司	2021	1997 – 05 – 09	www. bj – cronda. com
708	北京怡和嘉业医疗科技股份有限公司	2021	2001 – 07 – 27	www. bmc – medical. com

续表

序号	企业名称	认定年度	成立日期	官网
709	北京航宇创通技术股份有限公司	2021	2007 - 12 - 05	—
710	北京嘉和美康信息技术有限公司	2021	2005 - 07 - 13	www. goodwillcis. com
711	北京和隆优化科技股份有限公司	2021	2004 - 08 - 13	www. yhkz. com
712	北京轩宇空间科技有限公司	2021	2011 - 03 - 08	—
713	北京蓝海建设股份有限公司	2021	2008 - 02 - 14	www. rcytgs. com
714	北京凯视达科技股份有限公司	2021	2011 - 06 - 14	www. kystar. net
715	北京理工导航控制科技股份有限公司	2021	2012 - 02 - 24	www. bitnavi. cn
716	北京勤邦科技股份有限公司	2021	2008 - 12 - 30	kwinbon. foodmate. net
717	北京华航唯实机器人科技股份有限公司	2021	2013 - 06 - 17	www. chlrob. com
718	凌云光技术股份有限公司	2021	2002 - 08 - 13	www. lusterinc. com
719	北京微步在线科技有限公司	2021	2015 - 07 - 03	threatbook. cn
720	北京海博思创科技股份有限公司	2021	2011 - 11 - 04	www. hyperstrong. com. cn

续表

序号	企业名称	认定年度	成立日期	官网
721	诺文科风机（北京）有限公司	2021	2009 – 07 – 17	—
722	北京九强生物技术股份有限公司	2021	2001 – 03 – 29	www. bsbe. com. cn
723	赫普能源环境科技股份有限公司	2021	2016 – 06 – 24	www. hepuenergy. com
724	北京森馥科技股份有限公司	2021	2002 – 04 – 25	www. safetytech. cn
725	北京达博有色金属焊料有限责任公司	2021	1999 – 12 – 16	www. doublink. com
726	北京联合荣大工程材料股份有限公司	2021	1996 – 05 – 15	www. alliedrongda. com. cn
727	北京中鼎恒业科技股份有限公司	2021	2002 – 12 – 09	www. zdhy. com. cn
728	中天众达智慧城市科技有限公司	2021	2013 – 08 – 28	—
729	中机恒通环境科技有限公司	2021	2014 – 09 – 17	—
730	北京金橙子科技股份有限公司	2021	2004 – 01 – 14	www. bjjcz. cn
731	北京大成国测科技股份有限公司	2021	2010 – 12 – 23	www. dcgc. com. cn
732	北京世纪瑞尔技术股份有限公司	2021	1999 – 05 – 03	—

续表

序号	企业名称	认定年度	成立日期	官网
733	中安华邦（北京）安全生产技术研究院股份有限公司	2021	2012－11－20	www. chipont. com. cn
734	北京宜通华瑞科技有限公司	2021	2006－08－30	—
735	京源中科科技股份有限公司	2021	2003－10－31	www. bjjoyo. com
736	佰利天控制设备（北京）股份有限公司	2021	2002－12－04	www. bailitianbj. com
737	北京华科同安监控技术有限公司	2021	2001－12－07	www. hktongan. com
738	北京元年科技股份有限公司	2021	2004－02－13	www. yuanian. com
739	北京蓝天航空科技股份有限公司	2021	1993－06－26	www. basc. com. cn
740	北京京运通科技股份有限公司	2021	2002－08－08	www. jingyuntong. com
741	北京信安世纪科技股份有限公司	2021	2001－08－31	www. infosec. com. cn
742	北京中讯四方科技股份有限公司	2021	2005－09－23	www. bjzxsf. com. cn
743	北京冠群信息技术股份有限公司	2021	2001－03－21	www. cssca. com
744	亿海蓝（北京）数据技术股份公司	2021	2003－11－21	www. elane. com

续表

序号	企业名称	认定年度	成立日期	官网
745	北京星天地信息科技有限公司	2021	2003 – 04 – 29	www. bj – xtd. com
746	北京知道创宇信息技术股份有限公司	2021	2007 – 08 – 17	www. knownsec. com
747	北京环宇京辉京城气体科技有限公司	2021	2012 – 01 – 11	www. jhqtkj. com
748	北京英泰智科技股份有限公司	2021	2009 – 02 – 17	www. itarge. com
749	北京国基科技股份有限公司	2021	2004 – 09 – 24	www. bnc. com. cn
750	北京金迈捷科技股份有限公司	2021	2012 – 01 – 05	www. gmagii. com
751	北京国金源富科技有限公司	2021	2006 – 08 – 09	www. suresource. com. cn
752	北京能科瑞元数字技术有限公司	2021	2015 – 03 – 09	—
753	北京海光仪器有限公司	2021	1988 – 06 – 23	www. bjhaiguang. com
754	北京白象新技术有限公司	2021	2006 – 08 – 23	www. baix. com. cn
755	永信至诚科技集团股份有限公司	2021	2010 – 09 – 02	www. integritytech. com. cn
756	中投国信（北京）科技发展有限公司	2021	2003 – 11 – 04	sic – credit. cn
757	观典防务技术股份有限公司	2021	2004 – 08 – 04	—

续表

序号	企业名称	认定年度	成立日期	官网
758	北京珞安科技有限责任公司	2021	2016 - 10 - 13	www. icssla. com/
759	博雅工道（北京）机器人科技有限公司	2021	2015 - 09 - 02	www. boyagongdao. com
760	北京星河动力装备科技有限公司	2021	2013 - 10 - 16	——
761	北京华顺信安科技有限公司	2021	2018 - 02 - 08	huashunxinan. net/
762	北京中星时代科技有限公司	2021	2013 - 06 - 25	www. z - times. com
763	北京盈和瑞环境科技有限公司	2021	2005 - 04 - 06	www. yhri. cn
764	中科长城海洋信息系统有限公司	2021	2018 - 01 - 02	——
765	北京天圣华信息技术有限责任公司	2021	2015 - 11 - 23	——
766	北京安图生物工程有限公司	2021	2009 - 10 - 20	autobio - bj. com. cn
767	东方晶源微电子科技（北京）股份有限公司	2021	2014 - 02 - 18	www. dfjy - jx. com
768	北京迈迪顶峰医疗科技股份有限公司	2021	2005 - 09 - 21	——
769	北京清能互联科技有限公司	2021	2004 - 05 - 19	www. tsintergy. com

续表

序号	企业名称	认定年度	成立日期	官网
770	北京瑞祺皓迪技术股份有限公司	2021	2014 – 06 – 30	www. vrich. com. cn
771	北京博辉瑞进生物科技有限公司	2021	2012 – 05 – 03	www. biosishealing. com
772	北京富吉瑞光电科技股份有限公司	2021	2011 – 01 – 20	www. fjroe. com
773	北京西鼎众合技术有限公司	2021	2007 – 08 – 13	—
774	北京北元电器有限公司	2021	2003 – 03 – 25	www. beiyuan. com. cn
775	北京特倍福电子技术有限公司	2021	2015 – 08 – 06	www. tbfsensor. com
776	航科院（北京）科技发展有限公司	2021	2011 – 01 – 17	—
777	北京爱知之星科技股份有限公司	2021	2003 – 12 – 17	www. agilestar. cn
778	北京优特捷信息技术有限公司	2021	2014 – 04 – 18	—
779	北京九州一轨环境科技股份有限公司	2021	2010 – 07 – 23	www. jiuzhouyigui. com
780	中航材导航技术（北京）有限公司	2021	2006 – 11 – 17	www. siniswift. com
781	北京康力优蓝机器人科技有限公司	2021	2011 – 05 – 27	—

续表

序号	企业名称	认定年度	成立日期	官网
782	优美特（北京）环境材料科技股份公司	2021	2002 – 01 – 24	www. newmater. cn
783	北京雷蒙赛博核装备技术研究有限公司	2021	1995 – 11 – 30	www. cbe – china. com
784	北京华源泰盟节能设备有限公司	2021	2011 – 09 – 23	www. powerbeijinghytm. com
785	北京中宸微电子有限公司	2021	2009 – 05 – 21	zc – power. com/index. html
786	北京前景无忧电子科技股份有限公司	2021	2009 – 04 – 09	www. qjwydz. com
787	数盾信息科技股份有限公司	2021	2002 – 01 – 14	www. shudun. com
788	北京大华无线电仪器有限责任公司	2021	1965 – 04 – 15	www. dhelec. com. cn
789	北京利达华信电子股份有限公司	2021	2004 – 06 – 04	www. beijingleader. com. cn
790	北京帮安迪信息科技股份有限公司	2021	2001 – 10 – 15	www. bangandi. com
791	北京中科闻歌科技股份有限公司	2021	2017 – 03 – 20	www. wengegroup. com
792	荣盛盟固利新能源科技股份有限公司	2021	2002 – 05 – 27	www. mgldl. com. cn
793	北京中丽制机工程技术有限公司	2021	2005 – 01 – 05	—

续表

序号	企业名称	认定年度	成立日期	官网
794	北京水木湛清环保科技集团有限公司	2021	2014－05－20	www. symgreen. com. cn
795	北京中创碳投科技有限公司	2021	2010－07－27	www. sinocarbon. cn
796	多立恒（北京）能源技术股份公司	2021	2010－06－21	www. duoliheng. com
797	北京亚鸿世纪科技发展有限公司	2021	2012－11－26	act－telecom. com
798	北京诚益通控制工程科技股份有限公司	2021	2003－07－22	www. ctntech. com
799	北京曼德克环境科技有限公司	2021	2007－08－15	www. mandraketech. com
800	中科点击（北京）科技有限公司	2021	2007－08－24	www. zkdj. com
801	北京科来数据分析有限公司	2021	2016－06－02	—
802	国能日新科技股份有限公司	2021	2008－02－02	www. sprixin. com
803	北京华海基业机械设备有限公司	2021	2005－11－17	www. bjhhm. cn
804	北京凌天智能装备集团股份有限公司	2021	2003－06－20	www. bjltsj. com
805	北京梆梆安全科技有限公司	2021	2005－05－23	www. bangcle. com

续表

序号	企业名称	认定年度	成立日期	官网
806	北京鼎普科技股份有限公司	2021	2003－04－03	www. tipfocus. com
807	北京第七九七音响股份有限公司	2021	1999－04－28	www. 797audio. com. cn

附录5 北京市专精特新"小巨人"企业(省级)

序号	企业名称	认定年度	成立日期	官网
1	北京阿丘机器人科技有限公司	2022	2018-04-23	www.aqrose.com
2	北京安耐吉能源工程技术有限公司	2022	2010-02-23	www.beetc.cn
3	北京柏惠维康科技股份有限公司	2022	2010-08-03	remebot.com.cn
4	浙江医准智能科技有限公司	2022	2017-11-06	www.yizhun-ai.com
5	华克医疗科技(北京)股份公司	2022	2005-03-30	www.hake.net.cn
6	北京波尔通信技术股份有限公司	2022	2005-05-11	www.bestitu.com
7	北京天空卫士网络安全技术有限公司	2022	2015-01-12	www.skyguard.cn
8	农芯科技(北京)有限责任公司	2022	2015-12-31	——

续表

序号	企业名称	认定年度	成立日期	官网
9	北京航天和兴科技股份有限公司	2022	2003 - 01 - 13	—
10	北京博思致新互联网科技有限责任公司	2022	2016 - 06 - 08	www. zxepay. com
11	北京华创方舟科技集团有限公司	2022	2006 - 03 - 20	—
12	北京金水永利科技有限公司	2022	2011 - 11 - 30	www. gwatertech. com
13	北京天际友盟信息技术有限公司	2022	2015 - 06 - 12	www. tj - un. com
14	北京同创永益科技发展有限公司	2022	2009 - 11 - 06	—
15	碎得机械（北京）有限公司	2022	2006 - 02 - 28	www. sidsa. cn
16	北京思空科技有限公司	2022	2012 - 06 - 19	—
17	北京建工新型建材科技股份有限公司	2022	1995 - 03 - 10	—
18	北京扬德环保能源科技股份有限公司	2022	2007 - 06 - 06	www. yonderep. com
19	北京永洪商智科技有限公司	2022	2012 - 02 - 17	www. yonghongtech. com
20	新石器慧通（北京）科技有限公司	2022	2018 - 02 - 13	www. neolix. cn

续表

序号	企业名称	认定年度	成立日期	官网
21	北京铁科首钢轨道技术股份有限公司	2022	2006 – 10 – 30	—
22	北京雷石天地电子技术有限公司	2022	2006 – 06 – 05	www. thunder. com. cn
23	北京安达维尔机械维修技术有限公司	2022	2004 – 07 – 07	www. andawell. com
24	北京倍舒特妇幼用品有限公司	2022	1998 – 04 – 27	—
25	北京热云科技有限公司	2022	2013 – 11 – 15	—
26	北京博威能源科技股份有限公司	2022	2003 – 02 – 18	—
27	北京中科海讯数字科技股份有限公司	2022	2005 – 07 – 18	www. zhongkehaixun. com
28	北京安泰六九新材料科技有限公司	2022	2015 – 03 – 05	www. atmcn. com
29	北京星网卫通科技开发有限公司	2022	2012 – 05 – 29	www. sanetel. com
30	中生北控生物科技股份有限公司	2022	1988 – 03 – 01	www. zhongsheng. com. cn
31	北京中科晶上科技股份有限公司	2022	2011 – 03 – 11	www. sylincom. com
32	北京潞电电气设备有限公司	2022	1987 – 11 – 05	—
33	北京金阳普泰石油技术股份有限公司	2022	2008 – 06 – 30	www. gptoil. com

续表

序号	企业名称	认定年度	成立日期	官网
34	北京夏禾科技有限公司	2022	2017 - 05 - 23	www. summersprout. com
35	北京华建云鼎科技股份公司	2022	2008 - 07 - 03	www. huajiance. com
36	北京汇元网科技股份有限公司	2022	2008 - 11 - 14	www. 365jw. com
37	北京英诺特生物技术股份有限公司	2022	2006 - 02 - 06	www. innovita. com. cn
38	北京万和汇通通信科技有限公司	2022	2005 - 07 - 28	www. bjwanhe. com
39	大禹伟业（北京）国际科技有限公司	2022	2008 - 09 - 01	www. yugreat. com
40	北斗天汇（北京）科技有限公司	2022	2007 - 10 - 11	www. bdth. cn
41	北京雅康博生物科技有限公司	2022	2004 - 06 - 11	www. accbio. com. cn
42	北京技德系统技术有限公司	2022	2016 - 09 - 01	www. jideos. com
43	索为技术股份有限公司	2022	2006 - 06 - 13	www. sysware. com. cn
44	金叶天成（北京）科技有限公司	2022	2013 - 08 - 29	www. medscape. com. cn
45	北京华宇辉煌生态环保科技股份有限公司	2022	2016 - 01 - 05	www. huayuhuihuang. cn

续表

序号	企业名称	认定年度	成立日期	官网
46	北京奥维云网大数据科技股份有限公司	2022	2011－05－03	www.avc-mr.com
47	北京优全智汇信息技术有限公司	2022	2015－08－14	www.baozhunniu.com
48	北京捷世智通科技股份有限公司	2022	2003－07－12	www.icpc.cn
49	互联网域名系统北京市工程研究中心有限公司	2022	2013－03－28	www.zdns.cn
50	北京博瑞彤芸科技股份有限公司	2022	2012－03－06	—
51	北京奥康达体育产业股份有限公司	2022	2001－08－14	www.okstar.cn
52	北京瑞尔非金属材料有限公司	2022	1994－08－13	www.realjd.com
53	珞石（山东）机器人集团有限公司	2022	2014－12－15	www.rokae.com
54	中煤（北京）环保股份有限公司	2022	2010－10－13	—
55	天宇正清科技有限公司	2022	2006－02－23	www.sky-dome.com.cn
56	北京全式金生物技术股份有限公司	2022	2006－03－21	www.transgen.com.cn
57	北京合锐赛尔电力科技股份有限公司	2022	2006－05－19	www.hrsel.com

续表

序号	企业名称	认定年度	成立日期	官网
58	中瑞祥合建设科技有限公司	2022	2012 - 03 - 01	—
59	北京慧图科技（集团）股份有限公司	2022	2000 - 03 - 14	www. huitu. com. cn
60	北京中鼎高科自动化技术有限公司	2022	2007 - 05 - 24	www. zodngoc. com
61	北京聚龙科技发展有限公司	2022	2000 - 01 - 14	—
62	中通天鸿（北京）通信科技股份有限公司	2022	2010 - 08 - 10	www. icsoc. net
63	北京铁道工程机电技术研究所股份有限公司	2022	1989 - 03 - 18	www. bri. com
64	北京瑞森新谱科技股份有限公司	2022	2006 - 06 - 20	www. rstech. com. cn
65	昆仑太科（北京）技术股份有限公司	2022	2005 - 04 - 27	www. kunluntech. com. cn
66	北京金豪制药股份有限公司	2022	1996 - 07 - 05	www. kinghawk828. com
67	北京绿伞科技股份有限公司	2022	1999 - 12 - 15	www. lvsan. com
68	北京国环莱茵环保科技股份有限公司	2022	2004 - 11 - 09	www. chinaguohuan. com
69	北京晶品特装科技股份有限公司	2022	2009 - 07 - 09	www. jp-tz. com

续表

序号	企业名称	认定年度	成立日期	官网
70	北京纵横无双科技有限公司	2022	2015 – 08 – 20	—
71	北京爱尔达电子设备有限公司	2022	1996 – 11 – 26	www.airda.com
72	中食净化科技（北京）股份有限公司	2022	2008 – 04 – 23	www.cfcjh.com
73	中关村科学城城市大脑股份有限公司	2022	2003 – 01 – 20	www.zgcworld.com
74	北京知呱呱科技有限公司	2022	2015 – 05 – 04	www.zgg.com
75	智慧足迹数据科技有限公司	2022	2015 – 12 – 18	www.smartsteps.com
76	北京时代亿信科技股份有限公司	2022	2003 – 06 – 24	—
77	北京纳兰德科技股份有限公司	2022	2006 – 03 – 27	www.admoral.net
78	北京凝华科技有限公司	2022	2004 – 01 – 19	www.ninghua.com.cn
79	北京索英电气技术股份有限公司	2022	2002 – 02 – 25	www.soaring.com.cn
80	北京艾克赛德生物工程有限公司	2022	2007 – 02 – 16	—
81	北矿新材科技有限公司	2022	2011 – 11 – 02	www.bamstc.com
82	北京乐孚科技有限公司	2022	1994 – 02 – 03	www.zjlefu.com

续表

序号	企业名称	认定年度	成立日期	官网
83	北京北方华创真空技术有限公司	2022	2017 – 01 – 10	—
84	北京博能科技股份有限公司	2022	2005 – 10 – 10	www. bjbn. net
85	北京新兴华安智慧科技有限公司	2022	1999 – 12 – 02	www. xxch. com. cn
86	北京航天华世科技股份有限公司	2022	2009 – 01 – 19	www. hths. cn
87	北京前锋科技有限公司	2022	1993 – 07 – 26	www. bjqf. com. cn
88	北京麦克斯韦科技有限公司	2022	2006 – 01 – 11	—
89	华夏生生药业（北京）有限公司	2022	2012 – 06 – 08	www. hxssyy. com
90	北京众清科技有限公司	2022	2015 – 02 – 06	www. coclean. com
91	北京北化高科新技术股份有限公司	2022	2001 – 01 – 05	—
92	北京思想天下教育科技有限公司	2022	2013 – 07 – 15	www. zgzjzj. net
93	奥来国信（北京）检测技术有限责任公司	2022	2000 – 04 – 26	www. guoxinbj. com
94	北京中农劲腾生物技术股份有限公司	2022	2007 – 05 – 18	—

续表

序号	企业名称	认定年度	成立日期	官网
95	大唐联仪科技有限公司	2022	2012 - 01 - 16	—
96	北京光环国际教育科技股份有限公司	2022	2001 - 05 - 24	www. aura. cn
97	北京广厦环能科技股份有限公司	2022	2001 - 02 - 21	www. groundsun. com
98	北京东晨联创科技股份有限公司	2022	2001 - 09 - 24	www. dcc-bj. com
99	北京志凌海纳科技有限公司	2022	2013 - 07 - 11	www. smartx. com
100	北京安荣科技有限公司	2022	2008 - 07 - 09	—
101	北京岳能科技股份有限公司	2022	2004 - 04 - 05	www. bjyn. com
102	北京鼎兴达信息科技股份有限公司	2022	2009 - 06 - 19	—
103	北京国材汽车复合材料有限公司	2022	2008 - 06 - 05	www. zhongcaianto. com
104	远大能源利用管理有限公司	2022	2009 - 06 - 17	www. broademc. com
105	北矿检测技术股份有限公司	2022	2016 - 10 - 31	—
106	北京澳丰源科技股份有限公司	2022	2004 - 06 - 30	www. afykj. com

续表

序号	企业名称	认定年度	成立日期	官网
107	北京环球中科水务科技股份有限公司	2022	2008 - 10 - 21	www. gwater. com. cn
108	北京国瑞升科技集团股份有限公司	2022	2001 - 06 - 28	www. bjgrish. com
109	北京华晖探测科技股份有限公司	2022	2000 - 07 - 19	www. huahuitech. com
110	北京国网富达科技发展有限责任公司	2022	2007 - 07 - 02	—
111	特斯联科技集团有限公司	2022	2015 - 11 - 23	www. tslsmart. com
112	中科雨辰科技有限公司	2022	2003 - 07 - 30	www. rraisun. com
113	北京万龙精益科技有限公司	2022	2012 - 01 - 31	www. otoing. com
114	北京艾瑞机械有限公司	2022	2000 - 11 - 03	—
115	海外远景（北京）科技有限公司	2022	2013 - 11 - 14	www. enhorizon. com
116	北京天能继保电力科技有限公司	2022	2000 - 01 - 31	www. tn-sp. com
117	北京麦邦光电仪器有限公司	2022	2004 - 01 - 08	www. mbelec. com
118	北京航天奥祥科技股份有限公司	2022	2013 - 06 - 28	www. bjaoxiang. com. cn
119	北京九章环境工程股份有限公司	2022	2005 - 12 - 06	www. jozzon. com

续表

序号	企业名称	认定年度	成立日期	官网
120	中化环境大气治理股份有限公司	2022	2004 – 10 – 27	www.cec-ep.cn
121	北京九恒星科技股份有限公司	2022	2000 – 03 – 13	www.nstc.com.cn
122	北京思维实创科技有限公司	2022	2008 – 08 – 15	www.servicestrong.cn
123	北京阳光鸿志电气工程技术有限公司	2022	1998 – 04 – 01	—
124	博康智能信息技术有限公司	2022	2010 – 08 – 12	—
125	北京金科龙石油技术开发有限公司	2022	1997 – 03 – 18	www.petrojkl.com
126	金网络（北京）数字科技有限公司	2022	2015 – 11 – 19	www.aero-credit.com
127	国网思极位置服务有限公司	2022	2017 – 08 – 29	—
128	北京中宇万通科技股份有限公司	2022	2005 – 01 – 06	—
129	北京云端智度科技有限公司	2022	2016 – 02 – 24	www.isurecloud.com
130	中科信息安全共性技术国家工程研究中心有限公司	2022	2006 – 08 – 09	www.nercis.ac.cn
131	北京科跃中楷生物技术有限公司	2022	2007 – 06 – 07	www.keyuebio.com

续表

序号	企业名称	认定年度	成立日期	官网
132	北京智同精密传动科技有限责任公司	2022	2015 – 09 – 07	www. chietom. com
133	北京联合永道软件股份有限公司	2022	2007 – 04 – 10	www. uwaysoft. com
134	北京医百科技有限公司	2022	2016 – 09 – 22	www. 100doc. com. cn
135	北京国信网联科技有限公司	2022	2011 – 11 – 21	www. goitsm. com
136	北京有色金属与稀土应用研究所有限公司	2022	1963 – 11 – 01	www. ysxts. com
137	北京真视通科技股份有限公司	2022	2000 – 05 – 22	www. bjzst. cn
138	汉唐信通（北京）咨询股份有限公司	2022	2006 – 05 – 22	—
139	北京智中能源互联网研究院有限公司	2022	2015 – 02 – 04	—
140	北京东润环能科技股份有限公司	2022	2009 – 06 – 24	—
141	北京京冶轴承股份有限公司	2022	2001 – 01 – 21	www. jyb-bearing. com
142	北京墨云科技有限公司	2022	2017 – 05 – 03	www. vackbot. com/
143	中关村科技软件股份有限公司	2022	2002 – 06 – 12	www. censoft. com. cn

续表

序号	企业名称	认定年度	成立日期	官网
144	依文服饰股份有限公司	2022	2010 – 12 – 22	www.evefashion.com
145	北京兴天通电讯科技有限公司	2022	2003 – 02 – 27	www.xttkj.com.cn
146	北京永乐华航精密仪器仪表有限公司	2022	2003 – 05 – 29	www.yonglehuahang.com
147	北京世纪影源科技有限公司	2022	2011 – 12 – 16	mall.jd.com/index – 1000364041.html
148	易生科技(北京)有限公司	2022	2006 – 08 – 10	www.essengroup.net
149	阳光凯讯(北京)科技股份有限公司	2022	2003 – 08 – 08	www.sunkaisens.com
150	北京合力亿捷科技股份有限公司	2022	2002 – 11 – 26	www.hollycrm.com
151	倍杰特集团股份有限公司	2022	2004 – 10 – 12	www.bgtwater.com
152	北京北广科技股份有限公司	2022	2001 – 05 – 29	www.bbef-tech.com
153	北京卫蓝新能源科技股份有限公司	2022	2016 – 08 – 11	www.solidstatelion.com
154	北京六捷科技有限公司	2022	2005 – 02 – 02	www.ljshuoda.com
155	北京格林威尔科技发展有限公司	2022	2000 – 02 – 22	www.gwtt.com
156	京微齐力(北京)科技股份有限公司	2022	2017 – 06 – 12	www.hercules-micro.com

续表

序号	企业名称	认定年度	成立日期	官网
157	北京博科测试系统股份有限公司	2022	2006 – 05 – 15	www. bbkco. com. cn
158	大龙兴创实验仪器（北京）股份公司	2022	2010 – 01 – 05	www. dlabsci. com
159	北京动力源科技股份有限公司	2022	1995 – 01 – 21	www. dpc. com. cn
160	北京烽火万家科技有限公司	2022	2013 – 03 – 21	www. aipaas. com
161	北京汉王鹏泰科技股份有限公司	2022	2014 – 01 – 13	www. hanvontouch. com/index. htm
162	北京舒驰美德建筑装饰有限公司	2022	1997 – 12 – 01	www. shuchimeide. com
163	北京中斯水灵水处理技术有限公司	2022	2013 – 07 – 08	www. vfltec. com
164	北京三五二环保科技有限公司	2022	2014 – 04 – 23	www. 352group. com. cn
165	北京时代凌宇科技股份有限公司	2022	2007 – 08 – 13	www. timeloit. com
166	招商新智科技有限公司	2022	2017 – 04 – 22	—
167	芯洲科技（北京）股份有限公司	2022	2016 – 03 – 07	www. silicontent. com
168	北京中电科卫星导航系统有限公司	2022	2002 – 11 – 20	—
169	北京精一强远科技有限公司	2022	2012 – 03 – 05	www. fineone. com. cn

续表

序号	企业名称	认定年度	成立日期	官网
170	北京斯泰科空调制冷设备有限责任公司	2022	2009 – 06 – 26	—
171	康为同创集团有限公司	2022	2012 – 07 – 20	www. kwtcjt. com
172	北京连华永兴科技发展有限公司	2022	2011 – 10 – 27	www. lianhuakeji. com
173	北京永华晴天科技发展有限公司	2022	1993 – 06 – 07	www. yhpackaging. com
174	北京华亿创新信息技术股份有限公司	2022	2003 – 04 – 22	www. hycxinfo. com/
175	北京元六鸿远电子科技股份有限公司	2022	2001 – 12 – 06	www. yldz. com. cn
176	北京泰尔英福科技有限公司	2022	2012 – 01 – 06	www. teleinfo. cn
177	北京北科天绘科技有限公司	2022	2005 – 04 – 05	www. isurestar. com
178	杉数科技（北京）有限公司	2022	2016 – 07 – 18	www. shanshu. ai
179	北京亚信数据有限公司	2022	2014 – 10 – 22	www. asiainfo. com
180	聚盛企服（北京）信息技术有限公司	2022	2016 – 01 – 28	—
181	北京日端电子有限公司	2022	1995 – 12 – 07	—

续表

序号	企业名称	认定年度	成立日期	官网
182	北京墨迹风云科技股份有限公司	2022	2010 – 03 – 18	www. moji. com
183	北京中景橙石科技股份有限公司	2022	2008 – 02 – 04	www. orangestone2008. com
184	北京卡尤迪生物科技股份有限公司	2022	2009 – 12 – 04	www. coyotebio. com
185	北京数码视讯技术有限公司	2022	2010 – 11 – 04	—
186	北京易艾斯德科技有限公司	2022	2000 – 07 – 18	www. esdtek. com
187	通力凯顿（北京）系统集成有限公司	2022	1998 – 03 – 07	www. ufc. com. cn
188	北京卓因达科技有限公司	2022	2009 – 04 – 20	www. joydata. com
189	北京博明信德科技有限公司	2022	2009 – 06 – 19	www. smart-soft. cn
190	北京中科科美科技股份有限公司	2022	2000 – 11 – 23	www. kyvac. cn
191	北京文安智能技术股份有限公司	2022	2005 – 06 – 20	www. vion-tech. com
192	北京指掌易科技有限公司	2022	2013 – 11 – 18	www. zhizhangyi. com
193	北京睿呈时代信息科技有限公司	2022	2008 – 02 – 14	www. resafety. com
194	中科宇图科技股份有限公司	2022	2001 – 11 – 07	www. mapuni. com

续表

序号	企业名称	认定年度	成立日期	官网
195	北京易二零环境股份有限公司	2022	2003 – 05 – 27	www. e20. net. cn
196	北京讯众通信技术股份有限公司	2022	2008 – 11 – 20	www. commchina. net
197	北京九州恒盛电力科技有限公司	2022	2004 – 05 – 27	www. jzep. cn
198	泰德网聚（北京）科技股份有限公司	2022	2013 – 05 – 08	www. tidenet. cn
199	金祺创（北京）技术有限公司	2022	2007 – 12 – 27	www. jqctech. com
200	航天中认软件测评科技（北京）有限责任公司	2022	2013 – 03 – 27	—
201	北京安达泰克科技有限公司	2022	2003 – 03 – 28	www. andertechs. com
202	艾迪普科技股份有限公司	2022	2003 – 04 – 16	www. ideapool. tv
203	北京华科泰生物技术股份有限公司	2022	2007 – 01 – 15	www. huaketai. com
204	和创（北京）科技股份有限公司	2022	2009 – 01 – 09	www. hecom. cn
205	北京神舟智汇科技有限公司	2022	2002 – 05 – 16	www. magicode. cn
206	北京玻钢院复合材料有限公司	2022	2003 – 01 – 02	frp. sinomatech. com

续表

序号	企业名称	认定年度	成立日期	官网
207	北京中科国信科技股份有限公司	2022	2005 – 09 – 09	www. cntec. cc
208	北京凯隆分析仪器有限公司	2022	2001 – 04 – 06	—
209	北京筑业志远软件开发有限公司	2022	2009 – 09 – 04	www. zhuyesoft. cn
210	北京广宇大成数控机床有限公司	2022	2007 – 04 – 09	www. gydch-cnc. com
211	北京堡瑞思减震科技有限公司	2022	2014 – 12 – 19	www. baoruisi. com
212	北京蓝卫通科技有限公司	2022	1998 – 06 – 12	www. chinabsc. cn
213	北京踏歌智行科技有限公司	2022	2016 – 10 – 12	i-tage. com/
214	北京江融信科技有限公司	2022	2014 – 05 – 08	www. riveretech. com
215	北京昭衍新药研究中心股份有限公司	2022	1998 – 02 – 25	www. joinnlabs. com
216	北京博赛德科技有限公司	2022	2003 – 06 – 30	www. bct-tech. com
217	中海智（北京）科技有限公司	2022	2002 – 01 – 08	—
218	北京中航科电测控技术股份有限公司	2022	2007 – 02 – 07	www. bjzhkd. com
219	北京海量数据技术股份有限公司	2022	2007 – 07 – 30	www. vastdata. com. cn

序号	企业名称	认定年度	成立日期	官网
220	北京星网船电科技有限公司	2022	2004 – 07 – 21	—
221	北京广通优云科技股份有限公司	2022	2003 – 09 – 24	www. uyun. cn
222	北京翼辉信息技术有限公司	2022	2015 – 09 – 10	www. acoinfo. com
223	北方天途航空技术发展（北京）有限公司	2022	2008 – 09 – 01	www. ttaviation. com
224	北京天大清源通信科技股份有限公司	2022	2004 – 03 – 24	www. skysec. com. cn
225	北京思路智园科技有限公司	2022	2017 – 04 – 10	www. spsolution. cn
226	北京时代之峰科技有限公司	2022	2002 – 08 – 14	www. shidaiyiqi. com. cn
227	北京猫眼视觉科技有限公司	2022	2009 – 06 – 16	www. cat-eyes. cn
228	北京和利时电机技术有限公司	2022	2000 – 06 – 22	www. syn-tron. com
229	北京精仪天和智能装备有限公司	2022	2016 – 03 – 28	—
230	北京航天微电科技有限公司	2022	1988 – 12 – 26	—
231	北京赛思信安技术股份有限公司	2022	2007 – 12 – 17	—

续表

序号	企业名称	认定年度	成立日期	官网
232	北京凯德石英股份有限公司	2022	1997 - 01 - 15	www. kaidequartz. com
233	北京华峰测控技术股份有限公司	2022	1993 - 02 - 01	——
234	北京盛和信科技股份有限公司	2022	2010 - 11 - 02	www. sino-tel. cn
235	北京仁歌科技股份有限公司	2022	2003 - 06 - 16	www. renge. cn
236	舒泰神（北京）生物制药股份有限公司	2022	2002 - 08 - 16	www. staidson. com
237	北京科益虹源光电技术有限公司	2022	2016 - 07 - 29	——
238	北京蓝海在线科技有限公司	2022	2015 - 01 - 14	——
239	北京百瑞互联技术股份有限公司	2022	2017 - 10 - 20	www. barrot. com. cn
240	北京全四维动力科技有限公司	2022	2004 - 01 - 06	www. 4dpower. com. cn
241	北京世纪高通科技有限公司	2022	2005 - 09 - 15	www. cennavi. com. cn
242	北京航化节能环保技术有限公司	2022	2010 - 12 - 22	www. ht11. com. cn
243	北京北斗银河科技有限公司	2022	2004 - 03 - 30	www. dipper-galaxy. com

续表

序号	企业名称	认定年度	成立日期	官网
244	鹚骐科技（北京）股份有限公司	2022	2005 - 10 - 27	—
245	北京果壳互动科技传媒有限公司	2022	2009 - 01 - 22	www. guokr. com
246	北京易捷思达科技发展有限公司	2022	2013 - 09 - 17	www. easystack. cn
247	北京兆信信息技术股份有限公司	2022	2002 - 11 - 15	www. panpass. com
248	华清安泰能源股份有限公司	2022	2011 - 05 - 10	hqat. cn
249	北京波谱华光科技有限公司	2022	2004 - 03 - 29	—
250	北京锦鸿希电信息技术股份有限公司	2022	1993 - 11 - 15	www. chinaxidian. com
251	北京蓝耘科技股份有限公司	2022	2004 - 04 - 29	www. lanyun. net
252	北京国科环宇科技股份有限公司	2022	2004 - 11 - 25	www. ucas. com. cn
253	北京恒合信业技术股份有限公司	2022	2000 - 06 - 21	www. bjhenghe. com
254	北京海德润医药集团有限公司	2022	1997 - 11 - 26	—
255	北京古大仪表有限公司	2022	2005 - 03 - 23	mail. godacn. com
256	北京拓普丰联信息科技股份有限公司	2022	2003 - 10 - 27	www. topnet. net. cn

续表

序号	企业名称	认定年度	成立日期	官网
257	北京新大陆时代科技有限公司	2022	2012 - 07 - 24	www. newland-edu. com
258	北京赛文世纪信息系统有限公司	2022	2002 - 09 - 16	www. sevenet. com. cn
259	斯贝福（北京）生物技术有限公司	2022	2010 - 12 - 29	www. spfbiotech. com
260	云粒智慧科技有限公司	2022	2018 - 06 - 29	www. yunlizhihui. com
261	叮当快药科技集团有限公司	2022	2014 - 09 - 02	ddky. com
262	金岭教育科技（北京）有限公司	2022	2015 - 05 - 07	www. lvya. org/#/home
263	北京德邦大为科技股份有限公司	2022	2011 - 01 - 26	—
264	普若泰克科技发展（北京）有限公司	2022	2004 - 07 - 15	www. protechchn. com
265	北京天维信通科技股份有限公司	2022	2007 - 11 - 28	www. cbccom. cn
266	北京国家新能源汽车技术创新中心有限公司	2022	2017 - 11 - 27	www. nevc. com. cn
267	大象慧云信息技术有限公司	2022	2016 - 03 - 25	www. dxyun. com
268	北京瑞华赢科技发展股份有限公司	2022	2001 - 02 - 16	—

续表

序号	企业名称	认定年度	成立日期	官网
269	博创联动科技股份有限公司	2022	2014 – 12 – 29	www.uml-tech.com
270	北京中源创能工程技术有限公司	2022	2010 – 04 – 23	www.sinoenc.com
271	北京华电瑞通电力工程技术有限公司	2022	2003 – 03 – 06	www.rtpower.com
272	数据堂（北京）科技股份有限公司	2022	2010 – 08 – 26	www.datatang.com
273	华青融天（北京）软件股份有限公司	2022	2007 – 08 – 24	www.fusionskye.com
274	北京鼎昌复合材料有限责任公司	2022	1996 – 04 – 16	www.dchang.com
275	北京航天嘉诚精密科技发展有限公司	2022	2007 – 11 – 30	—
276	北京世纪金光半导体有限公司	2022	2010 – 12 – 24	www.cengol.com
277	北京中创视讯科技有限公司	2022	2016 – 03 – 31	www.hexmeet.com
278	北京吉海川科技发展有限公司	2022	2004 – 01 – 29	www.jhcsd.com
279	绿晶半导体科技（北京）有限公司	2022	2018 – 01 – 10	—
280	北京华光浩阳科技有限公司	2022	2001 – 11 – 23	www.ehaoyang.cn

续表

序号	企业名称	认定年度	成立日期	官网
281	中科迅联智慧网络科技（北京）有限公司	2022	2018 – 03 – 21	www. xunliancloud. com
282	三节课信息咨询（北京）有限公司	2022	2015 – 01 – 13	www. sanjieke. cn
283	北京英沣特能源技术有限公司	2022	2007 – 07 – 25	www. infanten. com
284	北京海鑫高科指纹技术有限公司	2022	2000 – 04 – 20	——
285	北京农信通科技有限责任公司	2022	2002 – 06 – 05	www. nxt. com. cn
286	北京欣智恒科技股份有限公司	2022	2002 – 04 – 23	www. iet. com. cn
287	北京信立方科技发展股份有限公司	2022	2005 – 06 – 29	www. instrument. com. cn
288	北京航天石化技术装备工程有限公司	2022	1991 – 08 – 25	mail. calt11. cn
289	北京德风新征程科技股份有限公司	2022	2015 – 03 – 26	www. deltaphone. com. cn
290	北京世纪迈劲生物科技有限公司	2022	2006 – 11 – 17	www. mediking. cn
291	北京和润恺安科技发展股份有限公司	2022	2007 – 01 – 05	www. china-heron. com
292	北京神州飞航科技有限责任公司	2022	2004 – 10 – 28	www. senfetech. com

续表

序号	企业名称	认定年度	成立日期	官网
293	大恒新纪元科技股份有限公司	2022	1998 – 12 – 14	www. dhxjy. com. cn
294	塞尔姆（北京）科技有限责任公司	2022	2014 – 07 – 02	www. selmtec. com
295	北京大伟嘉生物技术股份有限公司	2022	1997 – 06 – 02	www. vicagroup. com. cn
296	标贝（青岛）科技有限公司	2022	2016 – 02 – 29	www. data-baker. com
297	北京贝尔生物工程股份有限公司	2022	1995 – 09 – 14	www. beierbio. com
298	北京博汇特环保科技股份有限公司	2022	2009 – 06 – 12	www. bhtwater. com
299	北京呈创科技股份有限公司	2022	2009 – 08 – 31	www. centran. cn
300	北京左江科技股份有限公司	2022	2007 – 08 – 22	—
301	北京康斯特仪表科技股份有限公司	2022	2004 – 09 – 20	www. constgroup. com
302	北京北化新橡特种材料科技股份有限公司	2022	2001 – 07 – 31	www. bhxxpt. com
303	北京智通云联科技有限公司	2022	2016 – 01 – 13	www. bmsmart. com. cn
304	北京兴科迪科技有限公司	2022	2003 – 03 – 25	www. sincodest. com

续表

序号	企业名称	认定年度	成立日期	官网
305	北京卓越信通电子股份有限公司	2022	2006 – 07 – 18	www. transcendcom. cn
306	北京星和众工设备技术股份有限公司	2022	2003 – 05 – 22	www. bjsri. cn
307	曲美家居集团股份有限公司	2022	1993 – 04 – 10	www. qumei. com
308	北京新发地农产品网络配送中心有限责任公司	2022	2015 – 05 – 22	www. xfdsx. com
309	北京迪玛克医药科技有限公司	2022	2004 – 11 – 09	www. demaxmedical. com
310	知学云（北京）科技股份有限公司	2022	2013 – 10 – 16	www. zhixueyun. com
311	开易（北京）科技有限公司	2022	2016 – 06 – 17	www. adasplus. com
312	北京蓝色星际科技股份有限公司	2022	2006 – 08 – 22	www. bstar. com. cn
313	北京寓科未来智能科技有限公司	2022	2012 – 08 – 29	—
314	北京万洁天元医疗器械股份有限公司	2022	2006 – 08 – 03	www. wanjiety. com. cn
315	北京吉天仪器有限公司	2022	2000 – 10 – 23	www. bjjitian. com
316	北京华高世纪科技股份有限公司	2022	1999 – 05 – 14	—

续表

序号	企业名称	认定年度	成立日期	官网
317	北京零点有数数据科技股份有限公司	2022	2012 – 02 – 13	www. idataway. com
318	北京谷数科技股份有限公司	2022	2006 – 06 – 16	www. ceresdata. com
319	壹体技术有限公司	2022	2015 – 04 – 21	www. one-sports. com
320	北京友友天宇系统技术有限公司	2022	2010 – 01 – 08	—
321	北京天海工业有限公司	2022	1992 – 07 – 18	www. btic. cn
322	北京通美晶体技术股份有限公司	2022	1998 – 09 – 25	—
323	北京星震同源数字系统股份有限公司	2022	2002 – 02 – 22	www. 31415. com
324	北京力尊信通科技股份有限公司	2022	2003 – 06 – 19	www. holyzone. com. cn
325	北京佰能蓝天科技股份有限公司	2022	2012 – 10 – 30	www. ibluesky. cn
326	北京北大先锋科技股份有限公司	2022	1999 – 10 – 13	www. pioneer-pku. com
327	百世诺（北京）医疗科技有限公司	2022	2013 – 06 – 04	bestnovo. com
328	北京安码科技有限公司	2022	2006 – 10 – 18	—
329	联合瑞升（北京）科技有限公司	2022	2005 – 09 – 01	www. uni-rising. com

续表

序号	企业名称	认定年度	成立日期	官网
330	北京北控悦慧环境科技有限公司	2022	2017 – 05 – 09	—
331	华清科盛（北京）信息技术有限公司	2022	2011 – 02 – 24	www. techbloom. net
332	北京汉王影研科技有限公司	2022	2005 – 07 – 15	www. docimax. com. cn
333	中节能大地环境修复有限公司	2022	2012 – 12 – 25	www. dadi. cecep. cn
334	北京生泰尔科技股份有限公司	2022	1999 – 01 – 25	www. centreherbs. com
335	北京金隅砂浆有限公司	2022	2012 – 08 – 22	www. bbmg-m. com. cn
336	北京量子伟业信息技术股份有限公司	2022	2003 – 03 – 10	www. pde. cn
337	北京七星飞行电子有限公司	2022	1999 – 12 – 06	www. 798. com. cn
338	北京安智因生物技术有限公司	2022	2017 – 09 – 13	www. anngeen. com
339	北京神州光大科技有限公司	2022	2001 – 11 – 22	www. cebserv. com
340	北京长源朗弘科技有限公司	2022	2007 – 10 – 31	—
341	奇秦科技（北京）股份有限公司	2022	2007 – 05 – 15	www. qzingtech. com
342	北京兰光精密机电有限公司	2022	1984 – 10 – 26	www. lan-guang. com. cn

续表

序号	企业名称	认定年度	成立日期	官网
343	北京中科通量科技有限公司	2022	2018－05－17	—
344	北京卓诚惠生生物科技股份有限公司	2022	2010－05－27	www.x-abt.com
345	中车环境科技有限公司	2022	2017－07－19	www.crrcgc.cc/hj
346	北京华夏电通科技股份有限公司	2022	2001－09－14	—
347	北京流金岁月传媒科技股份有限公司	2022	2011－07－22	www.bjljsy.com
348	全讯汇聚网络科技（北京）有限公司	2022	2013－06－03	www.ikuai8.com
349	蓝星工程有限公司	2022	2005－07－12	www.lxgc.chemchina.com
350	北京握奇数据股份有限公司	2022	1994－11－18	www.watchdata.com.cn
351	中电科安科技股份有限公司	2022	2010－09－06	www.cecsys.com
352	北京点众科技股份有限公司	2022	2011－09－15	www.dianzhong.com
353	融硅思创（北京）科技有限公司	2022	2011－12－06	www.rgsc.com.cn
354	中创智维科技有限公司	2022	2015－03－24	—
355	北京兴普精细化工技术开发有限公司	2022	1988－09－01	—

续表

序号	企业名称	认定年度	成立日期	官网
356	北京科锐博华电气设备有限公司	2022	2000 - 09 - 15	—
357	北京众驰自动化设备有限公司	2022	2016 - 01 - 25	www. bj-zhongchi. com
358	彩虹无线（北京）新技术有限公司	2022	2011 - 06 - 09	www. cihon. cn
359	北京智通博瑞科技发展有限公司	2022	2010 - 12 - 16	—
360	北京镁伽机器人科技有限公司	2022	2016 - 06 - 30	www. megarobo. tech
361	北京派尔特医疗科技股份有限公司	2022	2002 - 09 - 25	www. pantherhealthcare. com
362	北京科锐博润电力电子有限公司	2022	2013 - 01 - 11	—
363	北京小唱科技有限公司	2022	2005 - 09 - 21	www. xiaochang. com
364	北京旌准医疗科技有限公司	2022	2015 - 06 - 18	www. genomeprecision. com
365	友康生物科技（北京）股份有限公司	2022	2010 - 09 - 07	www. yocon. com. cn
366	北京中电中天电子工程有限公司	2022	2011 - 08 - 05	ceseec. com
367	北京天顺长城液压科技有限公司	2022	2006 - 03 - 20	www. tsungreatwall. com
368	北京众驰伟业科技发展有限公司	2022	2007 - 08 - 21	www. zonci. com

续表

序号	企业名称	认定年度	成立日期	官网
369	万华普曼生物工程有限公司	2022	1993 – 06 – 14	www. whpm. com. cn
370	北京金诺美科技股份有限公司	2022	2011 – 01 – 05	www. genome-china. com
371	北京清博智能科技有限公司	2022	2014 – 11 – 20	www. gsdata. cn
372	北京恒光信息技术股份有限公司	2022	2004 – 10 – 09	www. ebrightinfo. com
373	中联云港数据科技股份有限公司	2022	2014 – 09 – 15	www. cnispgroup. com/
374	基康仪器股份有限公司	2022	1998 – 03 – 25	www. geokon. com. cn
375	北京威控科技股份有限公司	2022	2004 – 12 – 04	www. vcontrol. com. cn
376	北京安科兴业科技股份有限公司	2022	2010 – 08 – 26	www. ankexy. com
377	北京佰信蓝图科技股份有限公司	2022	2005 – 06 – 16	www. bjbxlt. com
378	北京朝歌数码科技股份有限公司	2022	1993 – 02 – 03	www. sunniwell. net
379	北京莱伯泰科仪器股份有限公司	2022	2002 – 01 – 08	www. labtechgroup. com
380	北京中车赛德铁道电气科技有限公司	2022	2003 – 07 – 21	www. crrcgc. cc/cedht
381	北京中联勘工程技术有限责任公司	2022	2010 – 09 – 02	www. bjzlk. com

续表

序号	企业名称	认定年度	成立日期	官网
382	北京谊安医疗系统股份有限公司	2022	2004－03－29	www. aeonmed. com
383	北京同城必应科技有限公司	2022	2013－08－01	www. ishansong. com
384	北京世纪阿姆斯生物技术有限公司	2022	1996－11－21	www. amms. com. cn
385	北京柏雅联合药物研究所有限公司	2022	2000－12－21	www. bypharm. com
386	鲁信天地人环境科技（安徽）集团有限公司	2022	2002－03－26	www. dtro. com. cn
387	北京光华荣昌汽车部件有限公司	2022	2001－11－23	www. bjghrc. com
388	北京市科通电子继电器总厂有限公司	2022	1965－01－01	www. keytone. net. cn
389	北京宏思电子技术有限责任公司	2022	1996－05－15	www. hongsi-ic. com
390	北京佳格天地科技有限公司	2022	2016－02－17	www. gagogroup. com
391	北京国科诚泰农牧设备有限公司	2022	2008－06－26	www. gokeagri. com
392	北京凯因科技股份有限公司	2022	2008－08－20	www. kawin. com. cn
393	北京微梦传媒股份有限公司	2022	2011－05－30	www. microdreams. com. cn

续表

序号	企业名称	认定年度	成立日期	官网
394	北京北机机电工业有限责任公司	2022	1992 – 04 – 02	—
395	华控清交信息科技（北京）有限公司	2022	2018 – 09 – 06	www. tsingj. com
396	北京金山顶尖科技股份有限公司	2022	1998 – 01 – 05	www. kingtop. com. cn
397	北京热景生物技术股份有限公司	2022	2005 – 06 – 23	www. hotgen. com. cn
398	北京均友欣业科技有限公司	2022	2001 – 03 – 14	www. joyotec. com
399	北京金史密斯科技股份有限公司	2022	2015 – 11 – 05	www. kingsmith. com. cn
400	北京中科飞鸿科技股份有限公司	2022	2000 – 05 – 25	www. zkfh. com
401	北京东方天安科技有限公司	2022	2001 – 09 – 04	www. orientsky. com. cn
402	北京书生电子技术有限公司	2022	1998 – 08 – 24	—
403	北京金康普食品科技有限公司	2022	2004 – 11 – 09	www. jinkangpu. com
404	北京元点未来科技有限公司	2022	2012 – 06 – 18	www. initio. com. cn
405	北京盛拓达生物技术有限公司	2022	2015 – 08 – 19	www. shengtuoda. com
406	北京第一生物化学药业有限公司	2022	1980 – 07 – 15	www. 1bp. com. cn

续表

序号	企业名称	认定年度	成立日期	官网
407	北京掌行通信息技术有限公司	2022	2012 – 08 – 06	www. palmgo. cn
408	北京京兰非织造布有限公司	2022	2012 – 09 – 03	——
409	天普新能源科技有限公司	2022	2011 – 06 – 10	www. tianpu. com
410	北京深盾科技股份有限公司	2022	2013 – 03 – 04	www. sensestore. com. cn
411	北京意诚信通科技股份有限公司	2022	2002 – 10 – 30	www. bjyicheng. com
412	北京易观数智科技股份有限公司	2022	2012 – 03 – 02	www. analysys. cn
413	中腾微网（北京）科技有限公司	2022	2015 – 07 – 31	www. sinosoarhybrid. com
414	北京汉王数字科技有限公司	2022	2014 – 01 – 13	www. hw-ai. com
415	北京新松佳和电子系统股份有限公司	2022	2003 – 10 – 13	——
416	联想新视界（北京）科技有限公司	2022	2013 – 12 – 20	www. lenovo-ar. com
417	北京航天赛德科技发展有限公司	2022	2004 – 09 – 24	www. hangtiansaide. com
418	北京维通利电气股份有限公司	2022	2003 – 10 – 20	www. vtle. com
419	北京斯普乐电线电缆有限公司	2022	2001 – 03 – 01	——

续表

序号	企业名称	认定年度	成立日期	官网
420	中星联华科技（北京）有限公司	2022	2009 – 02 – 18	www. sinolink-technologies. com
421	新能动力（北京）电气科技有限公司	2022	2008 – 06 – 06	www. novtium. com
422	北京圣通和科技有限公司	2022	2009 – 12 – 21	www. bjsantech. com
423	北京赛科希德科技股份有限公司	2022	2003 – 05 – 28	www. succeeder. com. cn
424	北京天地融创科技股份有限公司	2022	2016 – 04 – 25	kgjn. ccteg. cn
425	北京赛赋医药研究院有限公司	2022	2016 – 06 – 12	www. safeglp. com
426	北京数科网维技术有限责任公司	2022	2006 – 03 – 06	www. suwell. cn
427	北京深演智能科技股份有限公司	2022	2009 – 04 – 30	www. deepzero. com
428	北京一数科技有限公司	2022	2015 – 03 – 18	www. a-su. com. cn
429	北京琪玥环保科技股份有限公司	2022	2014 – 10 – 14	www. qyept. cn
430	推想医疗科技股份有限公司	2022	2016 – 01 – 05	www. infervision. com
431	北京八亿时空液晶科技股份有限公司	2022	2004 – 07 – 09	www. bayi. com. cn
432	北京首钢吉泰安新材料有限公司	2022	1956 – 01 – 01	——

续表

序号	企业名称	认定年度	成立日期	官网
433	北京格灵深瞳信息技术股份有限公司	2022	2013 – 08 – 16	www. deepglint. com
434	北京汉能华科技股份有限公司	2022	2008 – 12 – 05	www. han-energy. cn
435	北京农信互联科技集团有限公司	2022	2003 – 09 – 16	www. nxin. com
436	北京中地大工程勘察设计研究院有限责任公司	2022	1994 – 01 – 07	www. zddgky. com
437	北京乐研科技股份有限公司	2022	2006 – 03 – 06	www. royaltech. cn
438	北京博华信智科技股份有限公司	2022	2006 – 06 – 01	www. bhxz. net
439	北京鼎材科技有限公司	2022	2013 – 09 – 16	www. eternalmt. com
440	北京中航讯科技股份有限公司	2022	2007 – 12 – 07	www. cictec. cn
441	北京快鱼电子股份公司	2022	2006 – 12 – 12	www. kuaiyu. com
442	中国医药研究开发中心有限公司	2022	2003 – 04 – 08	www. nippharm. com. cn
443	北京航天斯达科技有限公司	2022	1992 – 07 – 01	—
444	北京和德宇航技术有限公司	2022	2007 – 04 – 23	www. head-aerospace. com

序号	企业名称	认定年度	成立日期	官网
445	北京航天云路有限公司	2022	2016 - 08 - 10	www. casicloud. com
446	三盈联合科技股份有限公司	2022	2005 - 11 - 23	www. sanki. com. cn
447	北京博电新力电气股份有限公司	2022	2001 - 03 - 02	www. ponovo. cn
448	北京七星华创流量计有限公司	2022	2017 - 01 - 10	—
449	北京速途网络科技股份有限公司	2022	2005 - 10 - 19	www. sootoo. com
450	北京七星华创微电子有限责任公司	2022	2015 - 01 - 04	www. 798wdz. com
451	福昕鲲鹏（北京）信息科技有限公司	2022	2014 - 09 - 12	www. foxitjj. cn
452	北京英诺格林科技有限公司	2022	2004 - 11 - 22	www. innogreen. com
453	北京丰隆温室科技有限公司	2022	1999 - 06 - 14	www. bflc. cn
454	北京世纪农丰土地科技有限公司	2022	2005 - 03 - 28	www. bjsjnf. com
455	北京迈基诺基因科技股份有限公司	2022	2011 - 11 - 17	—
456	北京海泰斯工程设备股份有限公司	2022	2005 - 08 - 12	www. htschina. com
457	北京江南天安科技有限公司	2022	2005 - 02 - 25	www. tass. com. cn

续表

序号	企业名称	认定年度	成立日期	官网
458	航天科工惯性技术有限公司	2022	2004 – 02 – 06	—
459	北京玖众科技股份有限公司	2022	2009 – 11 – 24	www. unimedia. net. cn
460	北京易智时代数字科技有限公司	2022	2005 – 02 – 23	www. 1001xr. com
461	中云智慧（北京）科技有限公司	2022	2013 – 07 – 10	www. yunkouan. com
462	罗森伯格亚太电子有限公司	2022	1997 – 11 – 19	www. rosenbergerap. com
463	北京普世时代科技有限公司	2022	2012 – 02 – 06	www. pushtime. net
464	北京创新乐知网络技术有限公司	2022	2017 – 03 – 07	www. csdn. com
465	北京得瑞领新科技有限公司	2022	2015 – 06 – 17	www. derastorage. com
466	北京百普赛斯生物科技股份有限公司	2022	2010 – 07 – 22	www. acrobiosystems. cn
467	北京成名网科技股份有限公司	2022	2003 – 08 – 14	www. cm365. com
468	北矿机电科技有限责任公司	2022	2010 – 11 – 02	www. bgrimm-mat. com
469	北京康比特体育科技股份有限公司	2022	2001 – 05 – 16	www. chinacpt. com
470	江南信安（北京）科技有限公司	2022	2009 – 03 – 20	www. jnsec. net

续表

序号	企业名称	认定年度	成立日期	官网
471	信开环境投资有限公司	2022	2015 – 07 – 30	www. cwewater. com
472	北京时代奥视科技有限公司	2022	2001 – 04 – 16	www. osee-dig. com. cn
473	北京星网宇达科技股份有限公司	2022	2005 – 05 – 20	www. starneto. com
474	北京神州安付科技股份有限公司	2022	2015 – 10 – 19	www. szanfu. cn
475	普迈德（北京）科技有限公司	2022	2013 – 08 – 29	c57370. qxw18. com
476	中机装备（北京）科技有限公司	2022	1999 – 09 – 14	—
477	北京航天长征机械设备制造有限公司	2022	2012 – 06 – 20	—
478	北京良安科技股份有限公司	2022	2004 – 01 – 12	www. bjggs. com. cn
479	北京小鸡磕技文化创意有限公司	2022	2015 – 06 – 11	www. kemeworks. com
480	北京德威特电气科技股份有限公司	2022	2012 – 01 – 05	www. devot. com
481	百望股份有限公司	2022	2015 – 05 – 04	www. baiwang. com
482	北京智博联科技股份有限公司	2022	2002 – 11 – 18	www. zbl. cn
483	金锐同创（北京）科技股份有限公司	2022	2012 – 12 – 21	www. jrunion. com. cn

续表

序号	企业名称	认定年度	成立日期	官网
484	北京泰策科技有限公司	2022	2003 - 01 - 08	testor. com. cn
485	北京千方科技股份有限公司	2022	2002 - 12 - 20	www. ctfo. com
486	北京市腾河电子技术有限公司	2022	2011 - 09 - 13	—
487	清大国华环境集团股份有限公司	2022	2004 - 05 - 21	www. gohigher. cn
488	北京直客通科技有限公司	2022	2014 - 12 - 12	www. zhiketong. cn
489	北京北大英华科技有限公司	2022	1999 - 12 - 29	www. caseshare. cn
490	北京天弛网络有限公司	2022	2012 - 05 - 16	www. tianchic. com
491	北京德为智慧科技有限公司	2022	2017 - 07 - 28	www. d-view. cn
492	北京远桥科技有限公司	2022	2005 - 03 - 11	www. yuanqiao. net
493	北京大源非织造股份有限公司	2022	1996 - 04 - 19	www. bjdayuan. com
494	北京南北天地科技股份有限公司	2022	2000 - 05 - 16	www. snsoft. com. cn
495	北京双旗世纪科技有限公司	2022	2000 - 11 - 29	www. twinflag. com
496	北京环都拓普空调有限公司	2022	2012 - 09 - 26	—

续表

序号	企业名称	认定年度	成立日期	官网
497	北京淳中科技股份有限公司	2022	2011 - 05 - 16	www. chinargb. com. cn
498	百家云集团有限公司	2022	2017 - 05 - 22	www. baijiayun. com
499	北京天创凯睿科技有限公司	2022	2007 - 03 - 20	—
500	北京鉴衡认证中心有限公司	2022	2003 - 04 - 04	www. cgc. org. cn
501	国富瑞数据系统有限公司	2022	2003 - 11 - 28	www. cidschina. com
502	北京中祥英科技有限公司	2022	2011 - 05 - 11	www. zhongxiangying. com
503	北京集智达智能科技有限责任公司	2022	2004 - 08 - 12	www. jizhida. com
504	北京发现角科技有限公司	2022	2011 - 02 - 22	www. welove520. com
505	爱美客技术发展股份有限公司	2022	2004 - 06 - 09	www. imeik. net
506	北京科易动力科技有限公司	2022	2010 - 02 - 08	www. key-power. com. cn
507	北京网高科技股份有限公司	2022	2005 - 12 - 28	—
508	北京中纺化工股份有限公司	2022	2000 - 08 - 01	—
509	秒秒测科技（北京）有限公司	2022	2014 - 11 - 04	www. miaomiaoce. com

续表

序号	企业名称	认定年度	成立日期	官网
510	北京优贝在线网络科技有限公司	2022	2008 – 04 – 02	www. mvbox. cn
511	国能信控互联技术有限公司	2022	2003 – 04 – 17	—
512	北京安德医智科技有限公司	2022	2018 – 06 – 14	www. biomind. cn
513	卓思韦尔（北京）信息技术有限公司	2022	2017 – 11 – 02	www. choicewell. com. cn
514	北京冠程科技有限公司	2022	2014 – 07 – 11	—
515	北京北一机床有限责任公司	2022	2001 – 10 – 15	—
516	北京仁科信息技术有限公司	2022	2014 – 04 – 24	www. zencor. cn
517	国科天成科技股份有限公司	2022	2014 – 01 – 08	—
518	中影光峰激光影院技术（北京）有限公司	2022	2014 – 08 – 11	www. cineappo. com
519	元素征信有限责任公司	2022	2013 – 02 – 19	elements. org. cn
520	易显智能科技有限责任公司	2022	2015 – 11 – 06	www. jqrjl. com
521	北京视界云天科技有限公司	2022	2016 – 02 – 18	www. vdncloud. com

续表

序号	企业名称	认定年度	成立日期	官网
522	北京中科网威信息技术有限公司	2022	1999 – 10 – 29	www. netpower. com. cn
523	北京近远技术有限公司	2022	2018 – 02 – 11	—
524	北京世相科技文化有限公司	2022	2015 – 08 – 12	shixiang. xin
525	北京盈想东方科技股份有限公司	2022	2005 – 11 – 25	www. yxdfbj. com
526	北京瑞普北光电子有限公司	2022	1966 – 01 – 01	—
527	北京英夫美迪科技股份有限公司	2022	1999 – 10 – 10	www. infomedia. com. cn
528	北京方胜有成科技股份有限公司	2022	2003 – 11 – 21	www. forsaven. com
529	中瑞恒（北京）科技有限公司	2022	2007 – 08 – 24	www. zruiheng. com
530	蓝信移动（北京）科技有限公司	2022	2014 – 02 – 24	www. lanxin. cn
531	北京澎思科技有限公司	2022	2018 – 09 – 29	—
532	北京瑞莱智慧科技有限公司	2022	2018 – 07 – 25	real-ai. cn
533	北京汉仪创新科技股份有限公司	2022	1993 – 09 – 04	www. hanyi. com. cn
534	中航捷锐（西安）光电技术有限公司	2022	2010 – 01 – 29	—

续表

序号	企业名称	认定年度	成立日期	官网
535	北京金睛云华科技有限公司	2022	2016－08－03	www.geyecloud.com
536	北京唐智科技发展有限公司	2022	2001－12－03	www.tangzhi.com
537	龙铁纵横（北京）轨道交通科技股份有限公司	2022	2007－12－17	www.longtie.net
538	昆腾微电子股份有限公司	2022	2006－09－28	www.ktmicro.com
539	北京市京海换热设备制造有限责任公司	2022	1993－02－25	www.jhhrq.com
540	北京首钢朗泽科技股份有限公司	2022	2011－11－11	bjsglt.com
541	北京市九州风神科技股份有限公司	2022	2003－04－10	www.deepcool.com
542	金电联行（北京）信息技术有限公司	2022	2007－06－12	－
543	北京数码视讯科技股份有限公司	2022	2000－03－14	www.sumavision.com
544	北京金隅红树林环保技术有限责任公司	2022	2005－12－13	－
545	北京天拓四方科技股份有限公司	2022	2000－12－19	www.bjttsf.com
546	北京利德衡环保工程有限公司	2022	1997－11－18	www.ldhhb.com

续表

序号	企业名称	认定年度	成立日期	官网
547	北京国控天成科技有限公司	2022	2007 – 04 – 27	www. sinocontrol. cn
548	烽台科技（北京）有限公司	2022	2015 – 08 – 18	www. fengtaisec. com
549	北京融信数联科技有限公司	2022	2015 – 08 – 12	www. rx-datainfo. com
550	北京星云互联科技有限公司	2022	2015 – 07 – 03	www. nebula-link. com
551	北京思源智通科技有限责任公司	2022	2009 – 07 – 10	—
552	北京中科泛华测控技术有限公司	2022	1997 – 09 – 01	www. pansino. com. cn
553	北京科太亚洲生态科技股份有限公司	2022	2006 – 01 – 17	www. ecotec-asia. com
554	北京万相融通科技股份有限公司	2022	2008 – 11 – 12	www. winsion. net
555	北京泰迪未来科技股份有限公司	2022	2014 – 09 – 22	www. teddymobile. cn
556	北京恒达时讯科技股份有限公司	2022	2003 – 05 – 09	www. hdsxtech. com
557	北京智充科技有限公司	2022	2015 – 05 – 04	—
558	北京寄云鼎城科技有限公司	2022	2013 – 09 – 05	www. neucloud. cn
559	北京桦冠生物技术有限公司	2022	2018 – 04 – 09	—

续表

序号	企业名称	认定年度	成立日期	官网
560	北京思凌科半导体技术有限公司	2022	2016－03－24	www. siliconductor. com
561	北京铁力山科技股份有限公司	2022	2011－11－21	www. mttitlis. com
562	北京博宇半导体工艺器皿技术有限公司	2022	2002－10－22	www. bypbn. com
563	北京华路时代信息技术股份有限公司	2022	2005－12－23	www. souvi. com
564	北京恩萨工程技术有限公司	2022	2009－09－03	www. ensa. cn
565	北京星天科技有限公司	2022	2005－01－20	www. startest. cn
566	北京云道智造科技有限公司	2022	2014－03－07	www. ibe. cn
567	北京吉威数源信息技术有限公司	2022	2003－06－12	—
568	北京博瑞莱智能科技集团有限公司	2022	2010－12－20	www. brlkj. com
569	东方博沃（北京）科技有限公司	2022	2006－11－09	www. dfpower. com. cn
570	北京中元易尚科技有限公司	2022	2008－06－16	www. flymodem. com
571	北京辰安信息科技有限公司	2022	2013－09－05	www. gsafety. com

续表

序号	企业名称	认定年度	成立日期	官网
572	北京卓识网安技术股份有限公司	2022	2009 – 09 – 14	www. enst. org. cn
573	北京光环新网科技股份有限公司	2022	1999 – 01 – 27	www. sinnet. com. cn
574	北京军懋国兴科技股份有限公司	2022	2009 – 08 – 19	www. jmgxcc. com. cn
575	北京微智全景信息技术有限公司	2022	2012 – 11 – 13	www. wiseasy. com
576	北京金和网络股份有限公司	2022	2000 – 09 – 19	www. jinher. com
577	北京聚能鼎力科技股份有限公司	2022	2010 – 01 – 05	www. junengdingli. com
578	北京赛特斯信息科技股份有限公司	2022	2015 – 09 – 29	www. certusnet. com. cn
579	禾多科技（广州）有限公司	2022	2017 – 03 – 27	www. holomatic. cn
580	合众环境（北京）股份有限公司	2022	2008 – 09 – 01	——
581	北京沃华慧通测控技术有限公司	2022	2001 – 06 – 11	www. whirltone. com
582	华新绿源环保股份有限公司	2022	2006 – 10 – 26	www. hxepd. com
583	北京合众慧能科技股份有限公司	2022	2007 – 07 – 19	www. hezhonghuineng. com
584	北京开普云信息科技有限公司	2022	2002 – 07 – 01	www. ucap. com. cn

续表

序号	企业名称	认定年度	成立日期	官网
585	北京诺诚健华医药科技有限公司	2022	2013 – 12 – 13	www. innocarepharma. com
586	北京中睿天下信息技术有限公司	2022	2014 – 06 – 03	www. zorelworld. com
587	北京天弘瑞智科技有限公司	2022	2015 – 03 – 19	—
588	北京泾渭环境科技有限公司	2022	2009 – 02 – 10	—
589	大家智合（北京）网络科技股份有限公司	2022	2015 – 02 – 10	www. ele007. com
590	航天开元科技有限公司	2022	1999 – 04 – 14	—
591	北京乐普诊断科技股份有限公司	2022	2008 – 01 – 07	www. leputechnology. com
592	中建材中岩科技有限公司	2022	2009 – 07 – 17	www. chinasccm. com
593	北京航天益森风洞工程技术有限公司	2022	2010 – 04 – 29	—
594	北京煜鼎增材制造研究院股份有限公司	2022	2014 – 07 – 17	www. yuding-am. com
595	北京维德维康生物技术有限公司	2022	2008 – 08 – 21	www. wdwkbio. com
596	北京精冶源新材料股份有限公司	2022	2004 – 02 – 04	www. jyy010. com

续表

序号	企业名称	认定年度	成立日期	官网
597	百泰生物药业有限公司	2022	2000－08－01	www. biotechplc. com
598	青矩技术股份有限公司	2022	2001－11－06	www. greetec. com
599	北京中海技创科技发展有限公司	2022	2003－04－09	www. zhonghaitech. com
600	北京康吉森自动化技术股份有限公司	2022	1999－04－26	www. consen. net
601	中环洁集团股份有限公司	2022	2017－06－27	www. clean-pro. cn
602	北京慕成防火绝热特种材料有限公司	2022	2010－10－21	www. much-en. com. cn
603	同辉佳视（北京）信息技术股份有限公司	2022	2008－07－31	www. bjb. com. cn
604	北京联飞翔科技股份有限公司	2022	1995－10－30	www. unifly. com. cn
605	北京天一恩华科技股份有限公司	2022	2015－12－24	www. t-ones. cn
606	北京视游互动科技有限公司	2022	2014－06－19	www. xy51. com
607	北京华力兴科技发展有限责任公司	2022	1996－09－10	www. tc-scan. com
608	中国食品发酵工业研究院有限公司	2022	2000－06－06	——

续表

序号	企业名称	认定年度	成立日期	官网
609	红石阳光（北京）科技股份有限公司	2022	2011 – 11 – 01	www. redstone. net. cn
610	北京海德利森科技有限公司	2022	2001 – 12 – 20	www. hydrosyscorp. com
611	北京中庆现代技术股份有限公司	2022	2001 – 04 – 04	www. zonekey. com. cn
612	北京北旭电子材料有限公司	2022	1993 – 11 – 16	www. baebj. com
613	超同步股份有限公司	2022	2008 – 08 – 08	www. ctb. com. cn
614	华夏文广传媒集团股份有限公司	2022	2014 – 05 – 08	www. hxwggroup. com
615	北京联创思源测控技术有限公司	2022	2009 – 11 – 09	www. unism. com. cn
616	北京明易达科技股份有限公司	2022	2009 – 01 – 21	www. mingyd. com
617	北京泛华新兴体育产业股份有限公司	2022	1997 – 06 – 09	www. panchinasports. com
618	北京麦迪克斯科技有限公司	2022	1994 – 06 – 06	www. medextech. com/
619	北京中交华安科技有限公司	2022	2006 – 06 – 07	——
620	北京科信必成医药科技发展有限公司	2022	2003 – 05 – 09	www. cosci-med. com

续表

序号	企业名称	认定年度	成立日期	官网
621	中国机械总院集团北京机电研究所有限公司	2022	2000－09－08	www. brimet. ac. cn
622	芯视界（北京）科技有限公司	2022	2016－09－22	www. qtetech. cn
623	北京忆恒创源科技股份有限公司	2022	2011－02－15	www. memblaze. com/cn
624	北京迪赛奇正科技有限公司	2022	2006－02－15	www. bct. com. cn
625	奥精医疗科技股份有限公司	2022	2004－12－22	www. allgensmed. cn
626	北京真石数字科技股份有限公司	2022	2010－04－20	—
627	北京志能祥赢节能环保科技股份有限公司	2022	2011－10－18	—
628	北京映翰通网络技术股份有限公司	2022	2001－05－29	www. inhand. com. cn
629	北京文华在线教育科技股份有限公司	2022	2006－02－07	www. ulearning. com. cn
630	中电运行（北京）信息技术有限公司	2022	2013－08－28	cepoca. cn
631	北京煜邦电力技术股份有限公司	2022	1996－05－17	www. yupont. com
632	北京好运达智创科技有限公司	2022	2016－12－16	www. hydinin. com

续表

序号	企业名称	认定年度	成立日期	官网
633	北京天罡助剂有限责任公司	2022	1998 – 06 – 15	www. tiangang. com
634	北京用尚科技股份有限公司	2022	2002 – 06 – 17	www. yongshangtech. com
635	北京太格时代电气股份有限公司	2022	2004 – 04 – 20	www. togest. com
636	北京七一八友益电子有限责任公司	2022	2000 – 11 – 14	//www. xinglianmall. com
637	九一金融信息服务（北京）有限公司	2022	2013 – 11 – 19	www. 91jinrong. com
638	安世亚太科技股份有限公司	2022	2003 – 12 – 12	www. peraglobal. com
639	北京普诺泰新材料科技有限公司	2022	2003 – 01 – 20	chn-protech. com
640	北京志道生物科技有限公司	2022	2014 – 12 – 12	www. letolab. net
641	利江特能（北京）设备有限公司	2022	2002 – 07 – 12	www. tenon. com. cn
642	北京纬纶华业环保科技股份有限公司	2022	2001 – 03 – 28	www. biotechina. com
643	北京橡鑫生物科技有限公司	2022	2018 – 02 – 27	www. acornmed. com
644	北京华成智云软件股份有限公司	2022	2011 – 09 – 01	www. hczynet. com
645	新华都特种电气股份有限公司	2022	1985 – 03 – 16	www. xinhuadu. com. cn

续表

序号	企业名称	认定年度	成立日期	官网
646	北京安达维尔科技股份有限公司	2022	2001－12－03	www. andawell. com
647	北京涵鑫盛科技有限公司	2022	2013－11－20	—
648	北京山维科技股份有限公司	2022	1989－01－28	www. sunwaysurvey. com. cn
649	同方健康科技（北京）股份有限公司	2022	2002－02－07	www. tfht. com. cn
650	北京阳光诺和药物研究股份有限公司	2022	2009－03－09	www. sun-novo. com
651	北京亮亮视野科技有限公司	2022	2014－06－17	www. llvision. com
652	吉贝克信息技术（北京）有限公司	2022	2002－04－18	www. gbicc. net
653	科美诊断技术股份有限公司	2022	2007－05－10	www. chemclin. com
654	安徽海马云科技股份有限公司	2022	2013－12－27	www. haimawan. com
655	盈嘉互联（北京）科技有限公司	2022	2015－08－27	—
656	航天科工（北京）空间信息应用股份有限公司	2022	2001－02－22	—
657	北京诺亦腾科技有限公司	2022	2012－12－21	www. noitom. com. cn

续表

序号	企业名称	认定年度	成立日期	官网
658	北京利尔高温材料股份有限公司	2022	2000 – 11 – 08	www.bjlirr.com
659	鸿秦（北京）科技有限公司	2022	2007 – 03 – 13	www.hongq.com.cn
660	北京九州大地生物技术集团股份有限公司	2022	2000 – 03 – 15	www.jzdd.cn
661	北京亿心宜行汽车技术开发服务有限公司	2022	2012 – 01 – 20	www.edaijia.cn
662	北京力源兴达科技有限公司	2022	2001 – 03 – 30	liyuanxingda.com.cn
663	北京中亦安图科技股份有限公司	2022	2005 – 11 – 04	www.ce-service.com.cn
664	北京卡车之家信息技术股份有限公司	2022	2008 – 08 – 04	www.360che.com
665	清能德创电气技术（北京）有限公司	2022	2012 – 04 – 17	—
666	北京华泰诺安探测技术有限公司	2022	2015 – 10 – 23	www.htnova.com
667	新奥特（北京）视频技术有限公司	2022	2007 – 06 – 21	www.cdv.com
668	北京格非科技股份有限公司	2022	2007 – 01 – 08	www.gefei-tech.com.cn
669	北京中超伟业信息安全技术股份有限公司	2022	2009 – 02 – 11	www.zgzcwy.com

序号	企业名称	认定年度	成立日期	官网
670	北京科泰克科技有限责任公司	2022	2003 - 09 - 15	—
671	北京凝思软件股份有限公司	2022	2016 - 02 - 29	www. linx-info. com
672	安东石油技术（集团）有限公司	2022	2002 - 01 - 28	www. antonoil. com
673	北京麦哲科技有限公司	2022	2008 - 07 - 22	www. mysher. com
674	华科精准（北京）医疗科技有限公司	2022	2015 - 08 - 27	sinovationmed. com
675	航天数维高新技术股份有限公司	2022	2013 - 04 - 03	—
676	北京多维视通技术有限公司	2022	2008 - 02 - 26	www. visystem. cn
677	银河水滴科技（江苏）有限公司	2022	2016 - 06 - 20	www. watrix. ai
678	北京千禧维讯科技有限公司	2022	2002 - 03 - 07	www. mvtplus. com
679	北京博维仕科技股份有限公司	2022	2001 - 09 - 30	www. bovissgroup. com
680	北京华通人商用信息有限公司	2022	2006 - 02 - 05	www. acmr. com. cn
681	北京格林凯默科技有限公司	2022	2010 - 06 - 21	www. bjgreenchem. com

续表

序号	企业名称	认定年度	成立日期	官网
682	高拓讯达（北京）微电子股份有限公司	2022	2007－05－29	www. altobeam. com
683	北京华清瑞达科技有限公司	2022	2010－05－12	www. hqradar. com
684	北京人民电器厂有限公司	2022	1992－09－23	www. securelucky. com
685	北京绿洲德瀚环境保护中心有限责任公司	2022	1993－06－30	—
686	北京中微普业科技有限公司	2022	2004－09－20	www. aumiwalker. com
687	北京翰祺环境技术股份有限公司	2022	2009－03－27	www. hanqigroup. com
688	北京清环智慧水务科技有限公司	2022	2016－10－25	www. thuenv. com
689	喀斯玛（北京）科技有限公司	2022	2016－03－14	www. casmart. com. cn
690	北京安锐卓越信息技术股份有限公司	2022	2007－11－19	www. anruidigital. com
691	泰科天润半导体科技（北京）有限公司	2022	2011－04－21	www. globalpowertech. cn
692	中能融合智慧科技有限公司	2022	2018－11－07	www. zhnrh. com
693	慧众行知科技（北京）有限公司	2022	2012－04－10	—

续表

序号	企业名称	认定年度	成立日期	官网
694	北京科净源科技股份有限公司	2022	2000 – 09 – 26	www. kejingyuan. com
695	北京中铠天成科技股份有限公司	2022	2008 – 03 – 03	——
696	北京市腾河智慧能源科技有限公司	2022	2013 – 12 – 06	www. tenghesmart. com
697	北京思普瑞特科技发展有限公司	2022	1999 – 09 – 28	——
698	北京迈道科技有限公司	2022	2007 – 07 – 26	www. imydao. com
699	北京合创三众能源科技股份有限公司	2022	2004 – 04 – 16	www. sanzenenergy. com
700	北京泷涛环境科技有限公司	2022	2013 – 06 – 19	www. longtech-env. com
701	北京华兴长泰物联网技术研究院有限责任公司	2022	2011 – 03 – 30	www. chinamed-safetech. com
702	北京博大光通物联科技股份有限公司	2022	2011 – 03 – 30	www. bd-gti. com
703	北京博清科技有限公司	2022	2017 – 01 – 18	botsing. com
704	睿信丰空天科技（北京）股份有限公司	2022	2013 – 01 – 14	——
705	北京金楼世纪科技有限公司	2022	2012 – 02 – 07	www. yuexin. cn

续表

序号	企业名称	认定年度	成立日期	官网
706	北京新城禹潞环保科技有限责任公司	2022	2011 – 08 – 03	www. xcylept. com
707	中都物流有限公司	2022	2008 – 01 – 08	www. baiccl. com
708	北京唯瑞新源科技有限公司	2022	2009 – 02 – 09	www. vewell. com. cn
709	北京亿赛通科技发展有限责任公司	2022	2003 – 01 – 21	www. esafenet. com/
710	北京信维科技股份有限公司	2022	2002 – 06 – 05	www. shinewaytech. com. cn
711	恒宇信通航空装备（北京）股份有限公司	2022	2002 – 10 – 14	www. bjhyxt. cn
712	速得尔科技（北京）有限公司	2022	2012 – 09 – 14	www. suooter. com
713	北京贝威通能源科技集团有限公司	2022	2006 – 10 – 23	www. bwgoil. com
714	北京英惠尔生物技术有限公司	2022	2000 – 11 – 10	www. enhalor. com. cn
715	利亚德电视技术有限公司	2022	2010 – 12 – 24	www. leyard. com
716	北京沃丰时代数据科技有限公司	2022	2013 – 07 – 24	www. udesk. cn
717	北京旋极百旺科技有限公司	2022	2014 – 04 – 22	www. bwjf. cn
718	北京豪思生物科技股份有限公司	2022	2016 – 03 – 18	www. haosibiotech. com

续表

序号	企业名称	认定年度	成立日期	官网
719	北京华电众信技术股份有限公司	2022	2003 – 05 – 21	www.hdzxbj.com
720	北京恒业世纪科技股份有限公司	2022	1998 – 06 – 08	www.hy5000.com
721	国药集团工业有限公司	2022	2002 – 12 – 30	www.cnpicl.com
722	北京瑞特爱能源科技股份有限公司	2022	2009 – 06 – 08	www.zetabj.com
723	北京七一八友晟电子有限公司	2022	2000 – 11 – 14	www.xinglianmall.com
724	北京康华远景科技股份有限公司	2022	2001 – 11 – 14	www.keepyoung.com.cn
725	北京艾力泰尔信息技术股份有限公司	2022	2004 – 06 – 18	www.elitel.com.cn
726	北京航天恒丰科技股份有限公司	2022	2008 – 10 – 06	www.bjhthfgf.com
727	北京中安泰华科技有限公司	2022	2009 – 09 – 28	www.bjzath.com
728	北京吉盛机电设备有限公司	2022	1999 – 11 – 13	www.jishengjd.com.cn
729	北京思创贯宇科技开发有限公司	2022	2000 – 10 – 17	www.crealifemed.com
730	墨奇科技（北京）有限公司	2022	2017 – 09 – 15	moqi.com.cn
731	中煤科工清洁能源股份有限公司	2022	2014 – 10 – 31	——

续表

序号	企业名称	认定年度	成立日期	官网
732	北京北琪医疗科技股份有限公司	2022	2005 – 06 – 10	www. bnsmedical. com
733	北京倚天凌云科技股份有限公司	2022	2003 – 04 – 14	www. ncnc. cn
734	北京金晟达生物电子科技有限公司	2022	2013 – 12 – 10	—
735	北京中天星控科技开发有限公司	2022	2004 – 04 – 08	www. bjztxk. com
736	北京市春立正达医疗器械股份有限公司	2022	1998 – 02 – 12	www. clzd. com
737	北京创信众科技有限公司	2022	2018 – 03 – 12	—
738	北京宏光星宇科技发展有限公司	2022	2004 – 05 – 26	www. hgxykj. cn
739	睿智合创（北京）科技有限公司	2022	2014 – 06 – 26	www. wisecotech. com
740	爱协林热处理系统（北京）有限公司	2022	2005 – 08 – 12	www. aichelin. com. cn
741	鼎点视讯科技有限公司	2022	2010 – 10 – 18	www. top-vision. cn
742	北京旭阳科技有限公司	2022	2011 – 04 – 15	cti. risun. com
743	北京国遥新天地信息技术股份有限公司	2022	2004 – 04 – 14	www. ev-image. com

续表

序号	企业名称	认定年度	成立日期	官网
744	北京洁绿环境科技股份有限公司	2022	2004－07－15	—
745	北京天宜上佳高新材料股份有限公司	2022	2009－11－03	www. bjtysj. com
746	北京中嘉和信通信技术有限公司	2022	2006－06－16	www. hexinmi. com
747	安徽西普阳光科技股份有限公司	2022	2005－08－26	www. simpleware. com. cn
748	北京华大智宝电子系统有限公司	2022	2004－12－01	www. bhz. com. cn
749	北京华商三优新能源科技有限公司	2022	2010－02－08	mall. jd. com/index－10314970. html
750	北京九天利建信息技术股份有限公司	2022	2004－04－30	www. novsky. com
751	北京清大科越股份有限公司	2022	2004－06－07	www. qctc. com. cn
752	新联合众（北京）科技有限公司	2021	2011－12－23	www. linxee. cn
753	德威华泰科技股份有限公司	2021	2005－07－14	—
754	安荣信科技（北京）股份有限公司	2021	2005－09－20	www. anronx. com
755	北京微步在线科技有限公司	2021	2015－07－03	threatbook. cn
756	国标（北京）检验认证有限公司	2021	2014－07－25	www. gbtcgroup. com

续表

序号	企业名称	认定年度	成立日期	官网
757	北京安云世纪科技有限公司	2021	2015－03－19	360os. net. cn
758	北京海博思创科技股份有限公司	2021	2011－11－04	www. hyperstrong. com. cn
759	三环永磁（北京）科技有限公司	2021	2006－10－18	—
760	诺文科风机（北京）有限公司	2021	2009－07－17	—
761	天云融创数据科技（北京）有限公司	2021	2013－05－09	www. beagledata. com
762	北京中科金马科技股份有限公司	2021	1998－03－17	www. techorse. cn
763	北京北科亿力科技有限公司	2021	2008－11－03	www. beikeyili. com
764	北京九强生物技术股份有限公司	2021	2001－03－29	—
765	北京华卓精科科技股份有限公司	2021	2012－05－09	www. u-precision. com
766	北京安盟信息技术股份有限公司	2021	2005－03－17	www. anmit. com
767	北京宇阳泽丽防水材料有限责任公司	2021	2006－07－06	www. yyzlfs. com
768	北京火星高科数字科技有限公司	2021	2002－06－14	www. marstor. com
769	赫普能源环境科技股份有限公司	2021	2016－06－24	www. hepuenergy. com

续表

序号	企业名称	认定年度	成立日期	官网
770	北京志翔科技股份有限公司	2021	2014 – 08 – 05	www. zshield. net
771	北京森馥科技股份有限公司	2021	2002 – 04 – 25	www. safetytech. cn
772	北京中科睿芯科技集团有限公司	2021	2014 – 11 – 06	www. smart-core. cn
773	北京北交新能科技有限公司	2021	2015 – 06 – 02	www. sheenpower. com
774	北京中科盛康科技有限公司	2021	2008 – 12 – 24	www. bjzksk. com
775	北京泽桥医疗科技股份有限公司	2021	2008 – 07 – 04	www. zeqiao. com
776	北京达博有色金属焊料有限责任公司	2021	1999 – 12 – 16	www. doublink. com
777	北京万里开源软件有限公司	2021	2000 – 10 – 24	www. greatdb. com
778	北京协和药厂有限公司	2021	1981 – 04 – 04	—
779	北京中鼎恒业科技股份有限公司	2021	2002 – 12 – 09	www. zdhy. com. cn
780	北京国电高科科技有限公司	2021	2015 – 06 – 19	www. guodiangaoke. com
781	泰瑞数创科技（北京）股份有限公司	2021	2004 – 08 – 16	www. smartearth. cn
782	中天众达智慧城市科技有限公司	2021	2013 – 08 – 28	—

续表

序号	企业名称	认定年度	成立日期	官网
783	北京二六三企业通信有限公司	2021	2011 – 11 – 25	www. 263. net
784	北京北冶功能材料有限公司	2021	1981 – 06 – 09	www. bygcg. com
785	中机恒通环境科技有限公司	2021	2014 – 09 – 17	—
786	北京金橙子科技股份有限公司	2021	2004 – 01 – 14	www. bjjcz. cn
787	北京大恒图像视觉有限公司	2021	1991 – 07 – 11	www. daheng-imavision. com
788	北京嘉博文生物科技有限公司	2021	2001 – 12 – 10	www. jiabowen. com
789	北京大豪工缝智控科技有限公司	2021	2006 – 01 – 18	www. dahaobj. com
790	北京大成国测科技股份有限公司	2021	2010 – 12 – 23	www. dcgc. com. cn
791	远江盛邦（北京）网络安全科技股份有限公司	2021	2010 – 12 – 07	www. webray. com. cn
792	北京世纪瑞尔技术股份有限公司	2021	1999 – 05 – 03	—
793	神州数码融信云技术服务有限公司	2021	2015 – 05 – 21	www. dcfcs. com
794	北京八月瓜科技有限公司	2021	2015 – 08 – 25	www. bayuegua. com

续表

序号	企业名称	认定年度	成立日期	官网
795	北京六合宁远医药科技股份有限公司	2021	2010 – 01 – 28	www. bellenchem. com
796	北京海泰方圆科技股份有限公司	2021	2003 – 02 – 28	www. haitaichina. com
797	北京普析通用仪器有限责任公司	2021	1997 – 12 – 01	www. pgeneral. com
798	中安华邦（北京）安全生产技术研究院股份有限公司	2021	2012 – 11 – 20	www. chipont. com. cn
799	北京中科博联科技集团有限公司	2021	2008 – 06 – 26	www. zkbl. ac. cn
800	北京宜通华瑞科技有限公司	2021	2006 – 08 – 30	www. feemore. cn
801	北京中科科仪股份有限公司	2021	2000 – 12 – 28	www. kyky. com. cn
802	特路（北京）科技有限公司	2021	2014 – 07 – 22	www. terlu. com
803	京源中科科技股份有限公司	2021	2003 – 10 – 31	www. bjjoyo. com
804	北京安必奇生物科技有限公司	2021	2010 – 08 – 05	www. abace-biology. com
805	佰利天控制设备（北京）股份有限公司	2021	2002 – 12 – 04	www. bailitianbj. com
806	北京中交兴路信息科技股份有限公司	2021	2004 – 06 – 28	www. sinoiov. com

续表

序号	企业名称	认定年度	成立日期	官网
807	东明兴业科技股份有限公司	2021	1994 - 11 - 29	www. bjdmc. com
808	北京华科同安监控技术有限公司	2021	2001 - 12 - 07	www. hktongan. com
809	北京北大维信生物科技有限公司	2021	1994 - 09 - 01	www. wpu. com. cn
810	北京煦联得节能科技股份有限公司	2021	2008 - 12 - 01	www. warmland. cn
811	北京东方锐镭科技有限公司	2021	2009 - 07 - 27	—
812	北京元年科技股份有限公司	2021	2004 - 02 - 13	www. yuanian. com
813	北京蓝天航空科技股份有限公司	2021	1993 - 06 - 26	www. basc. com. cn
814	北京黎明文仪家具有限公司	2021	2003 - 05 - 22	www. lmfu. com
815	北京京运通科技股份有限公司	2021	2002 - 08 - 08	—
816	北京东华原医疗设备有限责任公司	2021	2000 - 04 - 20	www. donghuayuan. com
817	北京合康科技发展有限责任公司	2021	1996 - 03 - 27	www. hekang. com
818	北京天泽电力集团股份有限公司	2021	1997 - 10 - 24	www. tze. com. cn
819	求臻医学科技（浙江）有限公司	2021	2017 - 11 - 23	www. chosenmedtech. com

续表

序号	企业名称	认定年度	成立日期	官网
820	北京众联享付科技股份有限公司	2021	2012 – 08 – 29	—
821	云知声智能科技股份有限公司	2021	2012 – 06 – 29	www. unisound. com
822	北京中讯四方科技股份有限公司	2021	2005 – 09 – 23	www. bjzxsf. com. cn
823	北京中卓时代消防装备科技有限公司	2021	2005 – 01 – 21	www. bjzzsd. com
824	北京培宏望志科技有限公司	2021	2010 – 04 – 14	www. kexueyingxiong. com
825	北京冠群信息技术股份有限公司	2021	2001 – 03 – 21	www. cssca. com
826	亿海蓝（北京）数据技术股份公司	2021	2003 – 11 – 21	www. elane. com
827	鑫精合激光科技有限公司	2021	2015 – 11 – 23	www. tsc-bj. com
828	北京可信华泰信息技术有限公司	2021	2012 – 08 – 03	www. httc. com. cn
829	北京北特圣迪科技发展有限公司	2021	2004 – 03 – 23	www. bj-bsd. com
830	北京微瑞思创信息科技股份有限公司	2021	2012 – 08 – 01	www. weiresearch. com
831	大唐融合通信股份有限公司	2021	1999 – 12 – 16	—
832	北京中材人工晶体研究院有限公司	2021	2005 – 04 – 22	www. risc. com. cn

续表

序号	企业名称	认定年度	成立日期	官网
833	北京太极华保科技股份有限公司	2021	2002 – 07 – 18	www. taiji. com. cn
834	北京星天地信息科技有限公司	2021	2003 – 04 – 29	www. bj-xtd. com
835	北京和合医学诊断技术股份有限公司	2021	2010 – 12 – 03	www. labhh. com
836	北京海致星图科技有限公司	2021	2015 – 08 – 25	www. stargraph. cn
837	北京金兆博高强度紧固件有限公司	2021	2006 – 03 – 10	www. bjzhaobo. com
838	北京知道创宇信息技术股份有限公司	2021	2007 – 08 – 17	www. knownsec. com
839	北京环宇京辉京城气体科技有限公司	2021	2012 – 01 – 11	www. jhqtkj. com
840	北京英泰智科技股份有限公司	2021	2009 – 02 – 17	www. itarge. com
841	北京国基科技股份有限公司	2021	2004 – 09 – 24	www. bnc. com. cn
842	北京约顿气膜建筑技术股份有限公司	2021	2006 – 03 – 07	www. yuedundomes. com
843	北京金迈捷科技股份有限公司	2021	2012 – 01 – 05	www. gmagii. com
844	北京国金源富科技有限公司	2021	2006 – 08 – 09	www. suresource. com. cn

续表

序号	企业名称	认定年度	成立日期	官网
845	中电投工程研究检测评定中心有限公司	2021	2010－05－18	—
846	北京市京科伦冷冻设备有限公司	2021	2003－12－12	www.jingkelun.com
847	北京康仁堂药业有限公司	2021	2008－05－30	www.tcmages.com
848	蓝箭航天空间科技股份有限公司	2021	2015－06－01	www.landspace.com
849	合肥有感科技有限责任公司	2021	2015－03－16	www.invispower.com
850	北京能科瑞元数字技术有限公司	2021	2015－03－09	www.houchangzao.com
851	北京海光仪器有限公司	2021	1988－06－23	www.bjhaiguang.com
852	北京白象新技术有限公司	2021	2006－08－23	www.baix.com.cn
853	北京斯利安药业有限公司	2021	2001－12－18	—
854	永信至诚科技集团股份有限公司	2021	2010－09－02	www.integritytech.com.cn
855	国家无线电监测中心检测中心	2021	—	—
856	北京四环制药有限公司	2021	1995－12－26	—

续表

序号	企业名称	认定年度	成立日期	官网
857	北京清大天达光电科技股份有限公司	2021	2002-01-09	www.bjtstd.com.cn
858	北京永新视博数字电视技术有限公司	2021	2004-05-31	www.novel-supertv.com
859	北京京能信息技术有限公司	2021	2006-05-30	—
860	北京智行者科技股份有限公司	2021	2015-05-06	www.idriverplus.com
861	北京瑞风协同科技股份有限公司	2021	2007-12-20	www.rainfe.com
862	中投国信（北京）科技发展有限公司	2021	2003-11-04	sic-credit.cn
863	北京展心展力信息科技有限公司	2021	2016-03-14	www.metaapp.cn
864	安泰环境工程技术有限公司	2021	2015-12-30	www.atmenv.com
865	天闻数媒科技（北京）有限公司	2021	2010-02-04	—
866	北京康吉森技术有限公司	2021	2010-01-14	www.consentech.cn
867	中勍科技股份有限公司	2021	2012-01-31	—
868	北京融安特智能科技股份有限公司	2021	2011-01-24	www.bjroit.com
869	观典防务技术股份有限公司	2021	2004-08-04	—

序号	企业名称	认定年度	成立日期	官网
870	北京港震科技股份有限公司	2021	2011 - 09 - 06	www. geolight. com. cn
871	北京青牛技术股份有限公司	2021	2004 - 11 - 19	www. channelsoft. com
872	北京晴数智慧科技有限公司	2021	2016 - 11 - 03	www. magicdatatech. cn
873	北京珞安科技有限责任公司	2021	2016 - 10 - 13	www. icssla. com/
874	北京达三江电器设备厂	2021	2003 - 09 - 12	www. dsjdq. com
875	机科发展科技股份有限公司	2021	2002 - 05 - 31	www. mtd. com. cn
876	博雅工道（北京）机器人科技有限公司	2021	2015 - 09 - 02	www. boyagongdao. com
877	北京星际荣耀空间科技股份有限公司	2021	2016 - 10 - 11	www. i-space. com. cn
878	北京数码大方科技股份有限公司	2021	2003 - 01 - 03	www. caxa. com
879	北京星河动力装备科技有限公司	2021	2013 - 10 - 16	——
880	中航国际金网（北京）科技有限公司	2021	2005 - 04 - 29	www. avicnet. cn
881	北京华顺信安科技有限公司	2021	2018 - 02 - 08	huashunxinan. net/

续表

序号	企业名称	认定年度	成立日期	官网
882	北京石头世纪科技股份有限公司	2021	2014 – 07 – 04	www. roborock. com
883	北京京仪自动化装备技术股份有限公司	2021	2016 – 06 – 30	www. baecltd. com. cn
884	三未信安科技股份有限公司	2021	2008 – 08 – 18	www. sansec. com. cn
885	北京先声祥瑞生物制品股份有限公司	2021	2000 – 03 – 24	www. sanroadbio. com
886	北京华大吉比爱生物技术有限公司	2021	1994 – 03 – 21	www. gbi. com. cn
887	健康力（北京）医疗科技有限公司	2021	2015 – 07 – 28	www. healthengine. cn
888	北京中星时代科技有限公司	2021	2013 – 06 – 25	www. z-times. com
889	北京万维盈创科技发展有限公司	2021	2004 – 10 – 14	www. wanweitech. cn
890	北京天地和兴科技有限公司	2021	2007 – 08 – 14	www. tdhxkj. com
891	北京盈和瑞环境科技有限公司	2021	2005 – 04 – 06	www. yhri. cn
892	北京神州普惠科技股份有限公司	2021	2003 – 10 – 28	www. appsoft. com. cn
893	长扬科技（北京）股份有限公司	2021	2017 – 09 – 12	www. cy-tech. net

续表

序号	企业名称	认定年度	成立日期	官网
894	北京华捷艾米科技有限公司	2021	2014 – 12 – 18	www. hjimi. com
895	北京锐洁机器人科技有限公司	2021	2013 – 01 – 07	www. reje. com. cn
896	北京九章云极科技有限公司	2021	2013 – 02 – 26	www. datacanvas. com
897	北京安达维尔航空设备有限公司	2021	2006 – 06 – 05	www. andawell. com
898	北京同益中新材料科技股份有限公司	2021	1999 – 02 – 10	www. bjtyz. com
899	北京睿泽恒镒科技股份公司	2021	2006 – 08 – 24	www. ry-le. cn
900	北京海林自控科技股份有限公司	2021	1998 – 12 – 24	en. hailin. com
901	灵动科技（安徽）有限公司	2021	2016 – 04 – 27	www. forwardx. com
902	北京旷博生物技术股份有限公司	2021	2009 – 08 – 12	www. quantobio. com
903	驭势科技（北京）有限公司	2021	2016 – 02 – 03	www. uisee. com
904	北京中科大洋科技发展股份有限公司	2021	1995 – 05 – 18	www. dayang. com. cn
905	中科长城海洋信息系统有限公司	2021	2018 – 01 – 02	—
906	中科天玑数据科技股份有限公司	2021	2010 – 01 – 04	www. golaxy. cn

续表

序号	企业名称	认定年度	成立日期	官网
907	北京科荣达航空科技股份有限公司	2021	1997 – 05 – 09	www. bj-cronda. com
908	北京泽华化学工程有限公司	2021	1995 – 03 – 18	www. zehua-chem. com
909	北京安帝科技有限公司	2021	2016 – 08 – 19	www. andisec. com
910	北京怡和嘉业医疗科技股份有限公司	2021	2001 – 07 – 27	www. bmc-medical. com
911	北京广厦网络技术股份公司	2021	2000 – 07 – 14	www. gonn. com. cn
912	北京建筑材料检验研究院股份有限公司	2021	2006 – 11 – 02	www. bmtbj. cn
913	北京天圣华信息技术有限责任公司	2021	2015 – 11 – 23	—
914	超云数字技术集团有限公司	2021	2010 – 11 – 19	www. chinasupercloud. com
915	北京赛目科技股份有限公司	2021	2014 – 01 – 24	www. saimo. net. cn/
916	北京天科合达半导体股份有限公司	2021	2006 – 09 – 12	www. tankeblue. com
917	北京卓镭激光技术有限公司	2021	2014 – 08 – 06	www. gracelaser. com
918	北京康蒂尼药业股份有限公司	2021	2006 – 06 – 19	www. bjcontinent. com

续表

序号	企业名称	认定年度	成立日期	官网
919	北京信而泰科技股份有限公司	2021	2007－07－04	www. xinertel. com
920	北京安图生物工程有限公司	2021	2009－10－20	autobio-bj. com. cn
921	北京忆芯科技有限公司	2021	2015－11－23	——
922	东方晶源微电子科技（北京）股份有限公司	2021	2014－02－18	www. dfjy-jx. com
923	北京迈迪顶峰医疗科技股份有限公司	2021	2005－09－21	www. med-zenith. com
924	北京纳百生物科技有限公司	2021	2014－09－17	www. nbgen. com／
925	北京数字绿土科技股份有限公司	2021	2012－09－04	www. lidar360. com
926	北京英视睿达科技股份有限公司	2021	2015－10－23	www. i2value. com
927	北京航宇创通技术股份有限公司	2021	2007－12－05	——
928	北京中煤时代科技发展有限公司	2021	2001－01－05	www. cctd. com. cn
929	北京国舜科技股份有限公司	2021	2003－08－07	www. unisguard. com
930	北京清能互联科技有限公司	2021	2004－05－19	www. tsintergy. com

续表

序号	企业名称	认定年度	成立日期	官网
931	北京瑞祺皓迪技术股份有限公司	2021	2014 – 06 – 30	www. vrich. com. cn
932	北京网宿科技有限公司	2021	2015 – 12 – 01	www. wangsu. com
933	北京三清互联科技股份有限公司	2021	2011 – 05 – 03	www. sqhlkj. com
934	北京博辉瑞进生物科技有限公司	2021	2012 – 05 – 03	www. biosishealing. com
935	蓝谷智慧（北京）能源科技有限公司	2021	2016 – 06 – 07	sso. bpsetc. com
936	北京富吉瑞光电科技股份有限公司	2021	2011 – 01 – 20	www. fjroe. com
937	北京东方百泰生物科技股份有限公司	2021	2011 – 10 – 21	www. east-bt. com
938	北京嘉和美康信息技术有限公司	2021	2005 – 07 – 13	www. goodwillcis. com
939	北京华达建业工程管理股份有限公司	2021	2014 – 07 – 04	www. bjhdjy. net
940	北京西鼎众合技术有限公司	2021	2007 – 08 – 13	www. uniexceeding. com
941	北京北元电器有限公司	2021	2003 – 03 – 25	www. beiyuan. com. cn
942	北京芯联创展电子技术股份有限公司	2021	2012 – 12 – 26	www. silion. com. cn
943	北京特倍福电子技术有限公司	2021	2015 – 08 – 06	www. tbfsensor. com

续表

序号	企业名称	认定年度	成立日期	官网
944	北京软体机器人科技股份有限公司	2021	2016 - 03 - 16	www. softrobottech. com
945	北京市电加工研究所有限公司	2021	2000 - 12 - 15	www. biem. com. cn
946	北京升鑫网络科技有限公司	2021	2013 - 09 - 06	www. qingteng. cn
947	北京唯迈医疗设备有限公司	2021	2014 - 08 - 14	www. we-med. com
948	北京星辰天合科技股份有限公司	2021	2015 - 05 - 13	www. xsky. com
949	赛尔新技术（北京）有限公司	2021	2013 - 08 - 07	—
950	北京中科汇联科技股份有限公司	2021	1999 - 04 - 26	www. huilan. com
951	北京冶自欧博科技发展有限公司	2021	2001 - 11 - 21	www. ablyy. com
952	北京圣承科技有限公司	2021	2009 - 04 - 07	www. bjscfl. com
953	航科院（北京）科技发展有限公司	2021	2011 - 01 - 17	—
954	北京爱知之星科技股份有限公司	2021	2003 - 12 - 17	www. agilestar. cn
955	北京华科众合科技有限公司	2021	2014 - 04 - 25	www. huakeunite. com
956	北京东西分析仪器有限公司	2021	2002 - 03 - 27	www. ewai-group. com

续表

序号	企业名称	认定年度	成立日期	官网
957	北京和隆优化科技股份有限公司	2021	2004 – 08 – 13	www. yhkz. com
958	北京智飞绿竹生物制药有限公司	2021	2003 – 10 – 08	www. vaccine. com. cn
959	北京优特捷信息技术有限公司	2021	2014 – 04 – 18	www. rizhiyi. com
960	中万恩科技有限公司	2021	1998 – 08 – 17	www. winchem. cn
961	北京九州一轨环境科技股份有限公司	2021	2010 – 07 – 23	www. jiuzhouyigui. com
962	中航材导航技术（北京）有限公司	2021	2006 – 11 – 17	www. siniswift. com
963	北京诚益通科技有限公司	2021	2011 – 04 – 06	—
964	海杰亚（北京）医疗器械有限公司	2021	2010 – 11 – 04	www. hygeamed. com
965	北京国泰网信科技有限公司	2021	2015 – 06 – 01	www. go-tech. com. cn
966	北京康力优蓝机器人科技有限公司	2021	2011 – 05 – 27	www. uurobot. cn
967	北京电信易通信息技术股份有限公司	2021	2000 – 03 – 10	www. telecomyt. com. cn
968	北京融威众邦科技股份有限公司	2021	2009 – 12 – 18	www. auto-device. com
969	安诺优达基因科技（北京）有限公司	2021	2012 – 04 – 28	www. annoroad. com

序号	企业名称	认定年度	成立日期	官网
970	拓尔思天行网安信息技术有限责任公司	2021	2000 - 01 - 21	www. topwalk. com
971	中科三清科技有限公司	2021	2016 - 01 - 11	www. 3clear. com
972	优美特（北京）环境材料科技股份公司	2021	2002 - 01 - 24	www. newmater. cn
973	北京轩宇空间科技有限公司	2021	2011 - 03 - 08	—
974	北京雷蒙赛博核装备技术研究有限公司	2021	1995 - 11 - 30	www. cbe-china. com
975	北京仁创科技集团有限公司	2021	1996 - 08 - 29	www. rechsand. com
976	北京掌趣科技股份有限公司	2021	2004 - 08 - 02	www. ourpalm. com
977	北京摩诘创新科技股份有限公司	2021	2006 - 08 - 04	www. moreget. cn
978	北京中科富海低温科技有限公司	2021	2016 - 08 - 04	—
979	极客邦控股（北京）有限公司	2021	2008 - 04 - 18	www. infoq. cn
980	北京华源泰盟节能设备有限公司	2021	2011 - 09 - 23	www. powerbeijinghytm. com
981	北京市富乐科技开发有限公司	2021	1996 - 06 - 28	www. fulekeji. com

续表

序号	企业名称	认定年度	成立日期	官网
982	北京星汉博纳医药科技有限公司	2021	2014 - 06 - 24	co. yaodouwang. com
983	北京中宸微电子有限公司	2021	2009 - 05 - 21	zc-power. com/index. html
984	北京华脉泰科医疗器械股份有限公司	2021	2011 - 04 - 08	www. percutek. com
985	北京燕化集联光电技术有限公司	2021	2016 - 04 - 21	—
986	北京凯视达科技股份有限公司	2021	2011 - 06 - 14	www. kystar. net
987	三一石油智能装备有限公司	2021	2015 - 08 - 10	—
988	北京捷杰西科技股份有限公司	2021	2009 - 03 - 17	www. jjcpe. com
989	北京凌空天行科技有限责任公司	2021	2012 - 08 - 08	—
990	北京旋极信息技术股份有限公司	2021	1997 - 11 - 28	www. watertek. com
991	北京天耀宏图科技有限公司	2021	2012 - 08 - 15	www. greatmap. com. cn
992	北京中关村科金技术有限公司	2021	2007 - 05 - 15	www. zkj. com
993	北京勤邦科技股份有限公司	2021	2008 - 12 - 30	kwinbon. foodmate. net
994	北京前景无忧电子科技股份有限公司	2021	2009 - 04 - 09	www. qjwydz. com

续表

序号	企业名称	认定年度	成立日期	官网
995	北京拓盛电子科技有限公司	2021	2005 – 08 – 31	www. tocel. com. cn
996	北京云迹科技股份有限公司	2021	2014 – 01 – 29	www. yunjichina. com. cn
997	北京大华无线电仪器有限责任公司	2021	1965 – 04 – 15	www. dhelec. com. cn
998	北京赛诺膜技术有限公司	2021	2009 – 08 – 24	www. scinormem. com
999	北京利达华信电子股份有限公司	2021	2004 – 06 – 04	www. beijingleader. com. cn
1000	北京道亨软件股份有限公司	2021	2013 – 07 – 08	www. slcad. com
1001	北京百悟科技有限公司	2021	2010 – 07 – 12	www. baiwutong. com
1002	北京国泰星云科技有限公司	2021	2011 – 03 – 16	——
1003	中航迈特增材科技（北京）有限公司	2021	2014 – 02 – 24	www. avimetalam. com
1004	北京安泰钢研超硬材料制品有限责任公司	2021	2001 – 01 – 18	www. gangyan-diamond. com
1005	北京云中融信网络科技有限公司	2021	2015 – 03 – 18	www. rongcloud. cn
1006	北京妙医佳健康科技集团有限公司	2021	2015 – 12 – 04	www. miao. cn

续表

序号	企业名称	认定年度	成立日期	官网
1007	北京梦天门科技股份有限公司	2021	1997 - 04 - 14	www. mtm2000. cn
1008	北京北矿亿博科技有限责任公司	2021	2003 - 05 - 21	bkyb. bgrimm. com
1009	北京天润融通科技股份有限公司	2021	2006 - 02 - 23	www. ti-net. com. cn
1010	北京数码视讯软件技术发展有限公司	2021	2013 - 10 - 14	—
1011	北京鑫华源机械制造有限责任公司	2021	1995 - 11 - 03	—
1012	北京帮安迪信息科技股份有限公司	2021	2001 - 10 - 15	www. bangandi. com
1013	安方高科电磁安全技术（北京）有限公司	2021	2003 - 12 - 11	www. afgk. com. cn
1014	荣盛盟固利新能源科技股份有限公司	2021	2002 - 05 - 27	www. mgldl. com. cn
1015	北京中丽制机工程技术有限公司	2021	2005 - 01 - 05	—
1016	华夏高铁技术有限公司	2021	2016 - 12 - 05	www. cnhsr. com
1017	北京恒安嘉新安全技术有限公司	2021	2015 - 08 - 28	—
1018	清研讯科（北京）科技有限公司	2021	2014 - 05 - 16	www. tsingoal. com

续表

序号	企业名称	认定年度	成立日期	官网
1019	北京轩宇信息技术有限公司	2021	2013－07－01	www. sunwiseinfo. com
1020	北京华航唯实机器人科技股份有限公司	2021	2013－06－17	www. chlrob. com
1021	北京中电华大电子设计有限责任公司	2021	2002－06－06	www. hed. com. cn
1022	北京水木湛清环保科技集团有限公司	2021	2014－05－20	www. symgreen. com. cn
1023	北京中创碳投科技有限公司	2021	2010－07－27	www. sinocarbon. cn
1024	多立恒（北京）能源技术股份公司	2021	2010－06－21	www. duoliheng. com
1025	北京大数元科技发展有限公司	2021	2016－05－13	www. dasytech. com
1026	北京亚鸿世纪科技发展有限公司	2021	2012－11－26	act-telecom. com
1027	北京诚益通控制工程科技股份有限公司	2021	2003－07－22	www. ctntech. com
1028	北京曼德克环境科技有限公司	2021	2007－08－15	www. mandraketech. com
1029	北京神州云合数据科技发展有限公司	2021	2016－07－25	www. easydatalink. com
1030	中科点击（北京）科技有限公司	2021	2007－08－24	www. zkdj. com

续表

序号	企业名称	认定年度	成立日期	官网
1031	北京嘉宝仁和医疗科技股份有限公司	2021	2011-06-29	www.jabrehoo.com
1032	北京科来数据分析有限公司	2021	2016-06-02	—
1033	北京三元基因药业股份有限公司	2021	1992-09-24	www.triprime.com
1034	星际数科科技股份有限公司	2021	2012-04-01	www.iiestar.com
1035	遨博（北京）智能科技股份有限公司	2021	2015-01-21	www.aubo-robotics.cn
1036	凌云光技术股份有限公司	2021	2002-08-13	www.lusterinc.com